山口俊治
英文法
講義の実況中継①

語学春秋社

山中恒著

あばれはっちゃく

① 海辺の突貫小僧

理論社

はじめに

　このたび，すでに300万を超える読者を得ている『英文法講義の実況中継（上）（下）』が装いを一新して『増補改訂版①／②巻』となりました。このリニューアル版では，英語を「暗記ではなく理解する」という**"わかる喜び"**から，さらに進んで，問題が**"解ける喜び"**を一人でも多くの皆さんに味わってほしいとの思いから「問題演習編」を別冊として付して，本冊の講義と一体化させたというのが最大のポイントです。これによって大学受験生はもとより，各種の英語検定試験（TOEIC, TOEFLなど）を目指す方々にとっても，**「解説による理解」と「問題による完成」**が直結して即戦力増強に役立つ書物になったと思います。

　もちろん講義の内容と基本方針は不変です。文法書を横に置いて個別事項を参照するのが旧来の学習法で，いかめしい文法の本を読み通すなんて夢にも考えられないことでした。ところが，この英文法に対する一般的なイメージを大きく一変して，

　　　理解しながら通読し，英語のしくみ全体を把握できる英文法へ

と大転換させたのが本書だったのです。いわば「ツン読から通読へ」が実現したのです。部分に詳しい書物はあまた存在しますが，全体を見通せるものは皆無でしたので，これが衝撃的に受け入れられた最大の要因と思われます。文法嫌いだった人たちにも肩ひじ張らずに読んでいただけたようです。

　本冊では，生の講義の内容と雰囲気をなるべく忠実に再現する形で，**どうしてもわかってないといけない「英語の土台」にあたる事項について，考え方をできるだけわかりやすく解説**してあります。心がけたのは，根本にかかわる急所を**筋道立てて理解してもらう**，単なる暗記ではなく**心の底から納得してもらう**ことでした。繰り返し質問を受ける箇所や，一般の参考書には十分納得のいく説明がなされていない部分には，さらにわかりやすい説明を加えてあります。

　瑣末な文法的分析ではなくて，英語の**理にかなった全体像**を総合的に把握してもらえたらいいな，**一定の原理さえ身につければどれほど応用がきくも**

のかを全体を通じてわかってもらえたらいいな，というのがこの拙い講義の密(ひそ)かな願いでした。全体をつかまずに名詞・副詞・前置詞……とか不定詞の用法・関係詞の用法……とか啄(つい)ばんでみたところで結局は英語がわからずじまいに終わるでしょう。英語がこうしてできているのだという全体的な視野からすると，**ばらばらの事項も関連性を持ってすっきりわかってくる**のです。個別の事項(例えば受動態・仮定法・関係詞・接続詞……)の働きがもっとよくわかるのです。

　そもそも本書が生まれる契機となったのは，ある熱心な学生が私の講義を癖のある口調までも含めて細大もらさずノートに書きとめて勉強した結果，**信じられないほど成績の急上昇を見せたこと**でした。その学生の場合，散発的な文法知識はあるものの，いわば「考え方の基礎」が欠けていたのでしょう。そこへ私の解説がまるで乾いた土に水が浸み込むがごとく吸収されていき，目の前がパッと開けたような感じで，頭の中のすべての知識が関連性を持ったことが目を見張るような飛躍につながったのだと思われます。

　新たに本書を手にされた皆さんも「わかる」「すいすい頭に入る」「おもしろい」「目が開けた」「見方が変わった」……などを実際に体験していただければ幸いです。

　本書(第①巻)は講義全体の前半です。まず，本当の基本にあたる「英文をつくる動詞」から始めて，**動詞の働き・用法を全般的に理解する**のが主眼です。特に第5文型は重要で，不定詞・分詞(の一部)とともに徹底的な理解が必要です。受動態や仮定法もいったんわかれば，絶対の自信がつくはずです。頻出する「数の一致」(第19回)，「動詞慣用語句」(第29・30回)のように，ただ記憶すればよい所もありますが，やはり土台をしっかり固めることを最大の目標にしてください。

　さあ，どうか堅くならずに，気を楽にしてスタートしましょう。しだいに"わかる喜び"が感じられてくれば，しめたものです。それを願っています。

山口　俊治

講義の内容

第 1 回	動詞・文型(1)	講義を始めるにあたって	1
第 2 回	動詞・文型(2)	英語には自動詞と他動詞とがある	9
第 3 回	動詞・文型(3)	補語がわかると英語がわかる	18
第 4 回	動詞・文型(4)	第5文型の"O + C"に注目する	26
第 5 回	時制(1)	現在完了はどういう気分で使うのか	37
第 6 回	時制(2)	日本語の表現にとらわれてはだめ	46
第 7 回	時制(3)	過去形か過去完了形か	52
第 8 回	時制(4)	時・条件を表す副詞節では未来形は使わない	60
第 9 回	受動態(1)	目的語がないと受動態にできない	67
第 10 回	受動態(2)	基本から応用へ	76
第 11 回	助動詞(1)	will, shall の一覧表は覚える必要がない	85
第 12 回	助動詞(2)	"助動詞＋ have p.p."は英文法の急所	91
第 13 回	熟語(1)	熟語にももとの意味が生きている	101
第 14 回	熟語(2)	may as well ～と might as well ～	108
第 15 回	仮定法(1)	一つがすべてを決する仮定法	116
第 16 回	仮定法(2)	仮定法のちょっとした盲点	124
第 17 回	仮定法(3)	仮定法・言い換え問題のすべて	130
第 18 回	話法	話法は何のために学ぶのか	139

第19回	数の一致	"A and B"は複数とは限らない	149
第20回	不定詞(1)	"for ... to ～"は軽視できない	159
第21回	不定詞(2)	"it ... to ～"構文の話	165
第22回	不定詞(3)	形容詞・副詞的用法の不定詞	174
第23回	不定詞(4)	「結果」を表す不定詞のよくあるパターン	182
第24回	不定詞(5)	油断できない"too ... to ～" "enough to ～"	187
第25回	不定詞(6)	不定詞と時制の関係を解明する	194
第26回	分詞	現在分詞か過去分詞か	200
第27回	第5文型(1)	ネクサスの考え方	209
第28回	第5文型(2)	英語がわかるかどうかの岐路	218
第29回	動詞慣用語句(1)	動詞と前置詞の結びつき	229
第30回	動詞慣用語句(2)	動詞と副詞の結びつき	241

英文法講義の実況中継 ②

第31・32回　分詞構文(1)(2)
第33回　動名詞
第34・35回　名詞(1)(2)
第36回　代名詞
第37回　冠詞
第38・39回　形容詞(1)(2)
第40回　副詞
第41・42回　口語英語(1)(2)
第43～46回　関係詞(1)～(4)
第47～51回　比較(1)～(5)
第52～54回　否定・比較(1)～(3)
第55回　否定
第56・57回　接続詞(1)(2)
第58～60回　前置詞(1)～(3)

第1回 動詞・文型(1)

講義を始めるにあたって

　いよいよ「英文法」についてのお話を始めます。まずは，**「基本に立ち戻る」という気持ちが大切**です。つまり基礎がグラグラしていますと，散発的に単語や語句をいくら覚えても，結局は断片的な知識になってしまってどうしようもないわけです。そこでいちばん元の元へと戻ってガッチリ行こうと思います。

　勉強していく順序ですが，最初に動詞関係をさらって，後半はそれ以外の重要項目に移り，**根本的にわかってないとだめな点だけを一貫して取り上げて**，「なァるほど」と思えるように詳しく，わかりやすく説明してみましょう。

　ですから，これから取り扱う事項は「だいたい7割から8割はマスターしたかな？」という感じではどうでしょう。不十分ですね。入試では英文法はそのまま短文形式で出題されないことがあっても，読解問題とか英作文問題，近頃は長文の総合問題の中にも下線が引いてあって細かい質問がパラパラと出ますが，そういう**すべてのいちばん基本に当たるのが文法的な理解**ですから，これからお話しする事項に関しては，完全に100パーセントわかっていないといけないわけです。

　文法問題，あるいは入試英語全体と言ってもいいですが，皆さんが**いちばん安心して勉強できる点はどういうことかというと，理屈に外れた英文は絶対に出ない**ということです。つまり，入試の英語を皆さんが「わからない，わからない」と言っても，見る人が見るとすぐによくわかるわけです。それはあたり前ですね。どうしてよくわかるのかというと，「こ

れはこうだからこうだ」という理由づけが必ずあるわけです。つまり理屈から外れたメチャクチャな文章というのは入試の英語では出ない。必ず「ああ，これはあの問題か」とか「あっ，また出したな」とか，類似の問題がしょっちゅう出ますね。とにかく同じ種類の事項を問う問題は何百回と繰り返し出ます。皆さんは「範囲が広くて大変だ」と思っているかもしれませんが，入試問題を出題する側からだと入試英語というのは範囲が狭いという見方もできるのです。

　そういう重要事項を話していくわけで，特に**赤文字・太文字の部分は，考え方として絶対に大事な基本的な点ですから，それを逃さないこと。**私の講義をすっかりテープレコーダーに収録して一生懸命ノートにとった人がいたんですね。その人は1学期10回の講義なのに大学ノートを何と10冊も使って，一言も漏らさずに全部書いて整理し，それを辞書代りに使っていると聞いてびっくりしました。春には英語が苦手で，**偏差値が35ぐらいだったんですね。それが秋になったら70に上がったんです。**ちょっと信じにくい話ですけど，でもこれは事実なのです。

　ですから皆さんも，正しい基本にのっとった努力をガッチリやっておきますと，すぐ翌週にスーッと点がよくなるというわけにはいかないんですけれども，数か月もすればグーンと効果が出てきます。今は可能性を秘めているわけです。

　その代り，いい加減なことをやっているとダメですね。基本の考え方がガタガタだとダメなわけです。例えば，今日扱う「文型」にしても，基本が全然ダメで文型も何も頭になくて行き当たりばったりの人がいるんです。

1. This is all the scientist can do.
2. She looks a lot like you.

どんな英文でもいいのですが，例えばこの文の意味は？　と言われたようなときでも，単語だけを気にしているような人というのがいるんですね。でも，**単語だけわかればできるというものではない**ということです。文のしくみの基本の理解ということがどうしても必要です。1.の英文を訳して

　　「これはすべての科学者ができる」（×）
　　「こんなことはすべての科学者にできることだ」（×）
　　「こんなことならどんな科学者でもできる」（×）

などの答案がゾロゾロ出てくる。皆さんはどうですか。「こんなことはすべての科学者にできることだ」はメチャクチャで，全然違うことを考えないとダメです。本当に基本的なことなんです。
　英語の文というのはとにかく初めはわけがわからないというと

$$\text{"X + X + X + X."}$$

という，どこの部分もみんな"X"なわけです。しかしもう皆さんは，この段階は脱しているでしょう。つまり英文の動詞(V)というのは活用など変化もしますし，これを見つけられないという人は普通の受験生ならまずいない。あとは主語(S)ですが，これもまあ見つけやすい。ですから，倒置形や省略形はもちろん別として，英文というのは原則的に，

$$\text{"S + V + X + X."}$$

という形をしているわけです。"S＋V"までは初歩の初歩で簡単なのですが，しかし**その後のXの扱いが問題です**。そこは単語だけ拾って適当にやるか，と言って「すべての科学者ができることだ」と訳す。"SVSV"なんて，そんな文はありません。これではダメです。もし，

> This is what all scientists can do.
>   S V   C

のように関係代名詞の what でもあれば、"SVC."となって文型が決まる。ですから、This is what all scientists can do. という文ならば、「こんなことはすべての科学者にできることだ」でいいわけですが、自分で勝手に what を補ってはいけない。こういうふうに勝手読みしてしまうケースが多いわけです。どんな難しい文でも易しい文でもそうなんです。もっとも、易しい文章で何の抵抗もない場合は、こんなことはいちいち考えないでどんどん内容中心に読んでいいんですけれども、ちょっと設問がついていたりして立ち止まって何か答えを書いたりするときには、**意識するのは必ずその英文の基本的な成り立ち**です。こういう感覚がふっ飛んでしまっていると、本当に基礎がまったくないということになります。

> "S + V + X + X."

という形式の "X + X" の部分に目的語(O)が来るか、補語(C)が来るか、それとも単なる修飾語句[M]が来るか、その組み合わせでいろいろな英文ができるわけです。"S + V + M." とか "S + V + C." とか、

> "S + V + O + M."
> "S + V + O + O."
> "S + V + O + C."

といった具合です。"S + V + M + O." とか "S + V + C + O." ……なんていうのもありえます。だから、「英語がよくわからない」と言っている人はこの点をうやむやにしているということです。その代り、この

"S + V + X + X." の **"X + X"のあたりがわかってくるとスッキリした気分で，どんどん英語が読めます**。あとは単語や語句の知識がどんどん増えてくればいくらでも読めるようになります。しかし，これがグラグラしていてメチャクチャやっているうちはダメということです。

1.の答えを言いますと，これは "SVC." の文型です。英語には修飾語句がよくついてきます。ここでは関係詞 that が all のあとに省略されているのです。**修飾語句は [ ] でとる**というクセをつけるといいですね。鉛筆でもいいし，頭の中でもいい。ですから

> This is all [(that) the scientist can do].
> S   V   C

となって，「これは科学者にできる（ところの）すべてだ」，つまり「**科学者はこれだけしかできない**」という内容になる。「科学者にできるのはこれがすべてだよ」ということは，

「科学者には**せいぜいこのくらいしかできない**」（○）

というのが正しい意味です。

入試に出される英文というのは必ず理屈に合っていますから，**理屈に合わないまま「単語だけ拾ってつなぎ合わせよう」というのは，やってはいけない**ですね。

まるっきりの類題としてこんなのもありました。次の文に下線が引いてあって日本語に訳せ，というのです。

> Sometimes all the scientist seeks is understanding.

「ときどき，あらゆる科学者が求めるのは理解である」（×）
と考えてわかったつもりになってはダメですよ。誤りの典型ですからね。

これでは出題者の待ち受けているワナに自分から飛び込んで行くようなものです。もっとひどいのがありました。

「ときには，すべての科学者が求めているものは理解している」(×)

「ときによっては，すべての科学者は理解しようと努めているのだ」(×)

これではダメです。is understanding は進行形なんかじゃありません。正しいのは，

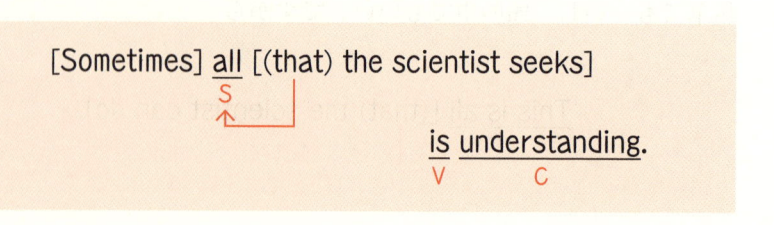

> [Sometimes] all [(that) the scientist seeks] is understanding.
> S　　　　　　　　　　　　　　　　　　　　　　　V　C

「ときには，科学者が求める**ことのすべてが**理解であることがある」ということは，

→「ときには，科学者が求めるのは理解**がすべて**であることがある」(○)

→「ときには科学者が理解**だけを**求めることがある」(○)

となります。

All the scientist seeks is understanding. という文は，**主語(S)は何か，動詞(V)は何か，続くXは何か**という英語の基本的な考え方を身につければ，そう難しい文ではないはずでしょ？ それなのに，正解者が少数だったのは残念でした。とにかく，「すべての科学者は…」と始める人は，不合理な思考法を大いに反省しないといけません。

2. "She looks a lot like you." は，軽い口語体の文で，

> She looks [a lot] like you.
>   S   V   C

「彼女はあなたとずいぶん**似ている**わね」（○）

とやればいいわけです。これだけのことなんですが，これでも手探りの人というのが中にはいて，「彼女はじろじろあなたを眺めている，きっとあなたが好きなんだ！」（笑）…ムチャクチャもいいところですね。

　もう3つ，基礎力診断用にものすごく易しい文を書きますのでチェックしてください。

> 次の文の意味は？
> 　　3. Is that all you want to say?
> 　　4. It is hard to lie ill in bed.
> 　　5. The old man has grown very tired of his loneliness.

　3.「それはあなたたちみんなが言いたいのですか」（×）
なんてやってはもちろんダメですよ。さっきの2.と同じように，

> Is that all [(that) you want to say]?
> V   S   C

となります。
　→「それがあなたの言いたいことの**すべて**ですか」
　→「あなたが言いたいのは**それだけ**ですか」（○）

　4. "it(S) ... to ～"さえわかれば簡単ですね。

> It is hard to lie ill in bed.
> S V   C

→「病気で寝ている**ことは**むずかしい」(○)
→「病気で寝ている**のは**容易ではない」(○)

"it ... to 〜"なんかまったく無視してしまって，
　「ひどい病気にかかって寝ています」(×)
なんてやる人もいるんです。これじゃ病気も重症ですよね。

> 5. The old man has grown very tired
>   S   V   C
> [of his loneliness].

→「その老人は自分の孤独にとても**あきてきている**」(○)
→「その老人は独りぼっちでいるのがとても**いやになった**」(○)

ということですね。ところが，こんな文でさえ
　「老人は寂しさに疲れはてて成長してきたのだった」(×)

なんてやった人がいました。**知っている単語をつなぎ合わせて自分で勝手にお話をつくり上げてしまってはダメ**です。"S＋V＋X"のXがOなのかCなのかMなのかを考えないで，ただ漫然と単語を覚えているだけだとひどいことになります。

　以上が前置きで，言わんとすることはわかりますね。「英語がわからない」と言っている人の場合は，通例，**"S＋V"**のあとの**"X＋X"のあたりの理解**が問題であるわけです。そのへんから始めます。

第2回 動詞・文型(2)

英語には自動詞と他動詞とがある

　英語の動詞には自動詞(vi.)と他動詞(vt.)とがあるのは知ってますね。最も根本的なことですが，**目的語(O)をとらないのが自動詞**，**目的語(O)をとるのが他動詞**です。「自動詞と他動詞の区別は重要ですか？」なんて，のんびりしてる人がいましたけど，これは大事も大事，すごく重要です。なにしろ"S + V + X + X."の**動詞(V)が自動詞か他動詞かによって英語の基本的な構造が決まってくる**わけですからね。

　動詞(V)が自動詞(vi.)なら

　　　　"S + V + [M]"　……第1文型
　　　　"S + V + C"　　……第2文型

のどちらかになりますし，もし他動詞(vt.)なら

　　　　"S + V + O + [M]"　……第3文型
　　　　"S + V + O + O"　　……第4文型
　　　　"S + V + O + C"　　……第5文型

といったように，文の骨組みが決まってくることになります。

　ですから，これからは辞書を引いて圓とか個とかあったら，いつもピーンと敏感に反応するようにしてください。動詞関連の文法や語法の問題では，この**自動詞と他動詞の区別ができているかどうかが鍵をにぎるものが大半を占めている**と言っていいくらいです。

　さて，自動詞や他動詞の「どちらかを選びなさい」とか，「正しい用

法はどれか」といった問題がよく出ますから, その典型的な例からかかってみましょう。

> （　　）内の適当な語を選べ。
> 1. I've often (lay / lain / laid) on the grass.
> 2. My hens have (lay / lain / laid) ten eggs per week all winter.

自動詞か他動詞かをきく問題の1つの例が lie と lay ですが,
　lie（vi.）「横たわる」（目的語をとらない）
　lay（vt.）「〜を横たえる」（目的語をとる）
の区別は何百回も出ています。動詞変化も重要で

lie － lay － lain ／ lying
lay － laid － laid ／ laying

これらをパッと頭に浮かべられるようにしておくことです。こういう問題は5題出たら5題ともできたいですね。例えば,

　　　　　The mother (　　　) her baby on the bed.

の(　　)の中に適当な語を入れなさいという問題では,「母親は赤ちゃん**を**ベッドに寝かせた」となれば, (　　)の中はlaid（他動詞の過去形）になります。

　　　　　She (　　　) down and made herself comfortable.

なら「横になってからだを楽にした」のだからlay（自動詞の過去形）ですね。
　こういう種類の問題は何回も繰り返されていますから, これははっきりさせておかなければいけない。発音 lie [lai] － lay [lei] － lain [lein],

lay [lei] − laid [leid] − laid [leid] を間違えずに，しっかりと 5 回くらいつぶやいておけば大丈夫でしょう。

　1. は「私は草の上によく横たわることがあった」は**自動詞**の過去分詞 **lain** が正解，2. は「うちのニワトリは冬の間ずっと 1 週間に 10 個の卵**を**生んだ」のですから，**他動詞**の過去分詞 **laid** が正解です。それぞれの文型は

> 1. <u>I've</u> [often] <u>lain</u> [on the grass].
>   　S　　　　　V
>
> 2. <u>My hens</u> <u>have laid</u> <u>ten eggs</u> [per week] [all winter].
>   　　S　　　　　V　　　　O

で，第 1 文型(S + V)と第 3 文型(S + V + O)になります。

　rise(上がる)と **raise**(〜を上げる)；**sit**(坐る)と **seat**(坐らせる)も要注意で，文法問題によく現れます。

　「坐ってください」と言うとき，

　　Why don't you **sit** down?(○)

はいいが，

　　Why don't you <u>seat</u> down?(×)

とは言いません。seat の使い方は，

　　I **was seated** next to an old man with a moustache.(○)

　　（ひげを生やした老人の隣りに坐った）

　　The lecturer waited for his audience to **seat themselves**.

　　（講師は聴衆が着席するのを待った）(○)

のように，「坐る」は be seated とか seat oneself となる。sit が自動詞なのに対して seat は「坐らせる」という他動詞だからです。

> 3. Thomas (attends / attends to / attends in) Oxford University.
> （正しいものを選べ）
> 4. Henry asked us not to mention about the fact that he failed the test. （誤りを正せ）

　3.「トーマスはオックスフォード大学に通っている」。attend（〜に通う）は他動詞ですから，to や in という前置詞は不要です。「〜に」という日本語にひきずられてはいけませんね。

　4. は「ヘンリーは試験に失敗したことについて話さないでくれと私たちに頼んだ」という文。これまた日本語につられて mention about 〜（×）とやりがちですが，mention は他動詞なのですから about という前置詞は不要です。

　このタイプの問題，つまり日本語につられてつい不要な前置詞をつけてしまいそうな動詞の問題も頻度が高いですよ。

　　　He entered into her room. （×）
　　　He left from New York a few days ago. （×）
　　　He reached to Boston the next morning. （×）
　　　He resembles to his mother. （×）
　　　She married with a bald man. （×）
　　　He'll answer to your letter soon. （×）
　　　Our plane is approaching to San Francisco. （×）

などはいずれも誤りで，前置詞は不要です。

　enter（〜に入る），leave（〜から出発する），reach（〜に到着する），resemble（〜と似ている），marry（〜と結婚する），answer（〜に答える），approach（〜に近づく）はすべて他動詞だからです。

>　　　We discussed <u>about</u> our schedule.（×）
>　　　We discussed our schedule.（○）
>　　　We talked about our schedule.（○）

の区別も同様です。talk は自動詞，discuss は他動詞ですから，「〜について話し合う」は "discuss（＝talk about）" であって，discuss <u>about</u> 〜（×）とは決して言いません。

以上に出て来た

　　attend, mention, enter, leave, reach, resemble,
　　marry, answer, approach, discuss

は他動詞で第3文型（S＋V＋O）となる重要動詞で，**日本語につられてはいけない動詞**として，印象深く記憶しておきましょう。

そして，**英語では常に自動詞とか他動詞とかいう意識が頭にないとダメ**ということですね。

正しい文を選べ。

5. ⓐ Ann apologized her teacher for coming to school late.
　 ⓑ Ann apologized to her teacher for coming to school late.
　 ⓒ Ann apologized coming to school late to her teacher.

最近は語の慣用法（語法）が重視され，動詞については，本当に細かい問題がよく出ますねえ。これは慶大の問題で，apologize（謝罪する）の用法というわけですが，

　　apologize to A for B（○）（A に B のことを謝罪する）

という形で用います（→ p.236）。今度は自動詞ですから，上例の discuss, resemble, mention, …などの他動詞とは逆に**前置詞が必要**と

いうわけです。apologize A(×)は誤りで，apologize to A(○)でなくてはいけないのです。ですから，正解はⓑ。

このように，動詞を覚える際はapologize(謝罪する)，add(増す)，insist(主張する)，explain(説明する)，reply(答える)，wait(待つ)…といった覚え方では不十分だということがわかりますね。**前置詞が必要ならば，その前置詞も付けて**

    add to ～（～を増す）（= increase）
    add A to B（A を B に加える）

といったような覚え方をしていないと動詞の用法をきく問題には対処できないわけです。同じように，

  insist on ～　　　　（～を主張する）
  explain A to B　　　（A を B に説明する）
  reply to ～　　　　 （～に答える）（= answer ～）
  wait for ～　　　　 （～を待つ）
  wait on ～　　　　　（～に仕える）（= serve ～）
  search for ～　　　　（～を探し求める）
  search A for B　　　（B を求めて A［の中］を探す）
  account for ～　　　（～の理由を説明する）
  take after ～　　　　（～と似ている）（= resemble ～）（→ p.232）

など，動詞を覚える際には自動詞・他動詞の区別はもちろん，**前置詞との結びつきに注意**して記憶しないと，実際上，役に立たないことがわかると思います。

空所に入れるのに適当なものを選べ。

6. Do you think he (　　) his father?
   ⓐ resembles　　ⓑ is resembling
   ⓒ resembles to　　ⓓ resembles with
7. The little girl (　　) after her mother in voice and manner.
   ⓐ looks　　ⓑ takes　　ⓒ goes　　ⓓ runs

6.「彼は父親に似ていると思いますか」の **resemble**（〜と似ている）は**他動詞だから，前置詞は不要**。ⓑのように進行形にはしません（→ p.50）ので，正解はⓐです。

7.「少女は声や態度が母親と似ています」という意味ですから，ⓐの look after（〜を世話する）ではなく，ⓑの **take after**（〜と似る）のほうですね。

続いて，**動詞と副詞との結びつき**にも注意しないといけません。

set **out**	（出発する）（= start）	
go **up**	（上がる）（= rise）	(vi.)
break **out**	（[火事や戦争などが]起こる）	
sit[stay] **up**	（[寝ないで]起きている）	

などは，"動詞＋副詞"の２語で１つの自動詞と同じように使われますから，切り離さずにまとめて**１つの動詞のような感覚**で覚えていきます。

8. A fire (　　) out in the building.
   ⓐ broke　　ⓑ turned　　ⓒ failed　　ⓓ left
9. I've got to (　　) up now. Someone is waiting to use the phone.
   ⓐ break　　ⓑ give　　ⓒ hang　　ⓓ put

8. は「そのビル内で火事が発生した」のだから，ⓐの **break out**（[火事が]起こる）を選びます。ⓑの turn out（[結果が] 〜となる）ではありません。

9. 「もう電話を切らなくては。だれかが（電話を使うのを）待ってますので」という会話表現で，文脈からⓒの **hang up**（電話を切る）を選ばせる問題です。ⓑの give up（[〜を]あきらめる）ではありません。

hang up は，日常会話では特によく使いますよ。電話で

　　Hold on a minute, please.

と言えば「（電話を切らずに）そのままお待ちください」。

　　Hang up and wait a minute, please.

ならば「電話を切って少々お待ちください」ですね。最近はこういう口語的な表現は特によく出題されています。

ところで「危ない！」は，英語では何と言いますか。**"Look out !"** とか **"Watch out !"** ですね。これが思いつかずに「ええっと……Danger！かな。Dangerous！かな？」なんて考えているくらいなら，日本語で「アブナイ！」と叫んでしまうほうがいいでしょう。どうしてかというと，「気をつけろ，どこに目をつけてんだ」という感じで，連中には "Have an eye !" と聞こえるでしょうから（笑）。

それはともかく，"Look out !" "Watch out !" が普通の言い方で，こういう**会話的な表現が好んで出題されるのが最近の傾向**です。

　　bring up　　（〜を育てる）（= rear, foster）
　　put off　　　（〜を延期する）（= postpone）　　(vt.)
　　turn down　（〜を拒絶する）（= reject）

などはもう覚えましたか。今度は **"動詞＋副詞"** の2語で**1つの他動詞の働き**をしていますね。

> 10. I cannot put (　　) with all that noise.
>
> 　　　　　　　　　　　　　　（適当なものを選べ）
>
> 　ⓐ after　　ⓑ down　　ⓒ on　　ⓓ up

　10.「あの騒音には我慢できませんよ」ということで，ⓓを入れます。**put up with**（～を我慢する）は3語で stand（endure, bear, tolerate など）という他動詞1語と言い換えられます（→ p.250）。

　　look up to　　（～を尊敬する）（= respect）　┐
　　look down on　（～を軽べつする）（= despise）┘ (vt.)

なども何度でも出題されてますが，こういうのも**"動詞＋副詞＋前置詞"の3語をまとめて1つの他動詞と同じような感覚で**覚えていってください（→ p.250）。一般的に「熟語」と呼ばれているものですが，こういうのはうろ覚えではなく正確さを第一に心がけて，それぞれの語句のもつ感じをつかみながら，どんどん数を増やしていかなくてはならないのは言うまでもありません。

　こういう「動詞の慣用語句」の知識を問う問題は，現在の入試の特徴的傾向の一つと言えるくらい，じゃんじゃん出題されていますから，第29回と第30回の講義でたくさん記憶してもらう予定にしています。

第3回 動詞・文型(3)

補語がわかると英語がわかる

　動詞によって文型が決まってくる，と前回に言いました。その「基本5文型」は皆さんは初めてではないでしょうが，どうもまだしっかりしていないところがあるようです。

　　　第1文型(S + V)　　　　　　　⎫
　　　第2文型(S + V + C)　　　　　 ⎬……… 自動詞(vi.)
　　　第3文型(S + V + O)　　　　　 ⎫
　　　第4文型(S + V + O' + O)　　　⎬…… 他動詞(vt.)
　　　第5文型(S + V + O + C)　　　 ⎭

の5つが英文の骨組みとされる。これにM(修飾語句)がついてくるから複雑になってくるけれども，その**修飾語句(M)を[ ]でくくって，取ってしまうと，どんなに難しい文章でも，原則としてこの骨組みでできている**のがわかります。これから外れてしまうと英語ではなくなってしまうわけですから，少なくとも入試に出るくらいの英文はこれにガッチリと合っていると考えていい。たまに主語が省略されているとか，倒置と言って"CSV"とか"OSV"とか"VSO"とか……そういう形はありますが，基本になるのはこの5文型です。

　このうち第1と第3文型あたりはみんな理解できますよね。これはやさしいわけです。

> 英語で言うと？
> 1. 夏になりました。
> 2. トムにはガールフレンドがたくさんいます。

やさしすぎましたか。英語で言うと，もちろん

　1. Summer has come.（○）

　2. Tom has a lot of girlfriends.（○）

となりますね。1. は第1文型(S + V)，2. は第3文型(S + V + O)です。

　ただ，ちょっとだけでいいですから意識しておいてもらいたいのは，**日本語と英語の表現のしかたの違い**です。「夏になりました」という日本語のほうは，主語らしきものははっきりせず，ただ夏になったという情況をまるごとすくいとったような表現ですよね。「夏だな」とか「いやに暑いね」とか，日本語には情況を述べるだけで主語をはっきり表さない傾向があります。

　ところが，英語のほうは Summer(S) has come(V).「夏が来た」のように，**必ず主語(S)を使って「何がどうする」という表現をする**んですね。Summer is with us.（○）とか，Summer is here.（○）と言ってもいいですが，やはり "S + V + [M]." という文型で，「何がどうである」と表すわけです。「…が～する」「…が～だ」のように，**主語(S)を必ずはっきり表面に出すのが英語の特徴**だ，ということですね。

　「いやに暑いね」だったら，It's terribly hot, isn't it ? と言いますが，これだって it という主語(S)を使いますね。これは文型でいうと "S + V + C" という第2文型で，あとで詳しく説明することにしますが，いずれにしても原則として**英語は何らかの主語(S)を使わないと文にならない**，ということを意識しておいてください。

　2. の「トムにはガールフレンドがたくさんいる」も無意識のうちに

Tom(S) has(V) a lot of girlfriends(O). と言えたでしょうが，やはりTom という主語(S)を使って「…**が**〜を持つ」と表すのが英語として自然なんですね。こういうふうに，**「何が何をどうする」というような文の組み立てが英語の基本となる**のですけれども，もうここまでの第1文型(S + V)と第3文型(S + V + O)には慣れてきていると思いますので心配ありませんね。

　以上の第1文型(S + V)，第3文型(S + V + O)はたいしたことはない。ところが，英語の基礎がない人にとってこれらより何十倍も重要なものがあります。それは次の2つの文型です。

第2文型(S + V + C)
第5文型(S + V + O + C)

　このへんになると少しごまかしたり，よくわからないままやってしまう人がいる。考え方が頼りなくてしょうがないという人の例をよく見かけます。まず，第2文型から理解してもらいましょう。

(　　)内の適当なものを選べ。
3. He remained (silent / silently / silence) all the time.
4. His excuse sounds (strange / strangely / like strange).

　こういう問題で，「まあ何となくわかる気がする」と言って，silent や strange を選んで正解になることがある。しかし，その途中の過程が問題です。remain は「残る」かな？「残す」じゃないな，よくわからないが silent にしとけ，なんていうのはまだまったく**第2文型(S + V + C)がわかっていない**というわけです。

　これは基本の基本にあたり，"S + V + C" の C はよく主格補語と言いますが，これは主語の説明をしているわけです。ですから，第2文型

(S + V + C)では，意味の上で

"S ＝ C"

という関係が含まれる。**この関係が必ず成立する。例外はあるでしょうか？ まったくありません。これは原則で，英語というのはこのようにできているんです。**

　この文型になるいちばん典型的な動詞は be 動詞です。だから，remain でなく be を使って，

　<u>He</u> <u>was</u> <u>silent</u> [all the time].
　　S 　V 　　C

　（彼はその間ずっと黙っていた）

ならばわかりやすいですね。ただし，be 動詞は純然たる等号（＝）の働きしかしない。そこでこれに**少し味付けをする**わけです。**be 動詞にちょっと味付けをした動詞が remain（いぜんとして～のままである）**という動詞なのです。

　こう考えれば，silently（副詞）や silence（名詞）は絶対に選べないわけで，意味の上からは "He ＝ silent" または "He is silent." なのですから，心の底から自信を持って

<u>He</u> <u>remained</u> <u>silent</u> [all the time].　（〇）
　S 　　V 　　　　C

　（彼はずっと黙ったままでいた）

と考えられるわけです。She remained happy. は正しいが，She remained happily. なんてへっぴり腰みたいなのはダメです（笑）。

　とにかく第2文型でいちばん大事なのは，"S ＝ C" の関係で，「彼＝黙っている」となる。He <u>was</u> silent. ではやさしすぎるので，それにもう少しプラスアルファしたのが remained です。remain を「残す」，「残

る」って何だ，なんて言っているのは全然ダメということです。正しい考え方だと，「"彼＝依然として沈黙"の状態のままだった」というわけです。ですから，**等号(＝)を思い浮かべてみるのがコツです。または，be 動詞に置き換えてみるのもわかりやすい**ですね。

 4. His excuse <u>is</u> strange.

  （彼の言い訳は奇妙だ）

はやさしい。そのやさしい **be 動詞に「味付け」をして sound（〜に聞こえる，〜のようだ）を使う**のです。「彼の言い訳＝奇妙な」だから，

His excuse sounds strange. （○）
S   V   C

（彼の言い訳は妙に聞こえる）

に決まっています。日本語で「妙に」だから strangely じゃないのかなあ？なんていうのは全然ダメですね。英語に自信をもっている人ならば 100 パーセントの確信をもって strange だとぴーんときます。

次の文の意味は？
5. She remained unmarried all her life.
6. The story sounds absurd to me.

これはいま話したことの確認です。

 5. は "She ＝ unmarried"，つまり「彼女＝未婚の」という関係が含まれていて，all her life は「一生（の間）」という副詞句，つまり修飾語句（M）ですから，

She (S) remained (V) unmarried (C) [all her life].

という第2文型ですね。そこで意味は，

　「一生"彼女＝未婚の"ままだった」

　→「彼女は一生，独身のままだった」(○)

となります。

　6. も"the story ＝ absurd"，つまり「話＝おかしい」という関係が確かめられますから，

> The story (S) sounds (V) absurd (C) [to me].

という第2文型です。意味は1. と同じように考えて，

　「"その話＝おかしい"ように私には聞こえる」

　→「その話は私にはおかしく思える」(○)

ということです。

　そんなわけで，**第2文型に用いられる「味付けをする」動詞**というのは，およそ次の3種類に分かれます。

　(i) 一つは**「〜になる」**という味付けをすることがある。She is unconscious. の is の代りに，fall で味付けして，She fell unconscious.「彼女は意識不明になった」となる。ほかに

> become, get, grow, turn,
> go, come, run, make　　 ＋C

などの「味付け」動詞がある。例えば，run wild（粗暴になる），go blind（盲目になる），come right（正しくなる），fall ill（病気になる）などなどです。文法問題では

　The news of her marriage **proved** (＝ **turned out** to be) false.

　（彼女が結婚するという知らせはうそだとわかった）

における"prove + C"（結局〜になる，〜だとわかる）も重要で，よく狙われます。

　(ⅱ) 2番目は「〜に見える」「〜に思える」「〜に聞こえる」などです。「〜である」と断定しないで，**「〜であるようだ」**と味付けをするわけです。

"look, appear, seem + C"

はおなじみで，うしろに補語(C)をとる動詞の典型です。**これらを見たらすぐに頭の中に"＝"の記号が浮かばないといけない。**今まで"＝"の記号なんて考えたこともなかったなんていう人はメチャクチャやっていたと思っていいですね。あと

"taste + C"（〜の味がする）
"smell + C"（〜のにおいがする）
"sound + C"（〜に聞こえる）
"feel + C"（〜の感じがする）

などがあり，いずれも"S＝C"がぴーんとこないといけません。

　(ⅲ) 3番目が**「〜のままである」**という系統の動詞です。

"keep, stand, stay, remain + C"

がそれです。

　　He kept silent.（"彼＝沈黙"の状態のままだった）
　　He stood still.（"彼＝静止している"状態にあった）
　　He stayed faithful.（"彼＝忠実"のままだった）

など，すべて第2文型(S + V + C)です。もちろん **remain** も重要ですね。先ほどの **sound, prove, turn out** などとともによく狙われています。

　とにかくここにメモしたような単語を見たら，皆さんの反応としては

モタモタ単語をいじくるのではなくて，スッキリと**頭の中に"="の記号を思い浮かべる**ということです。そうすると100パーセント解決するわけです。これが浮かばないうちは何をやっているかわからない。以上はマスターすべき大事な点です。こういった動詞の後ろに来た"S + V + X"のXはC(補語)の可能性を秘めていると理解することです。

> 次の文の意味は？
> 7. John appears very tired after his first day at work.
> 8. My sister looked terrible in school uniform, so she is happy that she can wear anything she likes.

もうぼちぼち第2文型(S + V + C)がわかってきたでしょう。7. 8. はだめ押しです。

7. は，

「ジョンは初出勤(のあと)で，とても疲れているように見える」(○)

ですね。**"appear + C"**(〜に見える)がぴーんとくることと，"John = very tired"を思い浮かべられるようにしておくことがポイントです。

8. は，「うちの姉は学校の制服を着ると，"姉＝ひどい"状態に見えたので，…」ということですね。妹にはバケモノみたいに見えたんでしょうか(笑)。もちろん，**"look + C"**(〜に見える)を含む第2文型(S + V + C)。結局，

「うちの姉の制服姿はとても見られるものではなかったので，いまは何でも好きなものが着られてうれしがっている」(○)

と意味がとれます。

今回は第1，第2，第3文型のうち，**補語(C)を含む第2文型(S + V + C)を特によく理解しておいてください**。第4，第5文型は次回に扱うことにします。

第4回 動詞・文型(4)

第5文型の"O + C"に注目する

　前回に，5文型のうち補語(C)を含んでいる第2文型(S + V + C)と**第5文型(S + V + O + C)**は特に重要だと言いました。ですから，今回は第5文型をわかってもらうのが第一の眼目なのですが，その前に**第4文型(S + V + O' + O)**をやっておきましょう。

---

1. 空所に入れるのに適当な語を1つずつ選べ。
　(a) May I (　　　) you a favor?
　(b) Will you (　　　) me a favor?
　① ask　② try　③ tell　④ do　⑤ want

　(a), (b)のどちらも「あなたにお願いがあるのですが」という会話でよく使う表現で，答えは(a)が①ask，(b)は④doです。何しろ決まりきった表現なのですから，そっくりそのまま

　　(a) May I *ask* you a favor?　(○)
　　(b) Will you *do* me a favor?　(○)

と5回くらい口ずさんで慣れてしまうのが本筋なのですが，文型からするとどちらも**第4文型(S + V + O' + O)**です。
　"ask + O' + O"はおなじみだとして，"do + O' + O"（…に〜をしてやる）のほうはどうですか。doも2つの目的語をとる動詞の1つで，例えば，

This medicine will (　　) you a great deal of good.

（この薬はとても効き目がありますよ）

というような形で，何度も出題されてますから注意しておきましょう。do you good は「あなたに利益を与える」（つまり「あなたの役に立つ」），do you harm なら「あなたに害を与える」（つまり「あなたの害になる」）ということですね。

> 空所に入れる適当な語を選べ。
> 2. I (　　) Susan some money and must pay back by next Tuesday.
>   ① borrowed　② loaned　③ owe　④ own
> 3. You would (　　) your father a lot of worry if you'd simply write him a letter.
>   ① take　② omit　③ help　④ save
> 4. A moment's hesitation may (　　) a pilot his life.
>   ① deprive　② cost　③ rob　④ lose

それぞれ，センター試験，同志社大，早大の問題です。どんな動詞が狙われているでしょうか。

2. は③ owe が正解。

"owe + O' + O"（…に〜を負うている［借りている］）

の形で，「スーザンにいくらかお金を借りていて今度の火曜日までに返さなくてはいけない」という状況です。

3. は④ save を選びます。

"save + O' + O"（…に〜を節約させる，…の〜を省く）

という使い方で，「お父さんにただ手紙を1通書きさえすれば，（お父さんに）心配させないですむでしょうに」ということです。

4. は②costを入れます。

"cost + O' + O"（…に〜を犠牲にさせる）

ですから，「一瞬のためらいがパイロットに命を犠牲にさせるかもしれない」，つまり「ちょっとでもためらえば，パイロットは命を落としかねない」という意味の文です。

2.3.4. のいずれも，**どんな動詞が2つの目的語をとれるのか**をふだんから注意していないといけないことがわかりますね。owe, save, cost だけが2つの目的語をとれる。並べられたほかの動詞はすべて2つの目的語はとれない，ということでした。

この第4文型(S + V + O' + O)はときどきちょっと特殊なのが出ることがありますが，たいしたことはありません。例えば，東大の問題の中で，deny it a trial，これの意味を(ア)〜(オ)のうちから選べというのがありましたが，"**deny** + O' + O"ですから「それに対して試しを拒絶する」つまり「それを試してみない」「それを試さない」というのを選べばいいわけです。

I envy her her beauty.

は I(S) envy(V) her(O') her beauty(O). で「わたし，彼女の美しいのがうらやましいわ」の意。

"envy + O' + O"（…の〜をうらやむ）

というわけで，こういったちょっと特殊なのもありますが，第4文型(S + V + O' + O)は，通例は「…に〜を（〜する）」というパターンで理

解できます。おなじみの ask, give, show, tell, teach などのほかに,

$$
\left.\begin{array}{l}
\text{bring, buy, cause, choose, cook,} \\
\text{get, hand, leave, lend, make,} \\
\text{offer, pass, pay, read, sell, send,} \\
\text{sing, write, find, promise}
\end{array}\right\} + O' + O
$$

などがそれです。

これらに加えて，さきほどの

owe ＋ O' ＋ O（…に〜を借りている）
save ＋ O' ＋ O（…に〜を節約させる，…の〜を省く）
cost ＋ O' ＋ O（…に〜を犠牲にさせる）

といったところまで注目しておけば，この第4文型(S＋V＋O'＋O)もそれほど大問題にはならないでしょう。

いよいよ重要な**第5文型(S＋V＋O＋C)**です。**英語がわかるようになるかどうかの最初の山場**と言ってもいいくらい大事なところです。まず，基本の基本となる理解が本当にできているかどうか，試してもらいましょう。

> 5. I'd like my coffee (　　　). （適当な語を入れよ）
>   （私のコーヒーは濃くしてください）
> 6. I don't like my eggs raw. （意味は？）

5. の空所には何が入りますか。お茶やコーヒーなど飲み物の「濃い」「うすい」は strong, weak です。thick, thin はそれぞれ「こってりした」とか「水っぽい」という感じだから, strong, weak のほうがいいでしょ

う。ですから，**strong** が正解です。

　ここで，日本語は「濃く」となっているから strongly という副詞ではいけないのかな？　どうして形容詞の strong なのだろう？　とちょっとでも思う人はいないでしょうか。**もしそんな迷いが少しでも生じる人は，これから説明する第5文型(S＋V＋O＋C)の理解がまだ不十分です**。いったん英語が，あるいは補語が，わかってしまうと，100 パーセントの確信を持って絶対に strong でなければならないことがわかります。「"コーヒー**が濃い**"**のが好き**」「"coffee ＝ strong"**が好き**」ということなのですが，このあたりがわかってくるとモヤモヤが吹っ飛んで，気分がすっきりしますよ。

　6. はどうですか。I don't like my eggs のあたりまではだれでもわかりますが，そのあとに raw(生の)という形容詞がついてますね。だからといって

　　「私は生卵は嫌いよ」（×）

なんてやるのは感心しません。そう，5. と同じく第5文型で，

> I(S) don't like(V) my eggs(O) raw(C).
> 「私は"my eggs ＝ raw"は好まない」
> →「私の卵**が**生**なのはいやです**」（○）

となります。「私の卵は生じゃいやよ，ゆで卵(boiled)でもいり卵(scrambled)でも目玉焼き(sunny-side up)でも何でもいいからちゃんと料理してよ」ということで，「生卵は嫌い！」（＝ I don't like raw eggs.）と言ってるのじゃないことはわかりますね。

> (　　)内の適当な語を選べ。
> 7. Do you think it (strange / strangely / strangeness) that I said so?
> 8. The governor set the prisoners (free / freely / freedom).

さて第5文型(S + V + O + C)の「目的格補語」という言葉は皆さん知っているんでしょうけれども，そこから先がもうひとつ理解できているかどうか。これは「目的語を説明している補語」ということで，「目的語(O)と補語(C)の関係がイコール(＝)である」ということなんです。つまり，意味の上で

$$"O = C"$$

の関係が成立するということ。それが一番の根本です。

しかし，これからはこの講義では，よくわかってもらうために，ときどき nexus(ネクサス)という言葉を使います。nexus というのは，**文章の一部に含まれる "S' V' X' "の関係**，つまり，文の一部にひそんでいる**「主語＋述語動詞」の関係**のことで，例えば

　　　I saw him come.
　　　(「彼が来る」のが見えた)

の him と come との間などに見られる「主語＋述語動詞」(「…が〜する」「…が〜である」)という関係のことです。**文中にひそむ「…が〜する」「…が〜である」がわかってくると，頭がすっきりして英語がよくわかるようになるし，これがわからないうちは暗中模索の感じになってしまう**わけで，きわめて重要なことだと思ってください。

第5文型(S + V + O + C)では，"O + C"の部分に例外なく"S' V'

X′ ″ という nexus の関係が含まれるということが要点です。言い換えると"O＝C"になりますが，ここに「…が〜する」「…は〜である」というのが入るわけです。

　この**「が」や「は」をぼかしてはいけない**。だいたい英語がわからないという人は，「何がどうする」というのを適当にごまかして，ただ単語をつなげていきます。英語がわかっているとそういうことはしません。例えば

his close resemblance to a monkey

と出てきたら，「彼は猿にうんと似ている」(He closely resembles a monkey)のだなと考える。そうすると英語がよくわかってくる。「彼の猿への緊密なる類似性」なんて下手なことは言わない(笑)。ですからこの nexus というのが非常に大事です。つまり，**この nexus が O と C の間の関係に必ず入ってくるわけですから，それを見落とさない**ということです。

　簡単な例として，

I found her a good seat.
S　V　O′　O

これは第4文型(S＋V＋O′＋O)で「私は彼女にいい座席を見つけてやった」と考えればいい。「坐ってみたらあの娘はいい座席だったよ」なんて言うとひっぱたかれる(笑)。「彼女＝いい座席」という関係は常識的には成り立たないというわけです。ところが，

I found her a nice girl.
S　V　O　C

となると「彼女＝とてもいい娘」という関係が成り立つ可能性が強いですね。彼女とつき合ってみたら，その彼女「が」とてもいい女の子だと

いうことがわかったわけです。つまりこれは，I found that she <u>was</u> a very nice girl. とほぼ同じことになります。her と a nice girl の部分に nexus が入ります。SVOC という文型です。

例文7.へ戻りましょう。

> 7. Do <u>you</u> <u>think</u> <u>it</u> <u>strange</u> that I said so?（○）
>   S   V O   C

は「私がそう言ったのはおかしいと思いますか」で，it と strange との間に"it ＝ strange"（または It <u>is</u> strange.）「…**が**おかしい」という関係が含まれます。そこが strange が正しいという判断の決め手です。

この 7. の問題文はかなり改まった言い方で，普通の会話では Do you think it's strange that I said so? と言うところです。

> 8. <u>The governor</u> <u>set</u> <u>the prisoners</u> <u>free.</u>（○）
>   S   V   O   C

も"the prisoners ＝ free"の関係が急所です。「知事は囚人たちを解放した」つまり「囚人たち**が**解放されて自由の」身になったわけです。

She pushed the door open.

という文なら，どうなりますか。"the door ＝ open"という関係が入り，「彼女がドアを押した結果，ドア**が**開いた」わけで，「彼女は戸を押して開けた」ということです。こういうのを第5文型（S ＋ V ＋ O ＋ C）と言っているわけで，「ドアを押して，"ドア**が**開いている"状態にした」という考え方をすればいいわけですね。

9. She threw the door wide open and silently watched him go out.（意味は？）

"S + V + O + C"を2つ含んでますね。つまり，

　　She (S) threw (V) the door (O) wide open (C) and [silently] watched (V) him (O) go out (C).

という文型ですから，

　　「彼女はドアを（勢いよく）広く開け放ち，彼が出て行くのを黙って見守っていた」（○）

とすらすら意味がとれます。ところが，こんな文でも"O + C"の部分がわからなかったんでしょうか，こんなふうに訳した人がいる。

　　「彼女はいっぱいに開かれたドアを投げつけ，黙って見つめていた彼は出て行った」（×）

うーんと唸ってしまうような迷訳ですね（笑）。

いかにも短い，易しい文章ですが，もっと難しい英文読解のときにもここまで話してきた考え方が基礎になります。ただ単語や語句の意味だけ調べても，この"O + C"の理解が抜けていたらダメです。

第5文型(S + V + O + C)によく用いられる動詞を整理するとこうなります。

　（i） keep, leave
　（ii） make, elect, appoint, call, name
　（iii） find, feel, think, consider, believe, suppose
　（iv） paint, cut, push, throw, dye, boil, like

　　　　　　　　　　　　　　　　　　　　＋ O + C

さらに，get, have, let, make などのように「…に～させる」という意味の使役動詞や，see, hear, feel, watch などのいわゆる知覚動詞

の用法を習得することがきわめて大事なのですが，これらはまた先で詳しく話すことにします(→ p.216 ～ 228)。

　最後に，nexus の考え方がいかに大事かをわかってもらう例を挙げます。かなり優秀な大学生に nexus の講義をしたあとのテストに次のような文を出題してみたんですが，やはり正しく意味をとれた人は少数でした。意味を考えてみてください。

> 10. George shouted himself hoarse.
> 11. Meg got tired and wished the party at an end.

　どうですか。一読しただけではチンプンカンプンの人もいるのではないでしょうか。でも英語がわかっていると，すらっと意味がとれるのですよ。
　10. は George shouted のあとの himself (O) hoarse (C) のところがわかればいいのです。

　　　「ジョージは大声で叫んで"himself = hoarse (声のかれた)"状態になった」

ということで，
　　　「ジョージは大声で叫んで声をからしてしまった」(○)
という意味です。愉快な学生もずいぶんいて，「ジョージは馬だ！と叫んだ」とか「ジョージは自分が馬だと叫んだ」とかやってました(笑)。hoarse を horse と間違えてはいけません。
　11. は「メグは疲れて，最後にパーティーをしたいと望んだ」(×)では何のことだかさっぱりわかりません。wished (V) the party (O) at an end (C) ですから，"O + C"の部分に含まれる nexus がぴーんと来て，

「メグは(パーティーに)あきてしまって, パーティーが終わればいいのにと思った」(○)

というのが正しい意味です。The party was at an end. は「パーティーが終わった」ということ。この **nexus** が含まれているのがわからなかったら, あるいは **nexus** の発想がなかったら永久に意味がわからないかもしれません。

　文型としては, 補語(C)を含む**第2文型(S＋V＋C)**と**第5文型(S＋V＋O＋C)**とが, 特に正しい考え方を必要とする点で重要な文型です。「補語がわかれば英語がわかる」と言われるくらいですから, **この2つの文型をきちっと理解することが, 文法のスタートにあたっての必須条件である**ことをわかってもらって, この講義を終えることにしましょう。特に第5文型の"O＋C"の理解はものすごく大事なので, あとでもう一度がっちりと発展的に理解してもらう予定です(→ p.209 〜 228)。

第5回 時　制⑴

現在完了はどういう気分で使うのか

　時制(Tense)というのは「現在・過去・未来・現在完了・過去完了…」といった時間的な関係を表す動詞の形の変化のことですね。この時制についていままでいろいろと習ってきたでしょうが，みんながどういう考え方をしているかということなんです。

　文法をやると，すぐ「未来を表す現在時制」とか出てきますね。そういうように，動詞の時制が必ずしも現実の「時」ときちっと一致しないこともあるにはあるのですけれども，一般的に言って，**英語の時制はかなり実際の「時」に対応する形をとる**，と心得ていていいんです。ですから，**英語の場合，頭の中に次のような図がパッと浮かんで，だいたいそれに基づいて処置する**というのが基本になります。

　左から右へ時が流れるものとして，

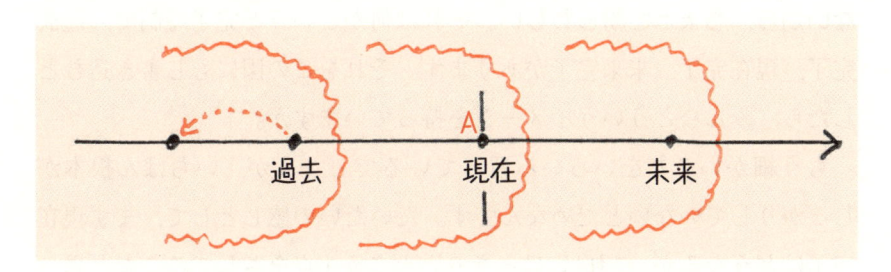

（図：過去・現在（A）・未来を示す時間軸）

　いちばん簡単なのが，現在時制，それから過去時制，未来時制，この3つが基本ということになっている。例えばA点(図の中央)が「現在」でいま10時43分だとすると，もう43分何秒かになっていて，これが移動しているわけですが，とにかくここのいま，しゃべったり書いたり

するいま，これがA点です。そうすると，だいたいこんなふうな図になる。

　A点より前は全部，過去形を使います。つまり，かなりずっと前だと過去完了かな，なんて思う人がいたら，全然いけないですよ。過去完了ではない。「百万年前」(a million years ago)でも過去形です。それから，ほんの1秒前でも過去形を使う。とにかく「たったいま」(just now)とか，「ちょっと前」(a moment ago)とかいうのは，みんな過去形ということです。しかし，過去時制はもうだいたいみんなわかっていて，あまり間違える心配はない。

　同じように，未来もすぐわかる。**A点より右側なら，みんな「未来」**ですね。すぐ1分後でも未来ですし，ずっと将来でも未来です。そこまではいいですね。過去・現在・未来の3つは案外わかりやすいわけで，基本時制といって，そんなに間違えない。未来形でwillとshallの使い方でちょっと迷ったりとか，「未来」のことを表すのに現在形やその進行形を使ったり，be going to ～を使ったりするとかいうことは，いくらかあるかもしれませんが，だいたいここまでは大丈夫なんです。

　ところがこれに加えて，**英語の場合には日本語にない時制**があります。**ないから，ちょっと紛らわしい**。それは何かというと完了時制で，過去完了，現在完了，未来完了があります。それをこの図にもし書き込むとしたら，みんなどういうイメージを持っていますか。

　もう細かいことをいろいろ習っているでしょうが，いちばん根本がしっかりしていないとだめなんです。だいたいの感じとして，まず現在完了はどうなるか。これは，はっきりとどこか1点をさしてここだと思った人は，おかしいわけです。つまり，現在完了ははっきりしていないのが特徴なんです。ボヤボヤ，モヤモヤとしている。だから，こんなふうにモヤモヤと描いていいわけです。

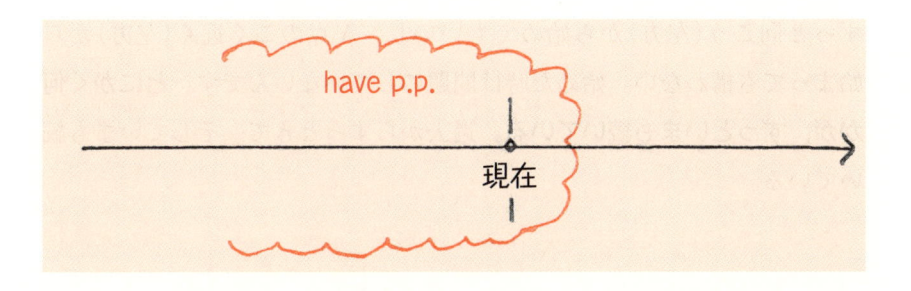

その代り，**現在完了の急所はどこかというと，必ず現在を含むという**ことです。あとはずっとぼかします。とにかくいちばん大事なのは，現在を含んでいることです。これは忘れないでくださいよ。それを確認したら，もう少し細かく分けてもいいでしょう。

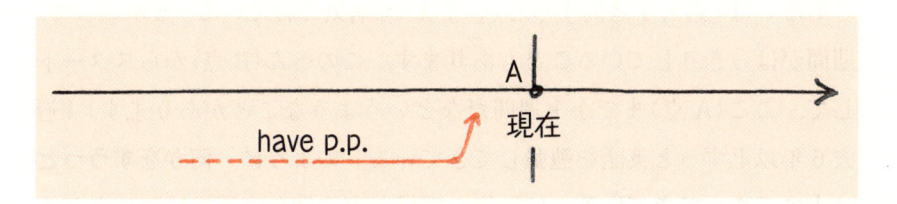

(i)「動作の完了を表す」といって，要するに何かやってきたわけです。このへん(A点の左方の点線部分)はぼやけているわけですが，それがもうすでに終わったとか，まだ終わらないとか，図に書きようがないんですが，要するに図のような格好です。つまり，何かやっていたことが**A点(現在)で終わったか終わらないか**。

  Have you **eaten** lunch <u>yet</u>?
   ―Yes, I**'ve** <u>already</u> **eaten** lunch.
   ―No, I **have**<u>n</u>'t **eaten** lunch <u>yet</u>.

のように，**already**，**yet** などの副詞や，次のように **just**（just now ＝ a moment ago は不可）といっしょに使います。

  I**'ve** <u>just</u> **arrived** here.

(ii) 次は「継続を表す」といって，これもいつから始めてもいいんです。

ずっと向こう（左方）から始めてもいいし，A点のごく近く（左方）から始まっても構わない。始めた時は問題にしていないんです。**とにかく何かが，ずっといまも続いている。**過去からずっときて，そしていまも続いている。

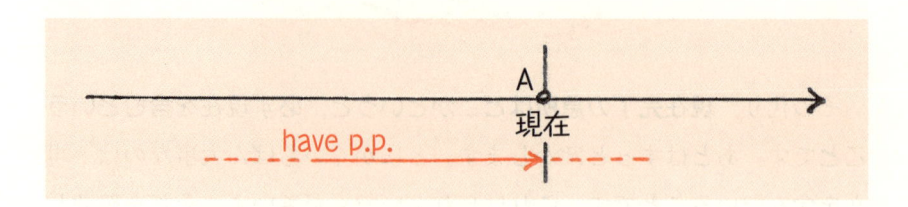

```
                        A
                        現在
    ← - - - have p.p. →|- - - - →
```

Where **have** you **been**?

あるいは「過去1週間ずっと（いままで）病気で寝ている」とかいって，期間がはっきりしていることもあります。このへん（B点）からスタートして，ここ（A点）までが1週間だなというようなことがあります。「過去6年以上ずっと英語を勉強してきている」のように，**何かをずうっといままでやってきている**のは動作の継続を表す現在完了進行形になりますけれども，やはり同じような図が浮かべられますね。

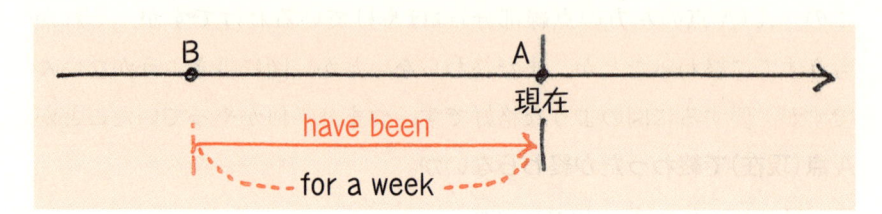

```
        B                A
                         現在
        |← have been →|
         - - for a week - -
```

I've <u>been</u> ill in bed <u>for</u> a week.

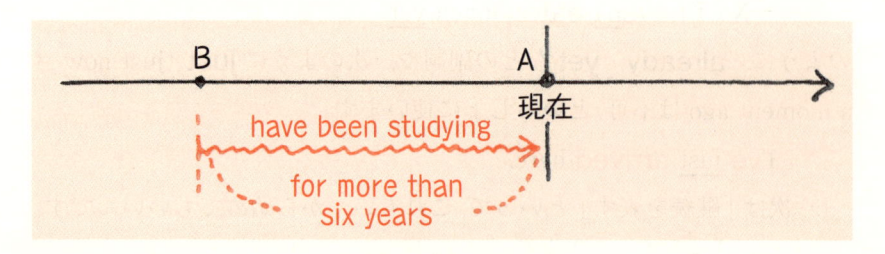

```
        B                A
                         現在
        |∼∼ have been studying ∼∼|
         - - for more than - -
                  six years
```

I've been studying English (for) more than six years.
I've been learning English since I started junior high school.

上例のように,「継続を表す現在完了」は **for ～**（～の間）や **since ～**（～以来）といっしょに使われることが多いのです。

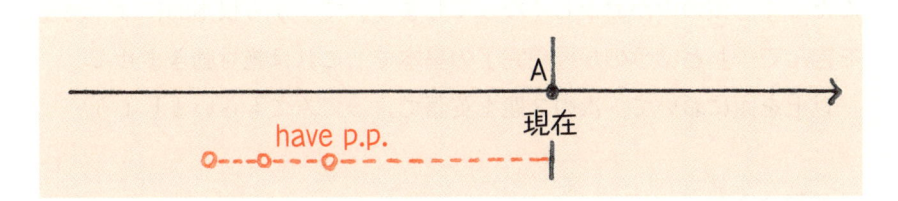

```
                              A
─────────────────────────────●─────────────────────→
                     have p.p.  現在
         ○---○---○---------------|
```

(iii) それから,「いままで経験ある？」「いや, ないよ」とかいう, 経験がいままでにあるかないか。これもいつどこで経験したかは問題ではない。3 年前からの人もいるでしょうし, ほんの昨日の夜(!?)という人もいる。とにかくいつでも構わないわけです。それから, 1 回経験しても 100 回経験しても, そんなことは構わない。個人の自由です(笑)。とにかくこのへん(○---○---○)は曖昧としている。どこでも構わない。要するに, **そういう経験がいまあるかないか**ということです。結局, 現在完了はいまを中心として, A 点(現在)を含んで, 言っているということです。

Have you <u>ever</u> **made** an overseas trip?
— Yes, I **have** <u>once</u> **been** to London.
— No, I've <u>never</u> (**been** abroad).

このように,「経験を表す現在完了」は **ever, never, once** などの副詞といっしょに使うことが多いわけです。

現在完了について誤ったイメージを持っている人がいます。現在完了は現在形に近いですか, 過去形に近いですか。

しばしば現在完了を使うべきときに, 日本語では「何々した」と「た」というのが使われたりしています。ですから, よく過去と現在完了をごっちゃにする人がいますが, それがいけないんです。現在完了はあくまで

も過去にはちっとも近くない。ですから，**現在完了を英語で書いたり読んだりするとき，これは現在形に近いような感じのほうがいいわけです。**過去形に近いような感じを持っていた人は，基本が間違っているから，いくら「なんとかはなんとかで，なんとかである」なんていう規則を読んだって，頭の中がおかしくなってしまう。ですから根本的には**「現在を含んで…」というのが現在完了の基本**で，これは絶対動きません。

　以上を頭において，次の3題を英語で言ってみてもらいましょう。

英訳せよ。
1.「三日前に出した手紙はもう着いた？」「まだですよ」
2.「富士山に登ったことがある？」「うん，18歳の誕生日に登った」
3.「ピーターはこのところしばらく新しいアパートの部屋を探してます」「そうですか」

　1.「三日前」three days ago は過去のこと。いまを基準にして「着いたか，着かないか」は(i)に相当する現在完了です。

　　　"Has the letter I sent three days ago arrived yet?"
　　　"No, it hasn't."（○）

となります。

　2. いままでの経験をたずねるのは(iii)の現在完了です。注意しなければならないのは，「18歳の誕生日に」は過去のことですから「登った」は**現在完了じゃなくて過去形**になることです。

　　　"Have you ever climbed Mt. Fuji?"
　　　"Yes, I have. I climbed it on my eighteenth birthday."（○）

　3. は，いままでずっと探し続けているという動作の継続で，(ii)の現在

完了進行形です。すらすら書けましたか。

こんな図が頭の中にパッと浮かべられれば OK です。

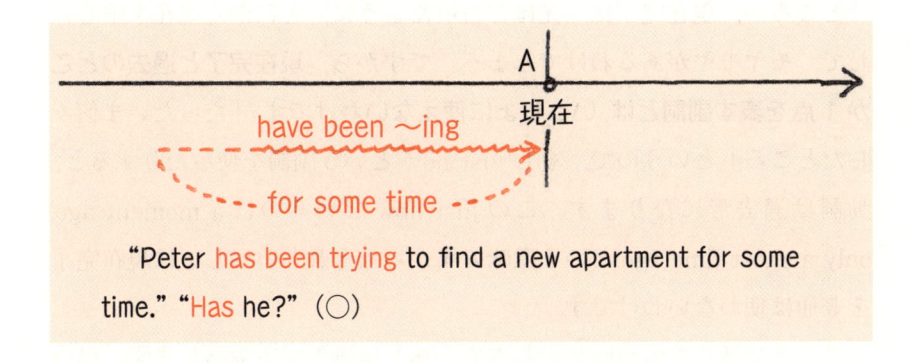

```
                              A
─────────────────────────────●────────────────→
                             現在
        have been ～ing
       ⌢⌢⌢⌢⌢⌢⌢⌢⌢⌢⌢⌢→
       ⌒ ⌒ ⌒ ⌒ ⌒ ⌒ ⌒ ⌒ ⌒
         for some time
```

"Peter has been trying to find a new apartment for some time." "Has he?" (○)

となります。

以上が現在完了ですが，あと，**過去完了**と**未来完了**がありますね。しかし，考え方は同じで，**過去が基準になれば過去完了，それから未来完了は基準が未来になっただけ**で同じように理解できる。ですから現在完了の理解がいちばん根本です。

ただ，過去完了がちょっと現在完了と違うのは，「彼は言った」という過去から見て，「それより 3 日前に彼女に会ったと言った」というふうに，**過去から見たこの 1 点（C 点）を指せます。ここだけ過去完了は現在完了と違う**。だから，過去完了はどこか過去の 1 点を表す副詞といっしょに使うことができる。

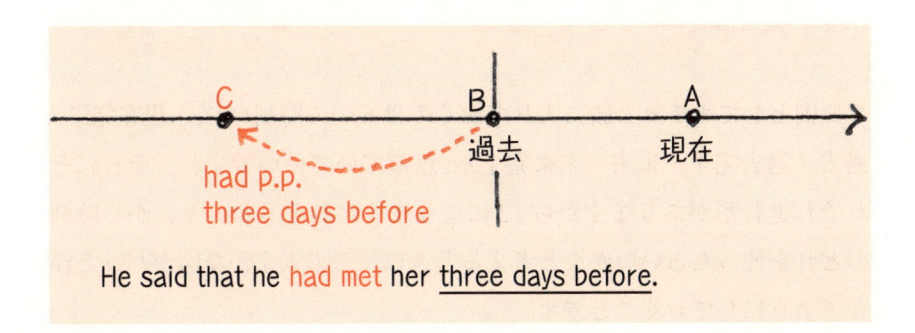

```
         C              B           A
─────────●──────────────●───────────●────────→
                       過去         現在
     had p.p.
     three days before
```

He said that he had met her three days before.

今から「3日前に」は three days ago ですが，過去のある時から「3日前に」は three days before となります（→ p.140）。

　ところが，現在完了は，先ほど言ったように，とにかく現在を中心にして，モヤモヤがあるわけでしょう。ですから，**現在完了と過去のどこか1点を表す副詞とは，いっしょに使えない**わけです。「たったいま何々したところ」というので，もし just now という副詞を使ったりすると，動詞は過去形になります。この just now というのは a moment ago, only a short time ago という意味ですから，それといっしょに現在完了を普通は使わないわけです。

　ここまで話したのが時制の基本で，あとは例外が多少あります。場合によっていくら未来のことでも現在形を使うとかいうようなことが多少ありますが，いちばん基本は次の図に表してあるイメージです。迷わないでどんどん書けるときは，こんなことはいいわけですが，もしちょっと問題が出て，「あれっ，これはどっちだろう」と考えるようなときは，この図によるわけです。

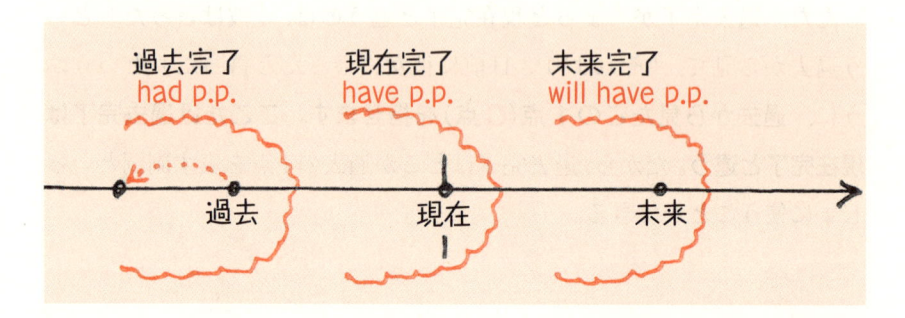

```
過去完了        現在完了        未来完了
had p.p.        have p.p.       will have p.p.

    過去            現在            未来
```

　原則としてキチッと頭に入れておくのは6つの時制（現在・現在完了・過去・過去完了・未来・未来完了）と思っていていいですね。それにそれぞれ進行形がありますから12になりますけれどもね。とにかく時制のどれを使ったらいいかなと考えるときは，この大まかな図がパッと浮かぶようにしておくことです。

英語の時制はかなり理屈に合っていて，まるで物差し（定規）にあてはめるような感じのところがあります。だんだんわかってくると思いますが，日本語は人間が中心でその場その場に自分がいるような感じで視点があっちへ行ったりこっちへ来たり移動してしまう。主観的なところがあるんです。ところが**英語のほうは比較的客観的に「時」を，これまで示したような図にあてはめて表す傾向がある**ということです。それだけ頭に入れておいてもらうといいですね。

第5回　時制(1)

第6回 時　制(2)

日本語の表現にとらわれてはだめ

　英語の時制を考える際に最悪なのはどういうのかというと，日本語の言いまわしでちょろっとひっかかる，つまり，日本語の表現でまどわされてしまう場合です。

　「何々した」とか「いた」とかいう際の「た」があると過去だなとか，「何々したことがある」とかのように，「ことがある」と書いてあると，「あっ，現在完了だ」なんて考えるのは単純すぎますね。それから「何々したことがあった」というような日本語はよく現れますね。そうすると，**その日本語で区別する人がいる。これがいけません。**

　「何々している」と書いてあれば，いつでも進行形にしたり，「何々した」と書いてあるとすぐ過去形とか，これが問題なのはすぐわかりますね。「彼が来たら，出て行ってください」，「来たら」で「た」があるんだから過去かな？　なんてやったら，メチャクチャでしょう。「彼が来たら」というのはこれから来るわけですからね。

　日本語のこういうことばのあやにひっかかって，コロコロ間違っているうちは，まだ時制がよくわかっていないということになります。

1. 適当な語句を選べ。

I { ⓐ have once lived / ⓑ have been / ⓒ had lived / ⓓ lived } in Paris for three years when I was a child.

（私は子供のころ，3年間パリで暮らしたことがあった）

皆さん，どうですか。「～したことがあった」という日本語にとらわれて，ⓐⓑの現在完了かな，ⓒの過去完了がカッコイイかな（笑），……などと考えるようではだめです。もちろんⓓが正解。皆さんの中には，「あっ，こんなことをいうときは現在完了だな」「待てよ，過去完了かな」とかいう発想をもつ人が多いようです。こういうのは必ずと言ってよいほど出てくる間違いです。これは完全にいけない。どうしていけないかというと，要するにいまから見て子供のころというのは，**いまから見た過去のことで，ただの過去形です**。

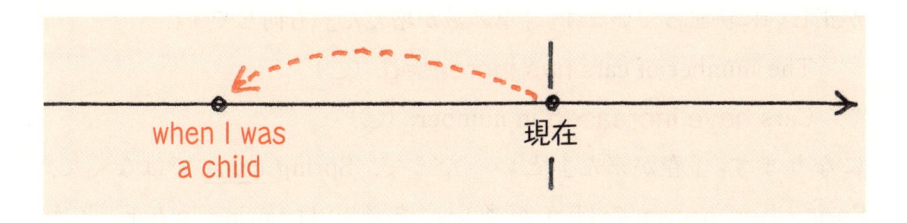

when I was a child　　　現在

しかも，「子供時代に」というのは in my childhood とか，when I was a child です。「子供であったころ」というので，ここは絶対，過去形に決まっています。「子供のころ」というのは過去のある時点を表す副詞句（節）であることは間違いないですね。そうすると，これはいまから見て過去のことをただ述べているだけで，I **lived** in Paris. とか I **was** in Paris. が正しいわけです。これは「子供だったころに」という

過去の副詞節があるのですから，当然，過去形に決まっている。

I lived in Paris for three years when I was a child. (○)

でないといけません。

「私は子供のころ3年間パリで暮らした」とか「暮らしていた」という日本語なら，みんな lived と書きます。だけど「暮らしていたことがあった」とちょっと日本語をいじくっておくと，それだけでぼろぼろひっかかるということがあるんです。

それと同種，同類のことがしょっちゅう起こります。たとえば英作文の問題で，「(このところ)人口が増えた」と書いておく。そうすると，

The population increased …. (×)

という過去形の答案がたくさん出てきます。だけど，これは現在完了ですね。増えて，いま多いということを言っているのですから。

The population has increased in recent years. (○)

が正しいに決まっています。「車の数が増えた」も同じです。

The number of cars has increased. (○)

Cars have increased in number. (○)

になります。「春が来た」といったって，Spring came. ではなくて，Spring has come. のほうが多い。あるいは Spring is here. とか Spring is with us. のように，「春が来た」という日本語に対しても，現在形の is で表現したっていいわけです。

そういうようなことでは「最近，高層住宅が多くなった」とかいうような問題はよくあります。こういう「なった」が過去形になるとは限らないというのは，初歩の初歩ですね。

There are more and more tall buildings.

と現在形で構わないとかいうことがあります。

「日本を訪れる外国人が多くなった」が,

　　More and more foreigners **visit** Japan now.

のように,「なった」だから過去形になるとは限りません。

「あっ,バスが来た」Here **comes** the bus!

「ああびっくりした」I**'m** surprised.

のように日本語にとらわれると間違えやすい例はいくらでもあります。要するに,**日本語のことばのあやは日本語だけの問題で,英語に直接はね返ってきません**。そういうことですね。

> 適当な語句を選べ。
> 2. I wonder which country these islands (　　) to.
>   ① belong　　② are belonging　　③ are belonged
>   ④ have been belonging
> 3. This box (　　) as many as 50 books.
>   ① is containing　　② is contained
>   ③ has been contained　　④ contains

2.と3.は文法上同一の要点をきいていますが,すぐできましたか。

2.は「この島々はどっちの国に属しているのだろうか」の意ですが,**belong to ~**は日本語で「〜に属している」と言いますから,つい進行形にしがちです。ところが,belong は通例,**進行形にはしない動詞**なのです。動詞には「動作」(〜する)を表す動詞と「状態」(〜である)を表す動詞がありますが,この**「〜である」という状態を表す動詞のほうは普通は進行形にしない**のです。典型的なのは「〜を持っている」の have で,

　　He **has** a good memory.（彼は記憶力がよい）

第6回　時制(2)

は He is having ... とは言いません。ところが，同じ have でも「〜を食べる」という動作を表すときには

 We're having dinner just now.
 （ちょうどいま夕食を食べているところです）

のように進行形になります。この just now は at this moment の意味です。

 同じように，look at 〜（〜を見る）は「動作」だから進行形にできる。see（〜が見える）は「状態」だから普通は進行形にしない。listen to（〜を聴く）は「動作」だから進行形にできる。hear（〜が聞こえる）は「状態」だから普通は進行形にしない。その他，

 know, like, love, despise, hate, need, resemble,
 hope, believe, understand, remember

などは通例，進行形にしない動詞として覚えておきましょう。

 She is resembling her mother.（×）
 「彼女は母親と似ている」とは言わずに，

   She resembles her mother.（○）

が正しいのです。「〜ている」という日本語にだまされてはいけませんね。2. の belong to 〜（〜に属している）も同じで，進行形にはしません。②や④ではなく①が正解です。

 3. は立命館大の問題です。「この箱には本が 50 冊も入っている」という文で，contain（〜を含んでいる，〜が入っている）も進行形にしない動詞の 1 つだというのが要点です。したがって，①ではなく④が正解でした。②や③の受動態らしきものが問題外であることは，第 9 回の「受動態」の講義でよくわかってもらえるはずです。

 いままでに言ったことは，前に示した図（→ p.44）を思い浮かべるのがいいのであって，「た」とか「ている」とか「ことがある」「ことがあっ

た」のような日本語のこちょこちょというあやにひっかかるようでは，とってもいけないということです。このことを基本において時制を学べば，なるほどとわかってきます。

第6回 時制(2)

第7回 時　制(3)

過去形か過去完了形か

　前回，日本語の言いまわしにまどわされてはいけないという例に「私は子供のころ，3年間パリで暮らしたことがあった」という文を取り上げましたね。あれは北大に出た問題で，I **lived** in Paris ...と過去形となるのが正解でした。ところが，よほど間違えやすいと見えて，「livedではなく，絶対に had lived という過去完了だと思うんですが」と質問に来た人がいました。「絶対に…」と思い込んでしまっては困りますね（笑）。

　こりゃ大変だぞ，というんでもう一回よく復習することから始めましょう。次の 1.～5. を順番に英語で言ってみてください。

> 1. 私は昨日，3時間英語を勉強した。
> 2. 私は先週，3日間入院した。
> 3. 私は先月，トムのところに1週間泊まった。
> 4. 私は去年，東京に3か月滞在した。
> 5. 私は子供のころ，3年間パリで暮らしたことがあった。

　いいですか，頭を慣れさすために，1，2，3…と順番に英語にするんですよ。

　では，確認しますよ。「昨日」「先週」「先月」「去年」，それに「子供のころ」というのはすべて現在より前のこと，つまり過去のことですね。yesterday, last week, last month, last year, in my childhood（また

は when I was a child)は過去を表す副詞的な語句です。そうすると,

1. I studied English for three hours yesterday.（○）
2. I was in (the) hospital for three days last week.（○）
3. I stayed with Tom for a week last month.（○）
4. I stayed in Tokyo for three months last year.（○）

となるでしょうね。ここまでは，別に何も疑問を感じないでしょう？次の 5. もまったく同じ流れですから，同じように，

5. I lived in Paris for three years in my childhood.（○）

となるわけです。

1. から 5. まですべて過去形で言えますね。5. だけ特別に**過去完了を使う理由はありません**。もし 5. を had lived とするなら，1. から 4. までだってすべて had studied, had been, ...のように過去完了を使わなくてはならない理屈ですけど，いくらなんでもそうする人はいないでしょう。

1. I had studied English for three hours yesterday.（×）

がいけないことはわかってもらえるでしょ？ 2. 3. 4. 5. も同じことです。1. から 4. までと 5. を比べてみても，まだ「現在完了はだめかなあ」とか「いや，過去完了に思えるんだがなあ」という気がしている人は「完了病」もかなり重症ですよ。

ところで，5. だけは「暮らした」ではなく「暮らしたことがあった」ではないか。これは 1. から 4. までとは違うのではないかと思う人がいるかもしれません。

注意しなければならないのはそこなのです。つまり，英語の時制がよくわかっていないと，**日本語の表現につられて誤りやすいのです**。日本語が「暮らした」だと lived，「暮らしていた」だと was living を思いつ

第 7 回 時制 (3)

53

き,「暮らしていたことがある」だと have lived,「暮らしていたことがあった」だと had lived や had been living を思いつく，というのではいけません。ちょっと日本語を誤りやすいようにいじくっておくと，それだけでぽろぽろにひっかかってくることは何度も経験してますから，ひっかからないように十分注意してください。

以上は，前回の復習でした。

では，過去完了（had + p.p.）はどんなときに使うのでしょうか。

現在完了（have + p.p.）が**「現在」を基準にして**完了・経験・継続などを表すことはもうわかっていますね。それと同じように，過去完了は**過去の一時点を基準にして**完了・経験・継続などを表すわけです。この「過去の一時点を基準にして」というところが重要ですよ。ですから，**基準となる「時」が移動するだけで，基本的な考え方は現在完了と同じだ**と思っていいのです。

ただし，過去完了には，「過去より以前を表す用法」があることだけは現在完了と違いますが，それはあとで説明することにして，現在完了の用法がわかっていれば，過去完了もわかります。

　　　　　基準になる「時」が現在なら　→　現在完了
　　　　　基準になる「時」が過去なら　→　過去完了
　　　　　基準になる「時」が未来なら　→　未来完了

ということにすぎないのですから，大まかな概念は次のようになるのでした。

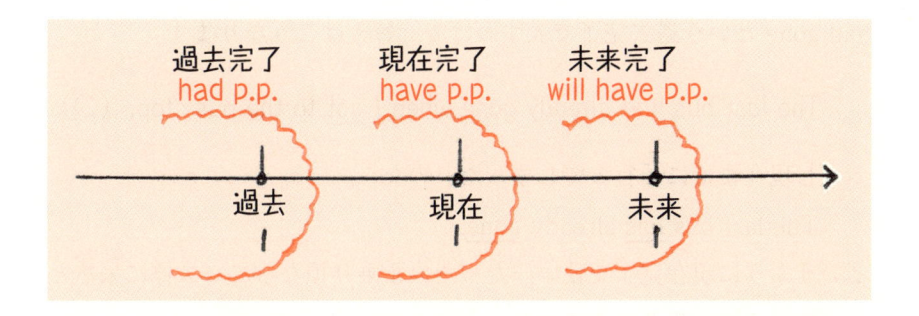

```
過去完了              現在完了              未来完了
had p.p.             have p.p.            will have p.p.
─────────●──────────────●──────────────●──────────▶
         過去           現在             未来
```

とすると，**基準になる「時」が過去である場合だけ過去完了が使われる**ということはわかりますね。それ以外の場合に，日本語のあやにひきずられて何気なく過去完了を使ってしまってはいけないのです。

（　）内の語句を正しい形にせよ。
6. The last bus (already go) when I got to the bus stop.
7. When we arrived at the theater, all the tickets (be sold).

6. は「私がバス停に着いたときには，最終バスはもう行ってしまっていた」という文ですが，図で表すとこんなふうになるところですね。

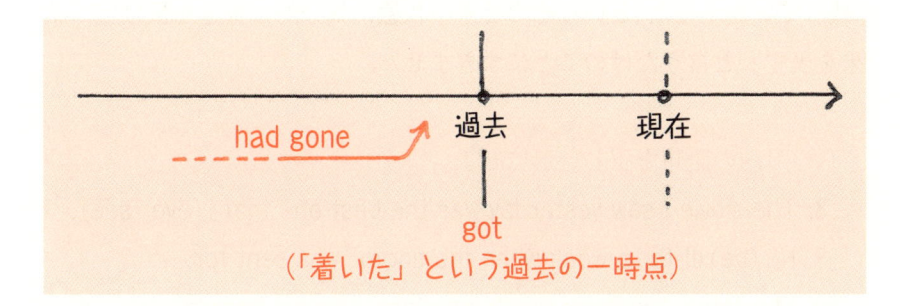

```
      had gone ↗     過去              現在
─ ─ ─ ─ ─ ─ ─ ─ ─ ─ ─●─ ─ ─ ─ ─ ─ ─ ─ ─ ┆ ─ ─ ▶
                     │
                    got
          （「着いた」という過去の一時点）
```

「着いた」というのは，きのうか10年前かわかりませんが，とにかく現在より前の過去のことですね。そういう**過去の一時点を基準にして**，そのときには「すでに出発してしまっていた」という「動作の完了」を

第7回 時制(3)

had gone という過去完了で表すわけで，答えはこうなります。

　　The last bus had already gone when I got to the bus stop.（○）

　もし現在までに「行ってしまった」のなら，

　　The last bus has already gone.

というふうに現在完了を使い，たったいま乗り損なってバス停に呆然と立っている姿が想像できますね。ところが，when I got to the bus stop という過去を表す副詞節があると，その**「着いた」という過去の一時点を基準にして過去完了を使うわけです。**

　7. は「私たちが劇場に着いたときには，切符は全部売り切れていた」ということで，正解はこうですね。

　　When we arrived at the theater, all the tickets had been sold.
　　　　　　　　　　　　　　　　　　　　　　　　　　　　　（○）

　この場合も，arrived という過去の時点が基準になって，そのときには「すでに売り切れていて，残っていなかった」という「完了」ないしは，「結果」を表しています。「売り切れてしまった」という完了よりも「残っていなかった」というそのときの状態に気分的な重きを置けば，「結果を表す」と言うだけのことにすぎません。

（　）内の語句を正しい形にせよ。
　8. The movie I saw yesterday was the best one that I (ever see).
　9. He (be) ill for a week when the doctor was sent for.
　10. She found the book which she (lose) the day before.

---

　8. は「きのう見た映画は，かつて見たことのある映画のうち最良の映画でした」という言い方で，

The movie I <u>saw</u> yesterday was the best one that I had ever seen.（○）

となります。これは，

　　　This movie <u>is</u> the best one that I <u>have</u> ever <u>seen</u>.

と比較すれば，よくわかりますね。「この映画はいままで見た映画のうち最良の映画ですよ」は現在を基準に「いままでの経験」を表す現在完了ですが，8.の文は**yesterday を基準にして**「きのうまでの経験」を表す過去完了というわけ。現在までの経験は現在完了で表し，過去のある時点までの経験は過去完了で表すというだけのことです。

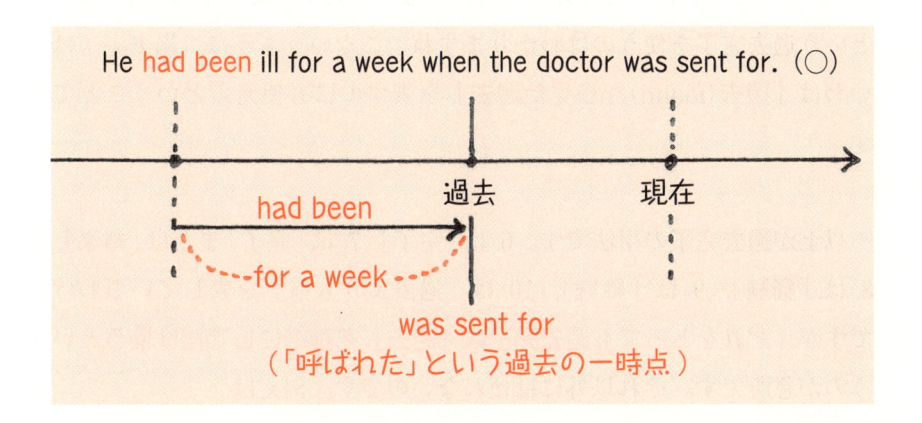

　9.は頭の中には次のような図が浮かびます。

He had been ill for a week when the doctor was sent for.（○）

　　　　　had been
　　　　← for a week →
　　　　　　過去　　　　現在
　　　　was sent for
　　（「呼ばれた」という過去の一時点）

「医師が呼ばれた」という過去の一時点まで「1週間ずうっと病気をしていた」という**「過去のある時までの状態の継続」**を <u>had been</u> ill という過去完了で表していることがわかります。for a week は現在までの「1週間」ではなく，was sent という時までの「1週間」です。

　「医師が呼ばれたときには，彼が病気になって1週間たっていた」と理解するのもいいですが，

　　　「彼が病気になって1週間たってから医師が呼ばれた」（○）

のように，**前から後へ順に**意味がとれるともっといいでしょう。

10. は the day before「その前日に」という語句に注目して，「彼女は前日なくした本を見つけた」という文だとわかりますから

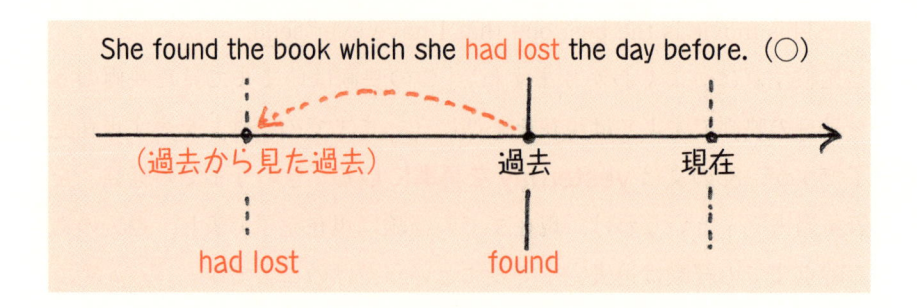

She found the book which she had lost the day before. (○)

（過去から見た過去）　　過去　　現在

had lost　　found

「見つけた」という過去よりも前に「なくした」のですから，had lost という過去完了を使うのはわかりますね。こういうふうに，過去完了はいわば「**過去**(found)**から見た過去**」を表すのにも使えるということです。

以上が過去完了の用法です。6. は「完了」，7. は「完了」または「結果」，8. は「経験」，9. は「継続」，10. は「過去よりも前」を表しているわけですが，どれをとっても**過去完了は「過去」を基準にしてだけ使う**というのが急所です。それ以外には使わないのです。例えば，

　She lost a book, but found it the next day.
　　（彼女は本をなくしたが，その翌日にその本を見つけた）

という場合は，lost が先に起こったことで，found が後であることは明らかですね。このように**出来事の順序どおりに書いたり言ったりする場合は過去完了を使う必要はない**，ということも忘れないでください。

11.「彼は福岡で生まれたが，19歳のとき大学に入ると東京へやって来て，4年間東京暮らしをしたのだった」　　　　（英訳せよ）

　過去完了を習うとつい余分に過去完了を使ってしまう人がいるのですが，どうでしょうか。解答例を言いますと，

　　He was born in Fukuoka, but when he got into a university at the age of nineteen he came up to Tokyo and lived there for four years. （○）

といったところでしょう。動詞はすべて過去形でいいですね。過去完了を使った人はいませんか。万が一どこかに過去完了を使った人は，「過去完了病の恐れあり」と診断できそうですよ。**過去完了を使いすぎないように注意してください。**

第8回 時　制(4)

時・条件を表す副詞節では未来形は使わない

　動詞の時制は時の関係を示す図を浮かべるほうがよく，日本語の言い回しにとらわれるな，という話をしましたが，日本語も英語もことばですからある程度の曖昧さを持っていて，**多少の例外はあります。ただし，理解できる程度の例外にすぎません。**まず，序の口はだれでもわかっていることから入りますと，

「私たちは明日の朝，北海道へ出かけます」

We { leave / are leaving / are going to leave / will leave / are to leave / are supposed to leave } for Hokkaido tomorrow morning.

これらは多少感じの違いはありますが，すべて OK です。「明日の朝」という未来のことですけれども，**確実に行われる未来のこと**は，We leave ... と現在形で代用してしまいます。未来のことで確定していること，そういう感じはつかめますね。

　昔から「往来，発着」と言っていますが，行ったり来たり，出発したり到着したり，というような感じの go とか come とか，start, leave, arrive とかいうことばは，必ずしも未来のことに未来形を使うとは限りません。現在形で代用したり，be going とか be coming, be arriving

とか，進行形でもって未来を表すのは普通のことです。**現在形，現在進行形が未来形の代りをする**というわけです。

次に挙げる例は一つ覚えみたいにバンと覚えておく。出題頻度も非常に高い。文法問題で随一と言っていいくらいです。10題ぐらいあると1題ぐらいはこの種の問題が入っているという感じです。

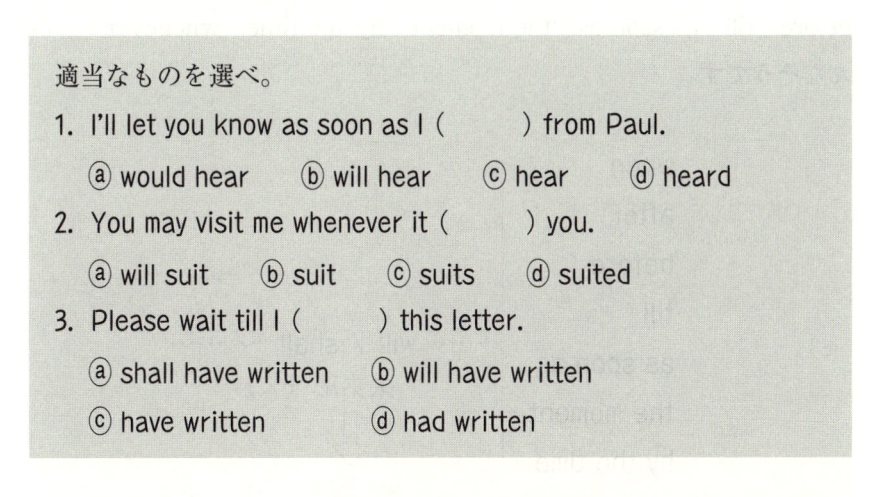

適当なものを選べ。
1. I'll let you know as soon as I (　　) from Paul.
   ⓐ would hear　　ⓑ will hear　　ⓒ hear　　ⓓ heard
2. You may visit me whenever it (　　) you.
   ⓐ will suit　　ⓑ suit　　ⓒ suits　　ⓓ suited
3. Please wait till I (　　) this letter.
   ⓐ shall have written　　ⓑ will have written
   ⓒ have written　　ⓓ had written

これは何かと言うと，**「時とか条件を表す副詞節の中では未来形は使わない」**と言われているものです。こういう副詞節の中では，いくら未来のことでも未来形はいけない。ということは，**未来形の代りに現在形を使う**ということです。下の×印に注目してください。

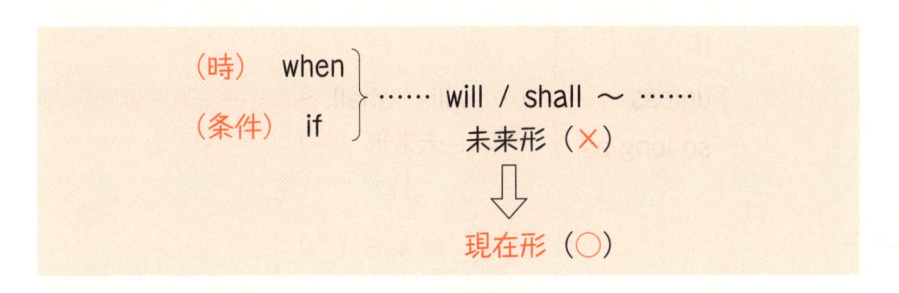

（時）when　⎫
　　　　　　⎬ …… will / shall ～ ……
（条件）if　⎭　　　未来形（×）
　　　　　　　　　　　⇩
　　　　　　　　　現在形（○）

「時とか条件…」ということを文法で習うでしょう。しかし，時とか

第8回　時制(4)

条件の「**副詞節**」**というところがポイント**ですね。つまり，when や if で始まる節が副詞の働きをして「…のとき」,「…ならば」というときは，未来形を使わないで現在形になるということです。同じように，未来完了も使わない。現在完了で代用します。

　時を表す副詞節というのは，たくさんあるんですよ。when とか after, before, till, as soon as, the moment, by the time, whenever, …みんなそうです。

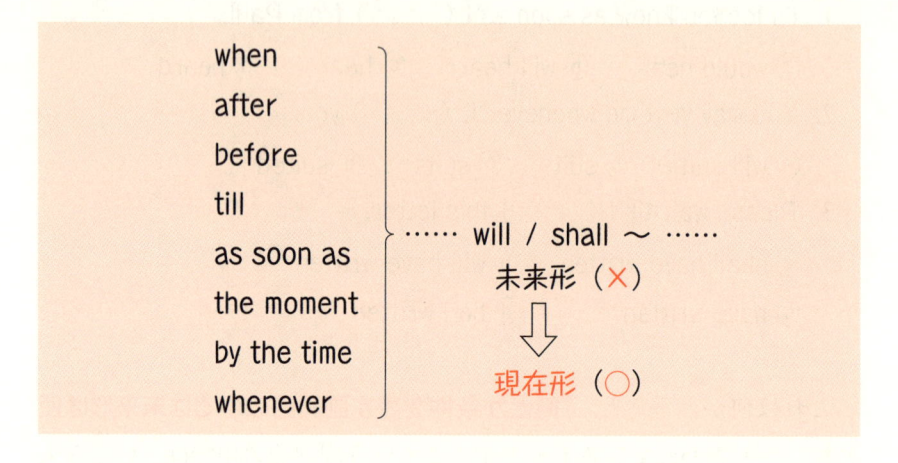

when
after
before
till
as soon as
the moment
by the time
whenever
　　…… will / shall 〜 ……
　　　　未来形（×）
　　　　　⇩
　　　　現在形（○）

　条件を表す節というのは，if とか unless, so long as とかいうたぐいです。

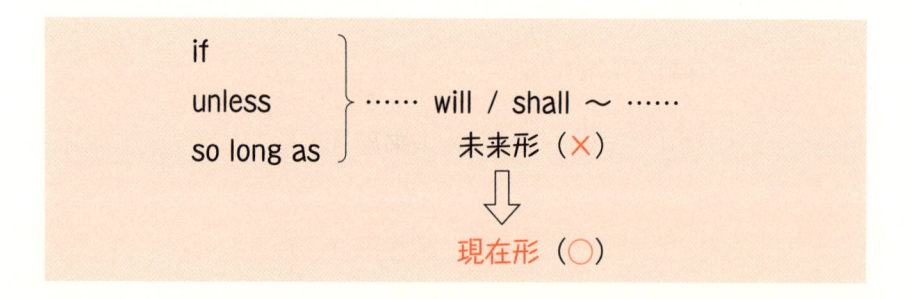

if
unless
so long as
　　…… will / shall 〜 ……
　　　　未来形（×）
　　　　　⇩
　　　　現在形（○）

1.「ポールから便りがあったらすぐ」は as soon as I **hear** from Paul

(○), 2.「都合のいいときに，(いつでも来ていいですよ)」と言うときには，whenever it will suit you(×)はいけない。whenever it **suits** you(○)と現在形で言うということです。時の副詞節の中では未来形は使わない。1. も 2. もⒸの現在形です。

3.「私がこの手紙を書いてしまうまで」は till I **have written** this letter(○)で，正解はⒸ。未来完了の代りに現在完了です。

いいですね。**未来形も使わない，未来完了も使わない。**ですから，現在形ないしは現在完了形になって口から出てくるということです。このことはあたり前の常識にしておきましょう。

適当なものを選べ。

4. Jodie told me she would be here about six. Anyway, I'll tell you when she (　　　).
   ⓐ comes　　ⓑ had come
   ⓒ will come　ⓓ would come

5. You must wait until the light (　　　) to green.
   ⓐ will change　ⓑ changes
   ⓒ changed　　ⓓ will have changed

6. Baby has put a button in his mouth. Quick! Take it from him before he (　　　) it !
   ⓐ swallowed　ⓑ will swallow
   ⓒ swallows　　ⓓ had swallowed

7. If Jane (　　　) more, she may have a nervous breakdown.
   ⓐ would not rest　ⓑ had not rested
   ⓒ did not rest　　ⓓ does not rest

これらは，立教大，立命館大，聖心女子大，…といった私立大の問題

ですよ。もうひと目見てぴーんとくるでしょうね。

4.「ジョディーは6時ごろここに来ると言ってた。どっちにせよ，彼女が来たら知らせるよ」。when ... は時を表す副詞節だから，ⓒの will come(×)ではない。正解はⓐ **comes** ですね。

5.「信号が青に変わるまで待たないといけませんよ」。until ... も時を表す副詞節。これから「変わる」にしてもⓐの will change(×)ではない。もちろん，正解はⓑ **changes** です。

6.「赤ちゃんがボタンを口に入れちゃいましたよ。さあ早く！ 飲み込んでしまわないうちに口から取り出して！」。before ... も時を表す副詞節ですから，ⓑの will swallow(×)はダメ。正解はⓒ **swallows** です。

7.「ジェーンはもっと休まないとノイローゼになってしまうかもしれませんよ」。if ... は条件を表す副詞節ですね。ⓑ ⓒかな，と思うのは仮定法ノイローゼかも。正解はもちろんⓓ **does not rest** です。

ここまではとんとんと来ました。ただし，**気をつけないといけないのは，副詞節の場合だけということです**。だから，ときどきこの裏をかいた問題をちょっと出したりすることがあります。

(　　)内の適当な語句を選べ。
8. The time will surely come when she (leaves / will leave) you.
9. "Is Bill still using your car?
    "Yes, I wonder when he (returns / will return) it."
10. Just phone and ask him if he (comes / will come) to Mary's birthday party.

---

8. The time will surely come(きっと時が来るだろう)と言っておいて，when she のあとが leaves か will leave か。こういうたぐいの問題

があります。「彼女があなたから離れていく,あなたを見捨てる,そういう時がきっと来るだろう」という意味です。

「あっ,when ... は時の節だから,これは習った,習った」なんて言いながら,will leave の代りに leaves とやる。それは間違いです。これは裏をかいている問題ですからね。**will leave** を選びます。どうしてかというと,この when 以下は「〜の時に」という**副詞節ではない。形容詞節なんです。**

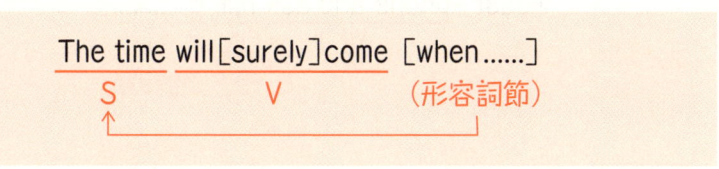

The time will[surely]come [when……]
 S   V   （形容詞節）

when 以下は,「…のような時」ということで,文頭の The time にかかるわけです。この when は関係副詞で,when 以下は形容詞の働きをしている節なんです。ですから,この場合には「ああ,これはごまかされないぞ」と思いながら,未来形を選ぶ。「彼女があなたを見捨てるだろう,そういう時が来るだろう」という言い方になります。

同じような文がたくさん出てますね。「もうじきロケットで月旅行ができるような時が来るだろう」とか,「もうじき2人に1人が車を持つような時が来るだろう」などなど。こういう場合は未来形でいいわけです。これが形容詞節の場合です。

9. もう一つは名詞節があります。**名詞節の場合**もひっかかってはいけません。「ビルはまだきみの車を使っているの?」「うん,いつになったら返してくれるのかなあ」という会話ですね。I wonder when ... の when ... は名詞節ですから,returns ではない。**will return** のほうです。

I wonder if ... の if 以下も「…かどうかなあと思う」という名詞節ですね。こういう**名詞節の中では,未来のことは未来形でよい。**だから,

I wonder if Ann **will marry** Ken.(○)「果たしてアンが将来，ケンと結婚するだろうかどうかなあ」という場合も当然，未来形でいいわけです。

　10.「メアリーの誕生日のパーティーに彼が来るかどうか，ちょっと電話してきいてごらん」の if ... は「…ならば」という副詞節ではなく，「…かどうか」という名詞節です。

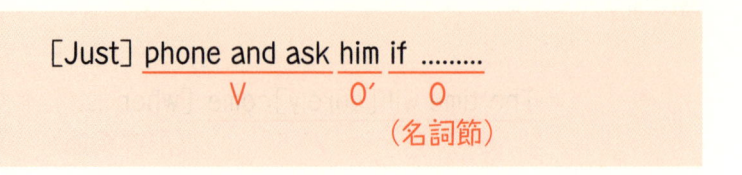

[Just] <u>phone</u> and <u>ask</u> <u>him</u> <u>if ....</u>
　　　　V　　　　O′　　O
　　　　　　　　　　　（名詞節）

　とすると，10. の正解は **will come** という未来形（または is coming）でいいのです。

　だから，一つ覚えといっても，when ... とか if ... とかの中に未来形があったら，「あっ，現在形に直す」というんで，そこで止まってしまうといけません。**副詞節のときだけ**そうなる。**未来のことを現在形で代用するのは**「〜のときに」「〜するならば」といったような**副詞節の中だけ**です。副詞の働きをする節ということを忘れてしまうと，ひっかかりますので注意しておきましょう。

第9回 受動態(1)

目的語がないと受動態にできない

　今度は Voice(態)の考え方です。これもこちゃこちゃといろいろやってきて，いま初めて Voice とか受け身(受動態)とかについて聞くなんていう人はいませんね。細かい問題はずいぶんやって，ある程度は自信がある人もいるでしょうが，しかし，**本当にその基本がよくわかっているでしょうか**。それをガチッと確認するために，ちょっと趣を変えて，実際に出た問題で，そのへんのところがひと目でパッとわかるかどうかというところから行きましょう。

---

1. 正しい文を選べ。
   ⓐ I was stolen my money and could not buy it.
   ⓑ While crossing the bridge, I was blown off my hat by the wind.
   ⓒ I was hit my head by a ball.
   ⓓ I was introduced a lovely girl last night.
   ⓔ I was robbed of my suitcase by someone.

　例えば早慶上智あたりの問題で，このくらいのものがひと目見てわかるかどうか。
　　ⓐ I was stolen my money.（×）（金を盗まれた）
　　ⓑ I was blown off my hat.（×）（帽子を飛ばされた）
ここに受け身らしきものがあります。**このあたりをひと目見て，英語**

でないというのがすぐわかりますか。「私は金を盗まれた」「橋を渡っているうちに帽子を飛ばされた」。なんか英語らしく横文字で書いてあって，あれ，これはいいんじゃないか。こんなような気がする人は，受け身とか，英語の文型との関連とか，非常に重要なんですが，まだそのへんがよくわかっていないんです。

　こういう文章を10個ぐらい並べておいて,「正しいものに○をつけよ，まちがっているものに×をつけよ」，そういうふうな形できかれたとき，ⓒⓓをひと目見て,「あっ，こんなもの」なんて言って，すぐ×がパッとつかないといけません。

　　ⓒ I was hit my head by a ball.（×）
　　ⓓ I was introduced a lovely girl.（×）

どうでしょうか。わかるような気もするけれども，もうひとつ，これはいけないのかな，というような感じも残るんではないでしょうか。ということで，これからの説明を聞けば，これがすっきりわかります。

　結局，こういうのが誤りだとひと目でどうしてパッとわかるか。英米人が言わないから（笑），と言ってしまえば簡単ですが，つまり，**英語にこういう文型はない**んです。だから英語でないわけです。そこのところをよく考えないといけません。

　ちょっと前の講義で「文型」（Sentence Pattern）を扱いましたが，ところがよく考えてみると，こういう文型が説明されるときは，"S + V + X + X."のV（動詞）というのがみんな受動態でない，つまり能動態ですね。普通はVがみんな能動態の形をしているわけです。前に第2文型（SVC）と第5文型（SVOC）がものすごく重要だから，ということで，考え方を話しましたね（→ p.20〜36）。あれは忘れてはいけません。それで，能動態のときは，第1〜第5までの5つの文型があった。ところが，**Vが受動態のとき**はどうかと言いますと，**3つの文型しかない**んです。

```
   （能動態）              （受動態）
   S + V         ⇌        なし
   S + V + C     ⇌        なし
   S + V + O     ⇌        S' + be p.p.           ……①
   S + V + O' + O ⇌       S' + be p.p. + O'      ……②
   S + V + O + C ⇌        S' + be p.p. + C'      ……③
```

　いちばん上の He came.(彼が来た)とか，こんな簡単なものを受け身にしろと言われても無理です。できません。いや，できる，「彼に来られた」(笑)なんてめちゃくちゃやってもしょうがない。それから 2 番目の She is beautiful.(彼女はきれいだ)を受け身にせよといったって，できっこないですね。ですから，このへん(上の 2 つ)は受け身と関係ないわけです。関係があるのは 3 つ目の SVO から下です。

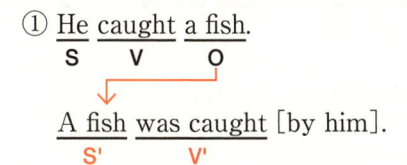

① He caught a fish.
　　S　V　　O

　A fish was caught [by him].
　　S'　　V'

というように目的語(O)を受動態の文の主語にして，"S' + be p.p."という形(S'V')になる。つまり**受け身にできるのは，能動態の文の中に目的語があるときだけ**ということです。

② She gave me nothing.
　　S　V　O'　O

　I was given nothing [by her].
　S'　V'　　　O'

もうひとつは Nothing を主語にすることもできるでしょう。

② <u>She</u> <u>gave</u> <u>me</u> <u>nothing</u>.
   S   V O' O

<u>Nothing</u> <u>was given</u> <u>me</u> [by her].
 S'   V'   O'

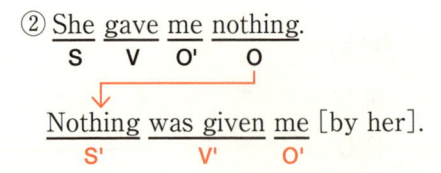

2つ目的語があるから，2通り書けるわけです。第4文型(S + V + O′ + O)は2つ目的語がありますからね。どっちにしても受け身の文は"S′ + be p.p. + O′"という形(S′V′O′)になります。

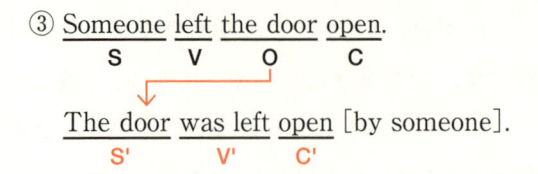

③ <u>Someone</u> <u>left</u> <u>the door</u> <u>open</u>.
    S   V   O   C

<u>The door</u> <u>was left</u> <u>open</u> [by someone].
  S'   V'   C'

のように，第5文型(S + V + O + C)は受動態にすると"S′ + be p.p. + C′"という形(S′V′C′)になりますね。ですから，**受け身の動詞(be p.p.)を使うときは，SV と SVO と SVC の3文型しかない**。まずそこが基本の基本です。

ここまででよく理解できてない人がいるのは，特に

S + V + O' + O ⇄ S' + be p.p. + O'

ですね。つまり，文型というもとのところから考えていくと

"S′ + be p.p. + O′"

という形は，第4文型(S + V + O′ + O)との関連でできるわけです。言い換えれば，動詞(V)が give とか tell, ask, show, teach, …とか，**2つの目的語をとる動詞のときだけ，"S′ + be p.p."のあとへ目的語がつけられる**。

I <u>was given</u> nothing. (○)（何にも与えられなかった）

I <u>was asked</u> a stupid question. (○)（ばかげた質問をされた）

とかいうふうになります。

そうすると，こういうのはメチャクチャだということがわかってきます。例えばI was stolen「私は盗まれた」，何を盗まれたか。たいていは「私の財布を」とか「かばんを」とか「お金を」ですが，こういう英語がないということは，すぐわかりますか。

　　I was stolen my money.（×）

これは日本語でやると，「私はお金を盗まれた」だから，ちょっといいみたいですね。だけど，こういうのは**英語の基本にかかわる最悪の間違いです**。どうしてかというと，**3つしかない受動態の文型のうちに入らない**。steal は2つ目的語をとれる動詞ではないのですから，

　ⓐ I was stolen my money.（×）

のように，**日本語の「〜を」**につられて勝手に目的語らしきものをつけるのはいけないとされます。文型ということから考えると，英語からはずれちゃっているわけです。

　ここでガーンと覚えておくことは，主語を書いて，受け身の動詞（be + p.p.）を使いますね。そうしたら，そのあとに**目的語らしきものを気軽に付けてはいけない**ということです。

　give とか tell とか show とか teach とかならば2つ目的語がとれる。そういうときだけ，"S + be p.p. + O" という形ができる。これがよくわかっていないというか，ほとんど説明がないものですから，みんなパカッと抜けてしまっているケースが多いんです。

　ⓑ I was blown off my hat.（×）（帽子を飛ばされた）
　ⓒ I was hit my head.（×）（頭を打たれた）
　ⓓ I was introduced a lovely girl.（×）
　　（かわいい女の子を紹介された）

　そうすると，こういう文はひと目見て，ものすごいインチキというのがすぐわかるわけです。主語があって，動詞があって，そのあとに，「帽子を」なんていうふうに目的語がここに付きっこない。「帽子を飛ばさ

れた」というのは日本語にはあります。日本語にあるから，それにひきずられて，この種の間違いをしょっちゅうやってしまう人がいますけど，英語だと I was blown「私が飛ばされた」, off my hat「私の帽子から」で，私のほうが帽子から飛ばされてサヨナラしていくみたいですよね（笑）。

　もうわかったでしょう。まず第一にバーンと頭に入れておくのは，**受け身の動詞（S ＋ be p.p.）のあとに気軽に目的語を置いてはいけない**ということです。「頭を殴られた」I was hit my head.（×）なんていうのは，メチャクチャで，英語ではないわけです。もちろん通じない。「家を焼かれた」I was burned my house.（×）なんていうのも「私が焼かれた，家…（!?）」で，おかしい。「昨夜かわいい女の子を紹介された」I was introduced a lovely girl last night.（×）もすぐ間違いだとわかります。こういうのは英語にない。つまり，受け身らしきものを漠然と書いているだけで，ほんとの受け身じゃないわけです。

　正しく直せというと，直し方はいろいろです。これを直せと言われて，いや，おれは紹介されなかったということで，I was not introduced ... とここに not を入れた人がいますが，そんなんではだめです（笑）。それでは直したうちに入りません。

　直し方は，

　　　ⓐ I had my money stolen.（○）（お金を盗まれた）
　　　ⓑ I had my hat blown off.（○）（帽子を飛ばされた）
　　　ⓒ I was hit on the head.（○）（頭にあてられた）
　　　ⓓ I was introduced to a lovely girl.（○）
　　　　（かわいい女の子へ紹介された）

などです。ⓐの My money was stolen. を I を主語にした言い方をすると，I had my money stolen. になります。ⓑの My hat was blown off. を I を主語にして言うと，I had my hat blown off. になる。この "have

＋O＋p.p."は重要な形ですから，のちほど徹底的に話します（→ p.220〜228）。

ⓒは(a ball) hit him on the head（彼の頭にあたる），ⓓは introduce A to B（AをBに紹介する）のそれぞれ受動態です。ⓔは **"rob A of B"**（Aから Bを奪う）の受け身で正しいことを確認してください。

もはや，次のような問題はたちどころに解決するでしょう。英語もわかってくると楽しいですよ。

正しいものを選べ。

2. 彼はきのう時計を盗まれた。

   ⓐ He was stolen his watch yesterday.
   ⓑ He had his watch stolen yesterday.
   ⓒ He has been stolen his watch yesterday.
   ⓓ He has had his watch stolen yesterday.

3. 山田さんは歯を1本抜いてもらった。

   ⓐ Mr. Yamada pulled out one of his teeth.
   ⓑ Mr. Yamada was pulled out one of his teeth.
   ⓒ Mr. Yamada had pulled out one of his teeth.
   ⓓ Mr. Yamada had one of his teeth pulled out.

4. A : Your hair is really getting long, isn't it?
   B : I haven't (　　) for a long time.

   ⓐ been cut it   ⓑ had cut it
   ⓒ had it cut   ⓓ it cut

5. A : Have you sent the manager's letter?
   B : No, not yet. I must (　　) first.

   ⓐ be it signed   ⓑ be signed it
   ⓒ have it signed   ⓓ have been signed it

> 6. The poor old woman (　　) again.
>   ⓐ was robbed her bag　　ⓑ was robbed of her bag
>   ⓒ was stolen her bag　　ⓓ was her bag stolen

2. ⓐⓒは"be p.p. + O"だからダメ。ⓓの現在完了は yesterday とともに使えませんから,

　　　ⓑ He had his watch stolen yesterday. （○）

が正しい文です。

3. ⓐⓒは「自分で抜いた」ことになってしまいます。ⓑの"be p.p. + O"はダメですから，正解はⓓです。

　　　ⓓ Mr. Yamada had one of his teeth pulled out. （○）

4.「あなたの髪の毛はずいぶんのびてますね」「長いこと刈って（もらって）ませんから」。ⓐの形はありえません。ⓑは「自分で刈った」ことになる。ⓒⓓのうち，現在完了が適当です。

　　　ⓒ I haven't had it cut for a long time. （○）

5.「社長の手紙は出しましたか」「いや，まだです。まず署名してもらわないといけませんから」という会話ですね。ⓐⓑⓓのような形は英語にはありません。正しいのは，

　　　ⓒ I must have it signed first. （○）

6.「おばあさんはかわいそうに，またバッグを奪われてしまった」。"rob A of B"（AからBを奪う）（→ p.237～238）のAを主語にして受動態にすると，"A be robbed of B."（AはBを奪われる）という形になり

ますから ⓑ が正解です。

  ⓑ The poor old woman was robbed of her bag.（〇）

 次の(1)〜(10)は紛らわしいですけど，しょっちゅう出ますから〇×がひと目でわかるようにしておくといいですよ。

 (1) Someone robbed her bag.（×）
 (2) Someone stole her bag.（〇）
 (3) Someone robbed her of her bag.（〇）
 (4) Her bag was stolen (by someone).（〇）
 (5) Her bag was robbed (by someone).（×）
 (6) She was stolen her bag.（×）
 (7) She was robbed her bag.（×）
 (8) She was robbed of her bag.（〇）
 (9) She had her bag stolen.（〇）
 (10) She had her bag robbed.（×）

 最後にもう一度だけ確認しますが，**「…を〜される」のつもりで"be p.p. ＋ O'"を気軽に書いてはいけません**。ここは非常に間違いが多いところの１つで，"be + p.p."のあとに，目的語みたいなものを軽く付けやすい。それを付けてはいけないというわけです。「〜を注射された」「〜を説明された」「誤りを指摘された」「髪の毛を刈られた」「胸をさわられた」（笑）…などの日本語につられてはいけないのです。

 それに，**態の転換にはまず文型との関連が大事だな**ということを，頭にしっかり入れておきます。文型との関連を無視したら，受け身というのは本当にはわからない。基本がなくて，あと細かい規則だけを覚えるというようなのはダメということです。

第10回 受動態(2)

基本から応用へ

　態(Voice)の転換では，まず能動態の文の中から目的語(O)を探す。それが受動態の文の主語(S')になって，こういう文型上の関係が生じます。

（能動態）		（受動態）
SVO	⇌	S' + be p.p.
SVO'O	⇌	S' + be p.p. + O'
SVOC	⇌	S' + be p.p. + C'

　ここまでが，前回に確認した基本の基本です。これに基づいてやっていけばいいわけですが，あとはそれに加えて，時制に注意とか，前置詞に注意とか，ちょっと細かい注意が必要です。
　さて，実際に試してみましょう。

1. Nothing will satisfy her.（Voice をかえよ）
2. Women didn't seem to interest him.（He ... で始まる文に）

　まずこれぐらいが入試の普通の問題ですから，いまの自分の状態で，さっさとできればいいわけです。いま2題とも確実にきちっとできれば，相当しっかりしてきています。ところが，1題しかできないとか，1題もちょっと合わないというと，基礎がまだできていません。そういう判

定でいきましょう。あまり難しくないでしょう。普通に出ている問題で，なんにもひねっていません。

　どんな問題でもいいんですけれど，受動態にするという問題が，何も意識しないで軽くできてしまうときはいいんですが，「おやっ」とか「待てよ」とか思うときは，**基本はやはり文型をガチッと確認すること**です。それを確認しないでやっているやり方は，全部もぐりです。ただ手探りでメチャクチャやっているだけです。どうしてかというと，能動態の文中に目的語(O)がないと，どうしても受け身にできないわけです。**目的語を探して，それを主語に立てる**，これがいちばん基本です。

　　1.　<u>Nothing</u> <u>will satisfy</u> <u>her</u>.
　　　　　S　　　　V　　　　O

　　　　（何物も彼女を満足させないだろう）

では，her が目的語ですから，she を主語にする。そう考えてやっていけばいいわけです。

　　She will be satisfied ...

　時制(Tense)は変わらないわけで，未来は未来，そのあとを機械的に by nothing とやると×にしようという感じの問題です。これは be satisfied ときたんだから，通例は be satisfied **with** 〜（〜に満足する）というように with という前置詞になる。ですから，

　　She will be satisfied with nothing.（○）

とすれば，いちおう○になります。ただし，英語ではなるべく前のほうで否定する。したがって，She will **not** ... とここで打ち消せばもっと自然な文になります。

　　　She will not be satisfied with anything.（○）

　これがいいわけです。でも，この問題のポイントは，やはり**前置詞が**

by ～ではなく，with ～となることです。

　2. はできましたか。Women didn't seem to interest him.「女性は彼の興味をひくようには思えなかった」という意味です。これを受け身にするわけです。パッパッとすぐ浮かぶでしょうか。だいたいではだめですよ。きちっとできないとだめです。だいたいぐらいですと，受験生はみんなできてしまいます。補習があったり，予備校があったり，模擬試験があったりということで，みんな多少はやっていますからね。ですから，**似たようなことはみんな考えるわけですが，似ているだけではだめで，きちっとできていないといけません。**

　やはりこれも基本の基本ですが，受け身というと，とにかく目的語(O)がないとだめです。ですから，目的語をつくり出すというか，自分でピシッとはっきり確認するわけです。

<u>Women</u> <u>didn't seem to</u> <u>interest him</u>.
　S　　　　V　　　　　　C

と考えますと目的語(O)がありませんから永久にできない。そうではない。次のようにしないと，どうしてもいけない。

<u>Women</u> <u>didn't seem to</u> <u>interest</u> <u>him</u>.
　S　　　　　V　　　　　　　　　　O

interest が V で，didn't seem to というのは，「助動詞みたいなもの」と考え，didn't seem to interest をひとかたまりと見なすのです。これを頭に置いて，そして he を受動態の文の主語にする。そういうことからスタートするわけです。

　態(Voice)の転換では，**助動詞らしきものはいじらない。**must は，must のまま，cannot は cannot のまま，受け身にするわけです。be to ～；have to ～；be going to ～；ought to ～などはそのままで，いじってはいけません。それと同じです。だから didn't seem to はそのままいじ

らない。

　　He wasn't seemed(!?!) ...（×）

はてな，なんてやっているのは最悪です。何もわかっていない。

　　He didn't seem to be interested ...（○）
　　S'　　　　　　V'

そのあと by women となりそうになる。しかし，1. と同じように**前置詞は必ずしも by になるとは限りません**。この場合ですと，be interested ときたら，必ず be interested **in** ～（～に興味がある）となります。ですから，

　　　He didn't seem to be interested in women.（○）

　　（彼は女性に興味があるようには見えなかった）

が正解です。この「彼」は少々変わり者なんでしょうか(笑)。

　だいたい，このへんが入試の普通のレベルです。特にひねった問題でもないし，普通の受動態ということです。だから，このへんがパッパッとわかるようになっていれば，本当に言うことはないわけです。だけど，このへんがあやふやだとまだだめということです。

　目的語を探せということ，それから文型との関係，この2つを頭に入れておけば，受動態はスーッとわかります。あとは細かい注意がチョンチョンとあるだけになります。

---

3. We must pay further attention to this fact.

　（2通りの受動態の文にせよ）

　(a) Further attention ...

　(b) This fact ...

3.「私たちはこの事実にさらに注意を払わなくてはいけない」という

第10回 受動態(2)

文ですが，これを受け身にしなさいと言われたとき，ただ，何気なくスタートしたのではできません。やはり目的語を探すということです。

(a) We must pay further attention [to this fact].
    S   V   O

Further attention must be paid [to this fact].
     S'   V'

"by us"（私たちによって）は普通は不要です。we は「一般人称」などと呼ばれる不特定の人びとのことですから，必ずしも必要ではないのです。こういうのはみんなよく知っていますね。one とか people とか we とか you とか they とか，一般的な人びとをさす代名詞は "by ～" と書かなくていいわけです。

Further attention must be paid to this fact.（○）

しかし，これは堅苦しい言い方で，普通の会話ではこういうふうには言いません。かなりガチガチの文語体です。しかし，受け身にするのは別に抵抗感はないですね。SVO とやって，O を主語にするというだけですから，そう難しくない。だけど，普通はこの答えを要求されるほかに，もうひとつの (b) のほうが重要視されます。

(b) We must pay further attention to this fact.
    S   V   O

という考え方です。(a) と異なるのは，must pay further attention to を**ひとかたまりの動詞と見なす**点です。ひとかたまりの動詞と見なせば，this fact が目的語 (O) となりますから，

This fact must be paid further attention to.（○）
   S'   V'

という受け身の文ができるわけです。

　この文のポイントは**文尾の to を書き落さないこと**です。何しろ "must pay further attention to" というのが**ひとかたまりの動詞**なのですから **to まで一気に書かなくてはいけません**。いいですか。一気に，途中でためらわないで，This fact must be paid further attention to. まで来ます。そしてここで一呼吸置く。ここで一呼吸置いて，あと by us はいらない，書かない。

　みんなの答案を見れば，すぐわかります。きちんと同じ鉛筆の濃さで to まで書けていればいいわけです。ところが頼りない人は，この文尾のところがいかにも頼りない。ちょっと薄くなっていたりしている（笑）。かえって，ほかのところより少し濃い目に書いたほうがいいくらいです。とにかく to を落とさない，そこがポイントです。

　「動詞句」と言っていますが，**動詞が 1 語ではなくて数語から成り立っている。そういうのがあるわけです。**

　　She smiled at me.（彼女は私を見てニコッとした）

これを受け身にしなさい，なんて言われたときに，She (S) smiled (V) … と考えていては永久に受け身はできないでしょう。目的語 (O) がないんだから受け身にできない。では，どうするのか。

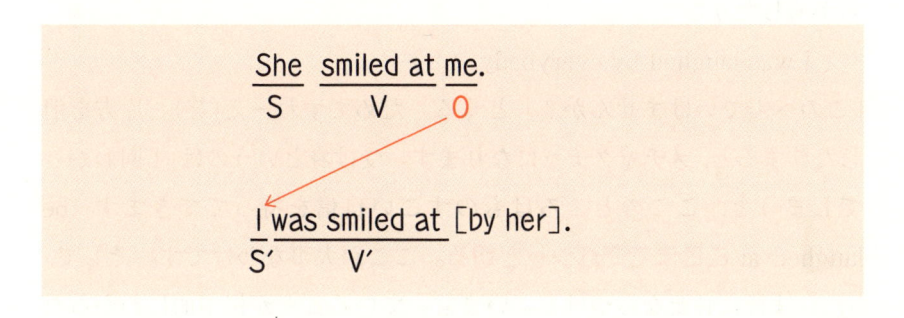

```
She  smiled at me.
 S     V      O

I was smiled at [by her].
S'      V'
```

smile at をひとかたまりの動詞と見なすわけです。I was smiled のと

ころで止めてはいけません。smile at が1つの動詞なんですから，I **was smiled at** と，ここまでビューッときます。そしてここで一呼吸置いて，"by her"はやはり必要かなと考えてくっつける。これが正しいやり方です。

　ところが受験生の普通の人を見ていて，本当に頼りなくてしょうがないということがよくあります。昔からある文ですが，

> Everybody laughed at me.（受動態に）

というのをやる場合，どういう感じかと言いますと，「私が笑われたんだから，I was laughed. この at のところはどうするんだろうな」このへんで迷うわけです。迷って，「でもやはり必要とか何とか言っていたな…」ということで，いちおう書いたりしている。「それから by everybody …。at があって，ここのところにまた by がつく。これでいいのかな。でもしょうがないだろう…」

　　I was laughed at by everybody.

このくらいのやり方の人が多いですね。つまり，この at by のあたりでひとつためらったりする。根本的な自信がないわけです。結果としてはいちおう合っていますね。中には，ひどい人になると，at, by のどっちか消したりして，

　　I was laughed by everybody.（×）

「このへんでいけませんか？」とくる。だめですねーえ(笑)。片方を消したりすると，メチャクチャになります。受け身というのは，1回わかってしまうと，ここのところはものすごい自信を持ってできます。**be laughed at ここまででバシッと切る**。ここが大事なわけです。そして，by 〜は特に必要ならつける。いま言っていることが根本的にわかったら，もう絶対に迷う必要がないわけです。ですから，まだ，迷っている

なんていうのは，もう頼りなくてだめということです。

　今の英語では，普通は受け身にできないようなやつまで受け身にしてしまうことがありますよ。例えば，探偵小説なんかでも，

Nobody slept in this bed.

なんかが，受け身で書いてあったりします。一見すると第１文型(S + V)ですけど，やはり sleep in を一つの動詞として扱ってしまう。

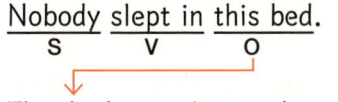

Nobody slept in this bed.
　　S　　V　　　O
This bed was slept in by nobody. (○)
(→ This bed was not slept in by anybody.)

こんなものまで受け身でやってしまうこともあるわけです。そういうわけで**動詞の部分は１語とは限らない。数語をまとめて動詞と見なす。**

　laugh at(～をあざ笑う), speak to(～に話しかける), send for(～を呼びに出す), look after や take care of(～の世話をする), make fun of(～をからかう), catch sight of(～を見つける), …などなど。こういうのはまとめて１つの動詞と考える。ここらあたりの感覚をぜひ身につけておいてください。

　次の３題は，私立大に出た問題。もう，とっても易しく感じられるはずです。

（　）に入れるのに適当なものを選べ。
4. 家に帰る途中でにわか雨に会いました。
　　We (　) a shower on our way home.
　　ⓐ met　ⓑ caught　ⓒ were met by　ⓓ were caught in

> 5. 大学のキャンパスではよくアメリカ人に話しかけられます。
>   We are often spoken (　　) Americans on our campus.
>   ⓐ by　　ⓑ to　　ⓒ by to　　ⓓ to by
>
> 6. ジョンはみんなから尊敬されています。
>   John is (　　) everybody.
>   ⓐ looked after from　　ⓑ looked above by
>   ⓒ looked up for　　ⓓ looked up to by

4.「にわか雨に会う」は be caught in a shower ですから,

　　ⓓ We were caught in a shower on our way home. (○)

となります。

5. Americans often speak to us on our campus. を受動態にすると, We are often spoken to まで一気に行く。そして, そのあとに by Americans をつけるんでした。

　　ⓓ We are often spoken to by Americans on our campus. (○)

6.「～を尊敬する」は look up to ～ です。だから, 能動態なら Everybody looks up to John. という文ですね。**look up to を 1 つの動詞**と見なして受動態にするとどうなるでしょう。

　　ⓓ John is looked up to by everybody. (○)

となります。

第11回 助動詞(1)

will, shall の一覧表は覚える必要がない

　ふだん，will とか shall を使うときに，would, should の区別もそうですが，まったく抵抗感のない人はいいのですが，でもちょっとためらう人もときどき見かけます。ですから，一言だけ話しておきますと，英文法で will の用法を習って，shall の用法を習ってというのが普通ですから，will がこのぐらい使われて，shall がこのぐらい

（will ：shall ……（×））

という感じを持っている人があります。これは全然いけません。根本が間違っています。

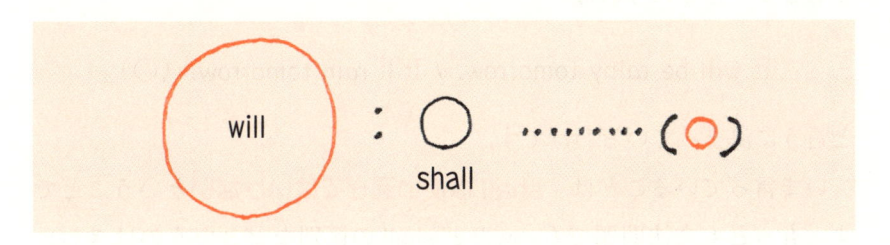

（will ： shall ……（○））

　これからはずっと一生，will, shall を使うときは，こういう感じがしていたほうがいいんです。**will がうーんと多く，shall は少ない。**

　特にアメリカ英語では，will のほうが圧倒的に多い。shall は非常に特殊で，日常会話ではほとんど使いません。

Payment shall be made in cash.
　　　（支払いは現金によるものとする）
のように，契約書みたいな格式ばった文に使われるくらいのもので，現れる頻度は非常にまれです。
　　主語が一人称のIやWeですと，
　　　We shall be away next week.
　　　（来週は私たちは出かけてます）
のような例文にお目にかかることもあるかもしれませんが，実際の英語としては非常に少ない。普通は，**We will** be away ... とか **We'll** be away ... と必ず言うものと思っていいのです。
　　「明日は雨でしょう」という英作文で，
　　　It shall be rainy tomorrow.（×）
これはおかしいですね。三人称のItとshallはおかしい。そうすると「あっ，いけねえ，また間違えた。ここでマイナス1かマイナス2か」なんて言って，**軽い気分でいる人がいますけれど，そんなものではないんです**。英語に慣れている人から見ると，こういうのは相当大きな間違いで，「こいつは英語の感覚がないんじゃないか」というぐらいの感じがします。こういうのは

　　　It will be rainy tomorrow. / **It'll** rain tomorrow.（○）

と言うに決まっているわけです。
　　いま言っていることは，**shall は使い過ぎてはいけない**ということです。もっとも文法問題でも，willとshallの区別などというのはきわめて少なくなっていますね。たいていwillでいっちゃうケースが多いわけですから。
　　みんなが習う文法の本なんかだと，単純未来，意志未来ということばが出てきますが，しかし，現在ではアメリカでは単純未来・意志未来に

関係なく I will 〜, I'll 〜 ですし, イギリスでもその傾向が強いのです。

	（単純未来）	（意志未来）	（疑問文）
（一人称）	I will 〜 I shall 〜 （英）	I will 〜	Will I 〜 ? *Shall I 〜 ? *Shall we 〜 ?
（二人称）	You will 〜	You will 〜	Will you 〜 ?
（三人称）	He will 〜	He will 〜	Will he 〜 ?

いいですか。言っておきますけれど, ただ参考に示しただけで, **こんな表にとらわれる必要はないんですよ。**二人称, 三人称も You will 〜／He will 〜 に決まっていますし, 疑問文でも＊印を除いて Will I 〜 ?／Will we 〜 ?／Will you 〜 ?／Will he 〜 ?／Will it 〜 ?／Will they 〜 ? とみんな will で OK です。

ただ, ちょっと詳しい辞書や古い文法書なんかだと, もっとごちゃごちゃ書いてある。イギリス英語で「今晩お暇ですか」Shall you be free tonight? などという例があげてあったりしますけど, 現在ではまず使いません。100％近くまで **Will you 〜 ?** です。「あした来ますか」なら Are you coming tomorrow? と言うでしょうし, その他一般に Are you going to 〜 ? の形を使うのが普通です。それから, うんと特殊な用法として Shall he 〜 ?「彼に〜させましょうか」とか, こういうのがごちゃごちゃいっぱい書いてある。それでみんなちょっとモヤモヤとしてしまうんですけれど, 気にしなくていいんです。

こういう表やもっと詳しい用法の説明を読んだときでも, そのまま一つひとつ覚えようなんていう気はまったくなくていいんです。どうしたらいいかというと, will でいいものは全部消してしまっていい。ほとんど will なんですから。そうすると, 結局, 大したことないわけです。

ほとんど will でよい，とまず覚える。すると，残った shall の最も普通の用法として

　　"Shall I 〜 ?" / "Shall we 〜 ?"（〜しましょうか）

だけが残る。これを口癖にしておく。それでいいのです。

　　Shall I help you?（手伝いましょうか）
　　Shall we dance?（踊りましょうか）
　　What shall I do next?（次に何をしましょうか）
　　Where shall we meet?（どこで会いましょうか）

アメリカ英語では，こういうとき Should I 〜 ? / Should we 〜 ? を使う人もいますが，Will I 〜 ? / Will we 〜 ? を「〜しましょうか」のつもりで使う人はまずいません。これだけは Shall I 〜 ? / Shall we 〜 ? と覚えておきましょう。

これはついでの話ですが，古くさい文法書には You shall 〜 / He shall 〜は「話し手の意志を表す」として You shall die.「おまえを殺すぞ」と書いてある。しかし，こんなのは実際にはほとんど言わないと思っていい。こういうのは日本でいえば歌舞伎調の英語で，「おまえを死なしめるぞ」(!?) というような言い方です。現在ではまったく使いませんね。I'll kill you. とか

　　Freeze! You'll be dead if you move.
　　（動くな！動くと殺すぞ！）

と言ったほうがずっと自然で，迫力があります。

　　Government of the people, by the people, for the people, shall not perish from the earth.

というのは有名なことばだからどこかで聞いたことがあるでしょう？「人民の，人民による，人民のための政治は…」というリンカーン（Lincoln）

大統領の演説でした。この shall not ... は「この世から滅びないであろう」ではなく，「この世から（私たちは）滅ぼしてはならない」という「話し手の意志」を表すと考えられるんですけど，これだって百数十年も前のことばでしょ。ですから，二人称・三人称の shall はこういう古文みたいな文に現れるくらいまれなんだ，と思っていていいのです。

そういうわけで，みなさんが英語を使うときは，

(1) ほとんど will を使う。
(2) Shall I ～？/ Shall we ～？を口癖にする。

というふうに単純化していい。そうすると，もう一生，迷いません。いちいち，shall かな，will かなと立ちどまっていると，ほんとにだめですから，それだけ覚えておいてください。英作文で shall を書いて間違えたりするといけないんですよ。そういうのは軽い間違いではなくて，英語の感覚がすごく悪い，すごい間違いだと思ってください。

適当なものを選べ。
1. メアリーが来たら知らせてあげますよ。
   (　　) let you know when Mary comes.
   ⓐ I'll　ⓑ I shall　ⓒ You'll　ⓓ You shall
2. このコピー機はどうしても動かない。どうしたんだろう。
   This copy machine (　　) work. What's wrong?
   ⓐ can't　ⓑ can never　ⓒ won't　ⓓ shan't
3. 「コーヒー飲みに行きませんか」「それはいいですね」
   "Let's go and have a cup of coffee, (　　)"?
   "Oh, yes, that'll be fine."
   ⓐ will I　ⓑ will we　ⓒ shall I　ⓓ shall we

第11回　助動詞(1)

1. もちろん, shall は使いません。I'll (= I will) です。

    ⓐ I'll let you know when Mary comes. （○）

2. は won't を選びます。

    ⓒ This copy machine won't work. What's wrong? （○）

この won't(= will not)は「どうしても～しようとしない」という強い拒絶の気持ちを表します。

同じように, 過去形ならば wouldn't ですね。

Jane wouldn't let Tom in.
「ジェーンはトムをどうしても中へ入れようとしなかった」。以前にトムはよほど悪いことをしようとしたんでしょうか(笑)。

3. "Let's ... , shall we?"「…しませんか」は一定の形式として慣れておきましょう。

    ⓓ Let's go and have a cup of coffee, shall we? （○）
      (= Shall we go and have a cup of coffee?)

こんなふうに誘われたら, どう応じますか。"Yes, let's." とか "No, let's not." は型どおりですけど, 簡単で悪くはない。でも,

    (That's a) Good idea. Where shall we go?
くらいが自然でしょうか。そんな気分じゃないときでも, "Oh, no!" じゃなく,

    (I'm) Sorry, but I don't feel like it now. Maybe some other time.
とかなんとか, あまりぶっきらぼうにならないようにするとよろしいでしょう。

第12回 助動詞(2)

"助動詞＋have p.p."は英文法の急所

　助動詞といえば, be, have；will, shall, would, should；can, may, must；need；have to；ought to；used to；had better ... といろいろありますから, こういうときにはこれ, こういうときにはこれ, と場面に合わせてうまく使えないといけません。ただし助動詞には, 急所として, どうしても理解していなければだめというところがあります。ですから, そのへんのところをよくわかるようにする。これが今回の目標です。

2文がほぼ同じ意味になるように, 適当な語を入れよ。
1. (a) I'm sure you were surprised to see so many people there.
   (b) You (　　　) (　　　) (　　　) surprised to see so many people there.
2. (a) It is impossible that John painted it himself.
   (b) John (　　　) (　　　) (　　　) it himself.

　1.「あんまり大勢の人がいるのを見て, きっと驚いたでしょう」と言っています。これは I'm sure のところが現在形で, you were surprised のところが過去形とずれている。そこがポイントなんです。すぐ3語の答えがパッと入りますか。

　2. も, ちらっと眺めましょう。「ジョンが自分でそれを描いたということは, いま考えてみてあり得ない」。painted が過去形で, It is impossible のほうが現在形, そこがミソなんです。答えはすぐ浮かびま

すか。1. と 2. はまったくの類題ですね。

　これは**"助動詞＋have p.p.（過去分詞）"**を理解してないとできません。助動詞の後に原形がくるのは、たいしたことはありませんが、助動詞の後に"have + p.p."となるとあやふやな人がいるはずです。でもいったん理解してしまえばこっちのものです。この手の問題は一回わかれば、100 題出ると 100 題できるわけです。

　"助動詞＋have p.p.（過去分詞）"というのは、どういうときにこういう形になるのか。だいたいこういう形をとるのは、

cannot	（〜のはずがない）	
may	（〜かもしれない）	
must	（〜にちがいない）	have p.p.
need not	（〜の必要がない）	
should	（〜すべきだ）	
ought to	（ 〃 ）	

などです。これらの形を見たり使ったりするときにどういうことがピーンとこないといけないかと言いますと、**「現在から過去を推量する」**ということ、つまり図のようなときなのです。

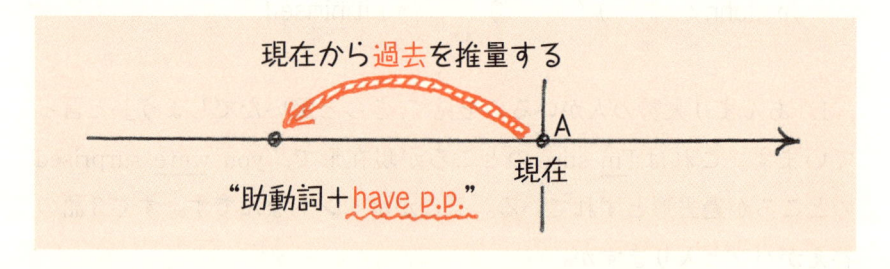

現在から過去を推量する

"助動詞＋have p.p." ← A 現在

　cannot / must have p.p. ならば、**「いまから考えてみると〜だったはずがない / 〜だったにちがいない」**というように、現在から過去のことを推量するときに使う。ですから、この図をいつも頭にピーンと浮か

べるようにしておくといいんです。

　現在がA点だとします。そうすると，いまからいまのことを推量するというのは，易しいですね。「あいつ，もしかすると病気かもしれねえな」（= He may be ill.）といって，現在から現在のことを考えているわけです。ここ（A点）からスタートして「あいつ，病気なのかなあ」というふうに，こう考えているわけです。

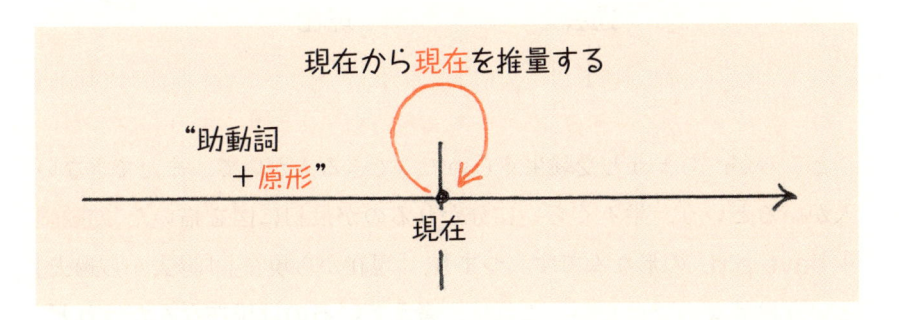

現在から*現在*を推量する

"助動詞 ＋*原形*"

現在

　こういうのは，ちょっと変な格好ですけれども，わかりやすいですね。「あいつ，病気のはずないよ」（= He can't be ill.），「あいつ，病気にちがいない」（= He must be ill.）こういうのは現在から現在を推量するんだから問題ありません。

　現在から未来を推量するのも，あたりまえすぎて，問題ありませんね。

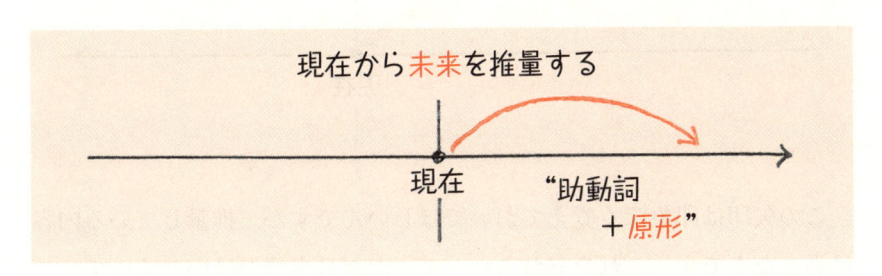

現在から*未来*を推量する

現在

"助動詞 ＋*原形*"

　それから過去から過去を推量するのも案外たいしたことありません。「私は彼が病気かもしれないと思った」I thought that he might be ill. とかいうのも，時の一致で，may be が might be に変わるだけでいい。

だから，この変な形，噴水みたいな，そうでないみたいな形，これはわかりやすいから，ちっとも問題ではないわけです。

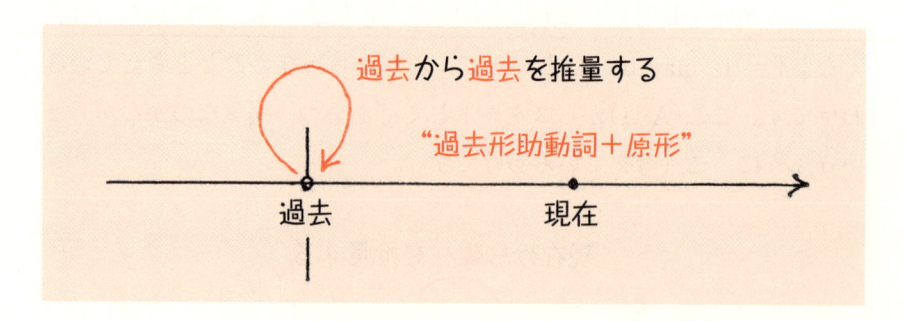

過去から**過去**を推量する

"過去形助動詞＋原形"

過去　　現在

ところが，ちょうど受験生ぐらいで，できる人がいて，またできない人がいるという，半々ぐらいに分かれるのが最初に図を描いた**"助動詞＋ have p.p."**の形なんです。つまり，「現在から現在」「過去から過去」という単純なのではない。これは，**考えているのは現在なんだけれど，過去のことに対して考えるんです**。「いまから考えると，あのときあいつは病気だったのかもしれない」なら，次の図が浮かびますね。

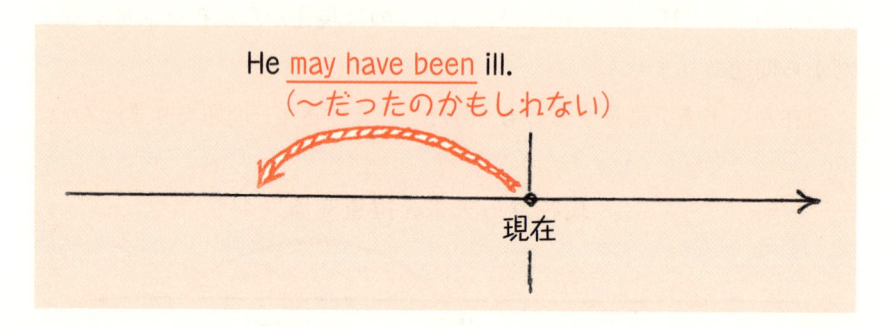

He <u>may have been</u> ill.
（〜だったのかもしれない）

現在

この矢印は印象深く覚えておいてほしいんですが，推量している内容は過去なんです。これを忘れちゃって，ただ日本語だけいじくって，ごちゃごちゃやっているのはダメですよ。当たったり当たらなかったりというふうになっちゃいます。

上の矢印，「いまから考えてみると〜だったのかもしれない（〜だった

にちがいない／〜だったはずがない）」という**現在から過去への推量**を言うとき，"助動詞＋have p.p."という形を英語では使っているわけです。これを理解していないと，どうしようもないわけです。

　こういう言い方すべてに共通していえるのは，あの左へ向かう矢印で，考えているのはいまなんです。だから，ものすごくわかりやすく言いますと，「いま考えてみると」をアタマにみんな付けてみるとよい。

「(いま考えてみると) 彼は病気だったはずがない」
　　He cannot have been ill.
「(いま考えてみると) あのとき病気だったのかもしれない」
　　He may have been ill.
「(いま考えてみると) あのとき病気だったにちがいない」
　　He must have been ill.

とするとわかりやすい。

　"need not ＋ have p.p."なら，例えば，「きのう急いじゃったけど，**いまから考えると**急ぐ必要なんかなかったのに」。

　　You need not have hurried yesterday.
　　(= You hurried yesterday, but it was not necessary.)

　以下同様，"should ＋ have p.p." / "ought to ＋ have p.p."は，「(いまから考えてみると) 過去にああいうことをしておくべきだったのに」。また，「(いま考えると) あんなことはするべきではなかったのに」ならば，"should not ＋ have p.p."とか"ought not to ＋ have p.p."が必ず使われます。整理すると，

> cannot have p.p.（〜だったはずがない）
> may have p.p.（〜だったのかもしれない）

第12回 助動詞(2)

> must have p.p.（～だったにちがいない）
> need not have p.p.（～する必要はなかったのに）
> ought to have p.p. ⎫
> should have p.p.　⎬（～すべきだったのに）

となって，すべて **「現在から過去へ向かう矢印」** が頭に浮かぶわけです。

先に示した問題 1. 2. の答えはもう明白でしょう。

1. I'm sure you were surprised to see so many people there.

「そこにあんまり大勢の人がいるのを見て，きっとあなたは驚いたと，私はいま思う」，「きっと驚いたでしょう」，「驚いたにちがいない」ともっていく。したがって答えは，must have been と自信をもって入れられる。あやふやな気持ちはないですね。

　　You must have been surprised to see so many people there.
　　　　　　　　　　　　　　　　　　　　　　　　　　（○）

2.「ジョンがそれを自分で描いたということは，いま考えてありえない」のだから，John cannot ..., そしてその後は，have painted ときちっと書き入れます。

　　John cannot have painted it himself.（○）
　　（ジョンはそれを自分で描いたはずがない）

> 3. You ought (　　) let him do so when you were asked to.
>   （適当な語句を選べ）
>   ⓐ not　ⓑ to　ⓒ to have　ⓓ not to

入試でこの程度のが出ているんですが，この基礎がない人は，「なん

じゃい，これは」といって，適当にやりそうな気がします。

「ought は，たしか ought to で助動詞の働きをすると習ったな。ほかに入れようがないな。ⓑの to かな」なんて，メチャクチャです。「あっ，そうだ，そうだ。not が to の前へ入る。not の位置がここだ」なんていって，ⓓを選ぶ。こういうのは典型的な×です。You ought not to let him do so. これだと「いまさせるべきではない」となって，「(過去に)頼まれたときに」と合いません。

答えは何でしょう。いまなら全員できますね。1人ぐらい，ちょっと聞き漏らしてわからなかったりして(笑)。これは**過去に頼まれたときに，「～させておけばよかった」「～させておくべきだったのに」**というんだから，**"助動詞＋have p.p.(過去分詞)"** で，to have let というⓒが正解です。わかってる人は ought to have let(または should have let)がすぐ思いつく。だけど，ちょっとわかってない人は，もたもたしそうな感じもします。

適当なものを選べ。
4. The English of this composition is too good. She (　　) it herself.
   ⓐ must have to write　　ⓑ can't have written
   ⓒ had written　　ⓓ can be written
5. Richard studied so hard that he (　　) well on the test.
   ⓐ had not done　　ⓑ should not have done
   ⓒ must have done　　ⓓ had to be done

センター試験に出た問題です。必ず自分の答えを決めてから，次の正解を聴くように。

4. は「この作文の英語はうますぎる。あの娘が自分で書いたはずはな

いよ」で，"can't have p.p."がぴーんと来ます。前にやった2.のまったくの類題で，ⓑが正解です。

She can't have written it herself.（○）

5.は，「リチャードはよく勉強したから，きっと試験がよくできたにちがいない」がいちばんよく意味が通りますので，ⓒが正解です。ⓓの should not have p.p.（〜すべきではなかった）では文脈に合いません。

Richard studied so hard that he must have done well on the test.（○）

6. My sister (　　　) by now, for she took the early train.
   ⓐ must arrive   ⓑ can arrive
   ⓒ may arrive   ⓓ ought to have arrived
7. "No one was prepared for Professor Hill's questions."
   "I guess we (　　　) the lesson last night."
   ⓐ could read   ⓑ ought to read   ⓒ read
   ⓓ should have read

これもセンター試験の問題ですが，私立大でも何度も何度も類題が出されていますから，英文法の急所の一つであることは言うまでもありません。

6. by now「いままでに，もうすでに」に注目して「妹はもう着いているはずなのに。早めの電車に乗ったんだから」と考える。すると，ⓓの"ought to have p.p"がぴったりだとわかります。

My sister ought to have arrived by now.（○）

7.「ヒル教授の質問に答える準備ができてる人はだれもいなかったのよ」に対して,「私たち昨夜,予習**しておくべきだった**んでしょうね」と応じます。やはり,模範的な内容の文が出ますね(笑)。答えは,現在から過去のことを「いまから考えると…」と反省する"should have p.p."の形以外は考えられません。正解は⓪。

I guess we should have read the lesson last night.（○）

以上の1.から7.の類題は今後も繰り返し出題されるのは間違いありません。100％の自信を持っておくように。

ところで,今回やった"cannot have p.p."や"may have p.p."は,仮定法の気分でそれぞれ

could not have p.p.
might have p.p.

という形で使われることもよくあります。「～だったはずはない」「～だったかもしれない」よりも「～だったはずはないだろうに」とか「ひょっとすると～だったのかもしれない(だろうに)」とちょっとだけ仮定法の気分がこもるだけのことで,それほど違いがあるわけではありません。

あとでお話しする仮定法でこういうような"助動詞の過去形＋have p.p."の形が出てきますが(→ p.116),やっぱり過去のことを推量している点は共通しているわけです。

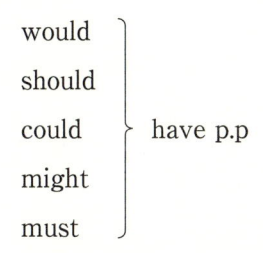

would	
should	
could	have p.p
might	
must	

などを使うときも，気分というか感じ方は同じで，"助動詞 + have p.p.(過去分詞)"は「現在から過去を推量する」形なのです。

第13回 熟　語(1)

熟語にももとの意味が生きている

"may well ～" / "may as well ～" / "may as well ... as ～" / "might as well ... as ～"などを例にして，いわゆる熟語の覚え方の話をしてみましょう。

これらはまとめて理解しておくといいのですが，まず

She **may well** say so.

については，だいたいこのぐらいの知識ではないでしょうか。「待てよ，たしか…。あっ，may well，これは決まり文句だ！」なんて言って，

「～するのも当然だ」，「～するのももっともだ」（△）

という覚え方が多いようですね。普通そういうふうに教わってきている。だけど，その程度では不十分で，まだまだダメと言っているわけです。

She **may as well** leave at once.

についても，こういう覚え方が多いんです。

may as well ～ ＝ had better ～「～するほうがよい」（×）

だなんて言って「すぐに出かけるほうがよい」。こういうのは△を通り越して×で，あんまりすばらしくない。英文読解の文章にも，しょっちゅう現れますから，ここでよく理解しちゃいましょうね。決まり文句だからといって，ただ，ちょこちょこと断片的に覚えているというのでは，基礎がまだグラグラだということです。

それではどういうふうにしたらいいのかというと，次のように**筋道を立てて，書いてあるとおりにすなおに読む**ようにすれば大したことはありません。ものすごくわかりやすい。

各文が同じ意味になるように空所に適当な語を入れよ。

1. (a) She may well say so.
   (b) She has good (　　) to say so.
   (c) It is quite (　　) for her to say so.

She <u>may</u> say so.　……………①

　これがいちばん基本の文です。「彼女はそんなふうに言うかもしれない」ないしは「言ってもよろしい」という意味です。これは全員わかるわけです。

　次の段階として，

She <u>may</u> [well] say so.　……②

　これは，①の文に**ただ well という副詞が付いただけ**という感じ方をしましょう。She may say so. という文，それに well という副詞が付いているなと，これだけです。つまり，ただ「そう言ってもよろしい」というだけではなくて，それに well が付いて，「彼女はそう言っても十分よろしい」ということになります。

She may well say so.
→ She has good reason to say so. ／
　She has every reason to say so.

という言い換えもときおり出題されます。これは必須の知識で，「そう言ってもよろしい」に well が付いただけですので，十分よろしい，十分結構，「そう言うだけの理由が十分ある」ということですから，(b)は reason が答えになります。

ついでに "have every reason to ～" も覚えておく。every reason だから「彼女はそう言うだけのありとあらゆる理由を持っている」「そう言うのはどこをどう見ても当然」という感じになります。ここまでは大丈夫ですね。

(c) It is ... ときたら，ここの形容詞は「当然な」という意味で，

It is quite natural for her to say so.（○）
= It is quite natural that she (should) say so.

となります。She may say so. に well が付いて強めているんですから，「彼女は十分そう言ってもよろしい」,「言って当然だよ」となるわけです。

ついでながら，①の She may say so. は文脈によっては「彼女はそう言うかもしれない」ともなりますね。そうすると②のように well が付くと，「彼女はたぶんそう言うだろう」「おそらくそう言うだろう」(= She is very likely to say so.) という感じになります。いまの英語では may well ～は「たぶん～だろう」になることも多い。これは文脈しだい，つまり状況によるわけです。

それはさておき，なんで "may well ～" を決まり文句「～するのももっともだ」と覚えているだけでは不十分なのかというと，そういうふうに覚えている人にはできない問題を出そうと思えば，いくらでも出せるからです。みんなコロコロ間違えます。may well なら，みんなできるんですが，well のところをちょっと変化させて，例えば very well とか quite well とかしておくと，「あれっ，はてな？」なんていって，わからなくなる人が出てきます。well に very が付いただけでわからなくなるというのは，ひどいでしょう。well と very well は大して違わない。ですから，「彼女は十分，十分そう言ってよろしい」という感じ，それだけのことです。

ほかに入試レベルの現代英文でしょっちゅう出てくるんですが，She

mayとあって，その次は必ずしも **well** とは限りません。

> She may naturally say so.
> She may reasonably say so. ……③
> She may justly say so.

となるとますますわからなくなる人が増える。may well(②)との関連が思いつかない。だが，こういうのは「当然そう言ってよい」「そう言うのも当然」ということで，mayにnaturally(当然ながら)，reasonably(理にかなって)，justly(正当に)という副詞が添えられてできた形にすぎません。だから，

　She may **well** say so.

　She may **naturally** say so.

は，**似たような気分で**パッとわかりますよね。「彼女はそう言っても当然よろしい」「彼女がそう言うのは当然だよ」ととれますね。

　wellだけでなく，**naturally, reasonably, justly, rightly とかいうたぐいの副詞**ならば，英文読解の文中にしょっちゅう現れます。そういうときにみんなは，「ああ，mayという助動詞の後に副詞が付いてるな」と感じればいいわけです。mayの後にはこういう副詞が付きやすい。ところが，みんなのなかには，may wellはできる，だけどほかにちょっと変わるとできないという人がよくいます。そういうのはうまくないわけで，**英文は書いてあるとおりすなおに読まないといけませんよ**，と言いたいわけです。

2. Excess may justly be valued. （意味は？）

　文脈は省きますが，こんな文を試験に出してみると，やっぱりできま

せん。正解率は1割とか1割以下になってしまいます。

だいたいの受験生の人は，excess は excessive が形容詞で，「過剰，余分」だな。その後，may justly，何だ，これは。「正当に，正しく価値が計られる」(!?) ……

「余分というのは正しく価値が計られるかもしれない」(!?)（×）なんてチンプンカンプンで，何だか意味がわからない。そういうような答案がゴロゴロあって，当然×です。つまり全然できないということで，正解は非常に少なくなります。

正しいのはもうわかっていますね。あり余っている，過剰というのは普通はよくないとされているが，でも「過剰ということだって，ときには価値が重んぜられても当然であろう」，「そういうことがあっても，十分よろしかろう」という内容です。

may well は，いつもそのまま現れるとは限りませんよ。いろいろ変化します。

　　　You **might reasonably** doubt his ability.

（あなたが彼の能力を疑うのも無理はないだろうね）

may well に仮定の気持ちが加われば，may は might に変化しますし，well ばかりでなく reasonably（理にかなって）になることだってあります。

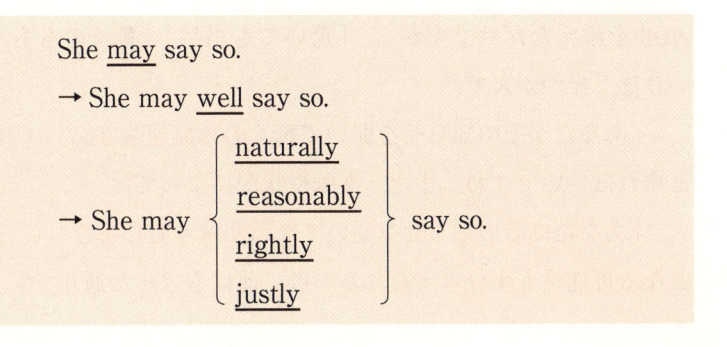

She <u>may</u> say so.

→ She may <u>well</u> say so.

→ She may { <u>naturally</u> / <u>reasonably</u> / <u>rightly</u> / <u>justly</u> } say so.

> → She <u>might reasonably</u> say so. など。

といった手順がわかっていればいいわけです。ただ，こういうのは普通の参考書なんかには書いてないんです。どの本を見ても，日本では"may well 〜 =「〜するのももっともだ」"と，明治，大正，昭和以来ずっときていましたから，だからみんながそうなるのも無理はないわけです。

ペンギンは海中に泳ぐ魚は捕えますが，氷の上に打ち上げられた魚には気がつかないそうです。ある状態では理解できても状況がちょっと変わるとわからなくなる，それを私は「ペンギン的知識」と呼んでいますが，**「熟語」とか「公式」とかいって機械的な暗記ばかりに頼っているとペンギン的知識にとどまる危険があります。**ペンギンと仲良くしていてはいけません(笑)。みんなはもう大丈夫ですね。

次の文の意味は？
3. You may well be surprised at the news.
4. Her appearance has changed so much that you might naturally not recognize her.
5. In view of his behavior, you had every reason to be suspicious.

---

3. "may well 〜"は **may**(〜するかもしれない／〜してもよい)に **well** を添えただけですから，「驚いても当然」「驚くのももっとも」という感じをつかんで，

　「あなたがその知らせを聞いて驚く**のも無理はない**」(○)
とすればいいですね。また，文脈や状況によっては，

　「あなたはその知らせを聞いて**たぶん**驚く**でしょう**」(○)
となる可能性も十分考えられるのは，前にも言った通りです。要は，あ

106

りのまますなおに読みとるということです。

　4. は "**might naturally** not 〜" の部分がすんなり意味がとれましたか。**might** は may より控えめな言い方。それに **naturally**（当然に，当然ながら）が添えられているだけです。

　　　「彼女の容貌はずいぶん変わっているので，当然ながら彼女だとわからないかもしれないでしょう」（○）

　「わからなくても当然でしょう，無理はないでしょう」という感じがつかめていれば正解です。

　5. In view of his behavior は「彼のふるまいから見て」「彼の行動を考えると」。be suspicious（of[about] him）は「（彼のことを）怪しむ」つまり「うさんくさいと思う」という意味です。そうすると，

　　　「彼のふるまいから見て，あなたが（彼のことを）怪しいと思うのは当然だった」（○）

ということになります。要点は "**have every reason to 〜**" で，「〜するだけのありとあらゆる理由がある」ということから，「どこからどう考えても〜して当然」という感じをつかむことでした。

第14回 熟 語(2)

may as well 〜と might as well 〜

　前回の講義の"may well 〜"または"might well 〜"まではよしとして，次の段階へ行ってみます(注：ここは前回から続けて読んでください)。さらに一歩進んで，**"may as well 〜" "might as well 〜"**などの理解です。

> 各文の意味を比較せよ。
> 1. (a) You may as well leave at once.
>   (b) You will do well to leave at once.
>   (c) You had better leave at once.

　あっ，熟語を含んでいるな。may as well 〜はたしか「〜するのがよい」だったな。will do well to 〜も「〜するのがよい」。had better 〜は「〜するほうがよい」。とすると，「あれっ，(a)も(b)も(c)もほとんど同じじゃないか」なんていう反応をするのはちょっと大ざっぱすぎます。ただ丸暗記だけに努めていると，それぞれの感じがつかめませんね。

　これらはちょっと似ていると言えば言えないこともありませんけど，決してイコールなんかではありません。まして

　　　may as well 〜 = had better 〜 （×）

なんて考えるのは，前にも言いましたように×です(→ p.101)。(a)と(b)と(c)とはかなり感じが違うわけです。

　まず，(a)ですが，

You **may [might] well** leave at once.

ならば前回の may[might] well ～で，そこまでわかった。「あなたは出発しても十分よろしい（だろう）」ですね。ところが，

(a) You **may [might] as well** leave at once.

となると，"as ... as ～" という比較の構文です。ですから，本来は

You may [might] as well leave at once [as (～)].

で，この(～)のところは，周囲の状況からわかるわけです。ですから，**省いている**。わからなければ，当然，書くわけです。わかれば省くわけで，ここでは省かれている。そうすると，こういうときにはみんなは頭の中でどういう反応をすればいいかというと，(～)の部分は察しをつけて，

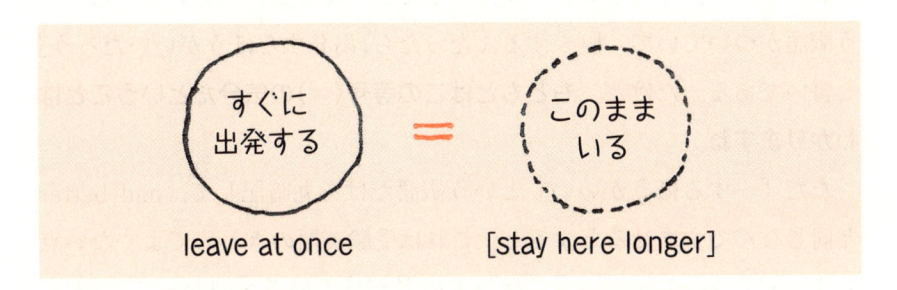

```
    すぐに         このまま
    出発する   =    いる
  leave at once   [stay here longer]
```

「ここにもっといる」stay here longer くらいでしょうか。だいたいそんな内容が，わかりきっているから省略されているわけです。"as ... as ～" の構文だから，みんなの頭の中にはイコールの記号がパッと浮かんで，「あなたは(このままいてもいいが，**それと同じように**)出かけるのもいいだろう」と言っているわけです。

「**まあどっちかというと**，すぐ出かけ**てもいいだろう**」（○）

というぐらいの意味です。

まったくの短文で，文脈がないときには

第14回 熟語(2)

You may as well leave at once [as not].

のように文尾に as not を補ってみるのも一法で,「(出かけ**ないのもよいが**)**どっちかと言えば**すぐ出かけ**てもいいだろう**」が,もとの意味です。ところが,これではあまり感情がこもらないから,日本語訳ではしばしば不等号みたいな感じの訳がついています。

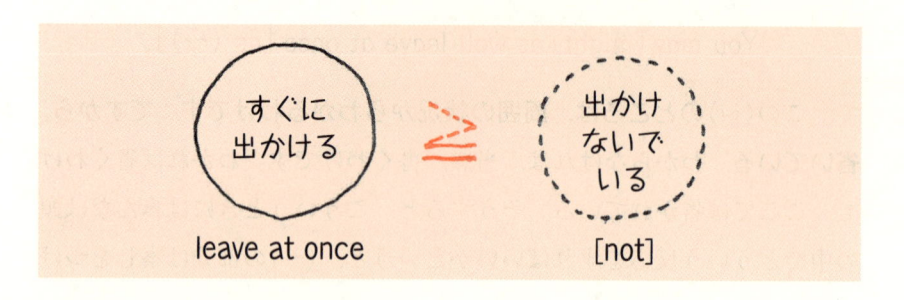

すぐに出かける / 出かけないでいる
leave at once / [not]

辞書を引いたり,参考書を見たりしてごらんなさい。たいていこういう訳語がついていて,「(〜するんだったら)出発するほうがいいだろう」と書いてある。だけど,**もともとはこの等号(=)の気分だということはわかりますね。**

ただ「〜するほうがいい」という訳語だけを丸暗記して,had better と同じなんてすませるとすると,これは受験英語のきわめてよくない点です。(c)の**"had better 〜"**は目上の者が目下の者へ向かって,「すぐ行けよ」とか「すぐ行ったほうがいい」というように,命令に近くて,相当押しつけがましい。ところが**"may [might] as well 〜"**は,いま説明したとおり,「どっちかといったら,すぐ出かけるのもいいんじゃないですか」というぐらいですから,だいぶ弱いんです。そういう違いがあります。

(b)の**"will [would] do well to 〜"**や**"will [would] do better to 〜"**は,文字どおり「〜すれば(もっと)うまくいくだろう」から「〜するほうがいいだろう」となるわけです。

数学や物理で等号（＝）を用いて，A＝Bと表せばA，B両者がまったく等しいことになりますが，英語の熟語などで，もし仮に

　　may as well ～ ＝ will do well to ～ ＝ had better ～

などと示してあったとしても**絶対的に等しいと思ってはいけません。何と言っても言葉ですから，まったく同じということはありえません。表現が変われば，感じも異なる**のは当然──そういう認識がないといけないわけです。

次の文の意味は？
2. You might as well talk to a stone wall as to him.
3. You might as well throw your money into the fire as lend it to him.

"**may[might] as well ... as ～**"は「～するのなら…してもいいだろう」（～と…とが同程度）の意味で，感情をこめて「～するくらいなら…するほうがましなくらいだ」と訳されることがある。

may が **might になっても本質的には同じです**。ただ，表現を和らげて，仮定の気持ちが出てくるというだけです。ですから，2. は，

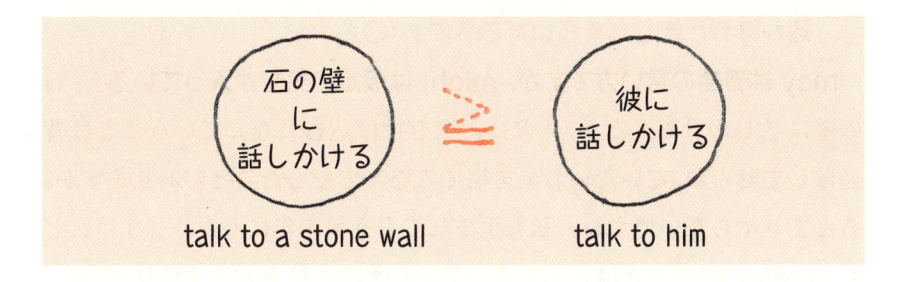

石の壁に話しかける ≧ 彼に話しかける

talk to a stone wall　　talk to him

だから，「彼に話しかけるのは石の壁に話しかけるようなものだ」（「まったく反応がない」ということ），感情がこもれば

「彼に話しかける**んだったら**，石の壁に向って話しかける**ほうがましなくらいだろうに**」(○)

となります。

3. もみんなの頭の中にすぐ浮かぶのは，「火に投げ込むのもあいつに貸すのもイコール，どちらも同じ」ということを言っているんだなということです。

火に投げ込む ≧ 彼に貸す

throw your money into the fire　　lend it to him

　これが正しい考え方で，「貸しても十分よろしいが，それと同じように火に投げ込んでもよろしい」というのがもとの意味です。ただし，感情をちょっとこめますから，イコールが不等号みたいに，こう訳してあるケースが多いでしょう。

「あんなやつに金を貸す**んだったら**，いっそのこと火の中に投げ込む**ほうがましなくらいだろうに**」(○)

　may は普通の言い方ですが，**might** は仮定の気分が入っている。「石の壁に話しかける」とか，「火にお金を投げ込む」なんていうことは普通はしませんね。だいたいお金を捨てるなんてやったことがありますか。あんまりやらないですね。私も生まれてもう何十年にもなりますけれども，1回も捨てたことはないです。落としたことはありますけれど(笑)。拾ったことは，5，6回ぐらいあるかな(笑)。だいたいもったいないですものね。駅の構内かなんかで，50円玉が落っこっているんです。だ

れも拾わない。どんどん踏みつけていくんです。私、もったいないから、ヒョッと拾った。そうしたら、周りに中学生みたいなのがいて、「あっ、やった！ やった！」(笑)だれが先に拾うかと思って、見ていたわけです。それに私がひっかかって、だけど動ぜずにポケットに入れて(笑)、歩いてきたんです。そうしたら、「あっ、持ってっちゃった！ 持ってっちゃった！」なんてやってましたけど(笑)。

　何を言っているのかというと、要するに may が might に変わるのは、仮定の気持ちが含まれている。つまり、**人がやりそうもないこと、ばかばかしいことを書くと、might に変わりやすい**。それだけのことです。

　いままでにもこういうのは何度も何度も出題されているので、強調して言っているわけですが、たいてい might as well のあとにはばかばかしいことが書いてあると思っていていいんです。

　「(経済の法則を知らないなんていうことはダメで)経済の法則を知らないくらいなら、地球が回転しているのを一生懸命とめようと試みるほうがましなくらいだろうに」とか、あるいは一橋大の問題では「私は電話が大きらい」とかいうのがあって、電話ぎらいの文章がずっと書いてあって、「電話がリンリン鳴っているのを聞いているくらいなら、いっそのこと自分で自転車のベルを買ってきて、それを一人でチリンチリンとやっているほうがましなくらいだろうに」(笑)。

　つまり、仮定法ですから"might as well ... as ～"の…の部分にはばかばかしいことが書いてあることが多い。いくら長い文章でもそうです。

　以上から、次の考え方が確認できたと思います。

第14回 熟語(2)

may [might] ...　→　may [might] well ...
　　　　　　　　→　may [might] as well ... （as ～)
　　　　　　　　→　may [might] as well ... as ～

それから，今回お話しした中にはもう一つ要点がありました。それは，口語体の英語や会話調の文が近頃はよく出題されるのですが，例えば，「〜するといい」「〜するほうがいい」といってもすぐ"had better 〜"に飛びつくようではいけない。**その時，その時の状況に応じて，語句を使い分けられるようにしたい**ということです。短文の例をあげますから，もう一度よーくそれぞれの感じをつかんでおいてください。

　　　　You'd better (= You had better) eat regularly.

　（きちんと食事をしたほうがいい[しなさいよ]）
は医者が胃かいようの患者に忠告しているか，母親が子供に言っているか，そんな状況が想像できますね。

　　　　You ought to think twice before you try it.

　（よく考えてからやってみるほうがいいですよ）
「〜するほうがよい」は，had better では強すぎることが多いので，ought to や should を使うほうが一般の会話では普通だと思っていいでしょう。

　　　　You might as well stay here a bit longer.

　（もう少しここにいてもいいんじゃないでしょうか）
となると，ぐっと婉曲的な言い方になります。

　　　　You may as well kill me as leave me.

　（私を見捨てて行くのは私を殺すのも同じことよ）
　これはドキンと来ますね(笑)。言い方や場面にもよりますが，「私を捨てるんなら，いっそ殺してよ」とやや脅迫的に，相手に迫ってるのかもしれません。

要するに，英語は「ことば」なのですから，**あまり固定的な日本語訳にとらわれずに感じをつかむようにしながら覚えていくとよい**，と言いたいのでした。

第14回　熟　語(2)

第15回 仮定法(1)

一つがすべてを決する仮定法

　仮定法はいままで何回も習っているでしょう。だけど，どこかモヤモヤしてすっきりしないところがあるんじゃないでしょうか。そこで，これからの説明を聞いて，100パーセント，パッパッとできるようにしておかないといけません。

　仮定法は，非常に，非常に基礎的なことがあって，根本がバンとわかっていると，コロコロできます。それがわからないと，当てずっぽうで，たまに当たったり当たらなかったりという非常に不確かなことになってしまいます。つまり，仮定法はほんとに理解が必要で，これから話す一つの重要なことがわかると，パーッとできるようになります。

　「もし…ならば」という条件・仮定を表すのに仮定法を使うのですが，その**仮定を表す動詞の形**がよくわかっていればいいのです。英語も人間の言葉ですからとても理屈に合っていて，いったんわかれば「なあんだ，こんなものか」と自信がつきます。

　そうですね，まず単純な図ですが，次の図の①②③を見てみましょう。

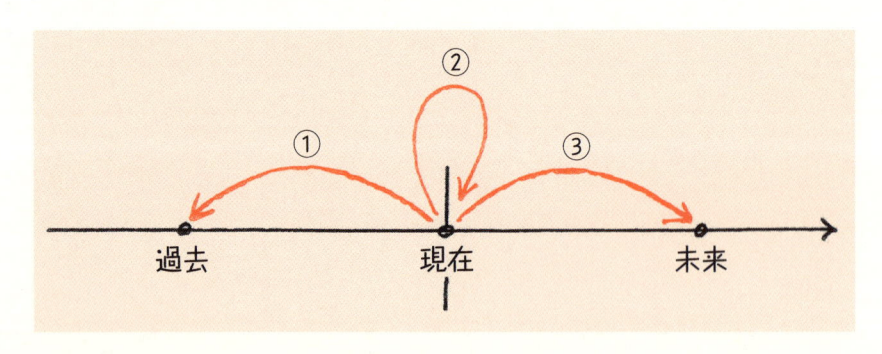

過去のことに対して「あのとき〜だったら…」と仮定する(①)のと，現在のことに対して「いま〜ならば…」と仮定する(②)のと，将来のことに対して，「もし〜ならば…」と仮定する(③)のと，この3つがそろっていれば，何でも表現できるわけです。英語ではそれがそろっています。

① 過去のことに対する仮定
② 現在のことに対する仮定
③ 未来のことに対する仮定

とあるわけです。そして，それぞれに次に示す形を使うのです。

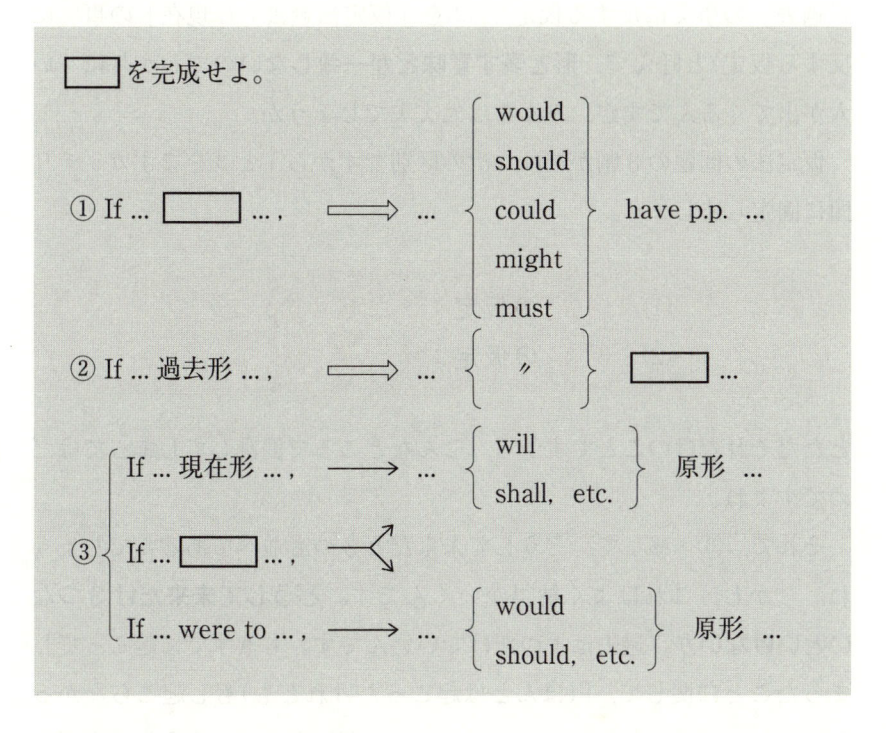

□ を完成せよ。

① If ... □ ..., ⇒ ... { would / should / could / might / must } have p.p. ...

② If ... 過去形 ..., ⇒ ... { 〃 } □ ...

③ { If ... 現在形 ..., → ... { will / shall, etc. } 原形 ...
　　If ... □ ...,
　　If ... were to ..., → ... { would / should, etc. } 原形 ... }

①は「過去」，②は「現在」，③は「未来」の仮定を述べる形式です。③の**未来の仮定には3つある**というんですが，どうして3つあるかというのも，よくわかっていますか。なんかこのへんがモヤモヤして，わかっていない人がいましてね。このあたりも英語は非常に理屈にかなっ

ていて，これだけあると，何でも表現できるんです。その代り，欠けてしまうと表現しにくいんです。

　まず，①の空所は"had + p.p.(過去分詞)"（過去完了形）を記入，「あのとき〜だったならば」となる。②の「現在もし〜ならば」は，**過去形**(be 動詞ならば were / was)を使う。⟹の右側は would, should, could, might, must などなど，つまり，助動詞の過去形がきて，その後の②の空所は**原形**になるわけです。

　この①と②がものすごく大事な骨組みです。①を「仮定法過去完了」(「過去」の事実に反する仮定)，②を「仮定法過去」(「現在」の事実に反する仮定)と呼んで，**形と表す意味とが一致しないのでわかりにくい**人が出てくるんですが，みんなは大丈夫でしょうか。

　仮定法の問題の8割がたは，次の区別ですから①と②をまずガッチリ頭に固定しましょう。

> ①「**過去**」の仮定：**If ... had p.p. ...**
> ②「**現在**」の仮定：**If ... 過去形 ...**

とただそれだけのことですから，こんなところで混乱してしまってはだめですよね。

　それで，③へ移って，どうして未来だと3つも並べてあるんでしょうね。しかし，これはよく納得がいくんです。**どうして未来だけ3つないといけないか**。過去は1つだけでいいんです。もうすでに起こってしまったことに関して，「(ほんとは起こったけれども)もし起こらなかったら〜」と言うんだから，この①があれば間に合ってしまう。②も現在の事実があって，その反対を言うんですから，これで間に合うわけです。

　ところが，③の未来のことというのは，まだ起こっていない，これからのことなんです。そうすると，**仮定といったって，仮定の気持ちが強**

いときと弱いときとあるのは当然じゃないですか。

> ③「未来」の仮定：
> ③' 可能性あり　　If ... 現在形 ...
> ③" 可能性少　　　If ... should 〜 ...
> ③''' 可能性なし　　If ... were to 〜 ...

という形で，③の空所には **should** を記入しましょう。

　まったく起こりそうもないこと，可能性0％，つまり「死人が生き返ったら」とか，「太陽が西から昇ったら」とかだいたいあり得ないでしょう。「電信柱に花が咲いたら」とか，そういうことはないですね（笑）。あるいは「200歳まで生きたら，あなたはどうする」，そういうのは，だいたいありっこないんです。だから，可能性は0％に近い。こういうときは仮定の気分が強いから，were to を使います。「これから将来こうするようなことはまずないだろうが，もし仮にあるならば」というのは，were to で③'''の形式です。

　それから，可能性がちょっとあるということもあるでしょう。「万一ひょっとしてあの娘に会ったら，こう言ってくれ」なんていって，「ひょっとして」，これになると可能性何％とは言えませんけれど，少なくとも1％から20％とか30％とか，少し可能性が出てくる。こういう仮定の場合は should を使う。日本語で「万一」と言っても，万分の1じゃなくていいんですよ，万一，ひょっとして，可能性は少ないけれど。いまちょっと晴れているようですけど，「ひょっとして夕方，雨が降ったら」なんて言いそうですね。それは可能性ゼロではないんです。多少可能性があるかもしれない。ですから③"の should にする。

　そして，可能性がはっきりわかっているということがあるでしょう。あと2分したらベルが鳴る。いま12時2分前です。もうちょっとで終

わりますけれども,「もしこれが終わったら私はどうしょうか」というのは, もうわかっていますね。つまり,「この時間が終わったら」と言うときは, 可能性が十分ある。もう終わるのも確実ですから, もっと可能性は強いかもしれない。つまり, ③′もここへ並べて書きますけれども, 可能性が強いから, ③′は**仮定法とは言わずに,ただの「条件」を表す文**といって, ただの現在形でいいわけです。

そして, 結びのほう(注：表の③の右側)もそれに応じてきます。③‴の were to だと仮定法だから, これは "would ～" などの仮定法の形がきます。ところが, いちばん上の③′は仮定法でない形, つまり "will ～" とか,「彼女に会ったら伝えてくださいよ」,"please ～" と命令文がきたり, 何でもよい。いちばん上の③′は, 普通の文を普通に言ったり書いたりすればいいわけです。

③″は ← という形の矢印がついているのはどうしてでしょう。「もし(ひょっとして)火事が起こったらどうする」と言うとき,

If a fire should break out, — what will you do?
what would you do?

のように will ～でも would ～でも, どちらでもいいということなのですが, これも納得がいきます。気分の差で, **③′の気分なら will ～, ③‴の仮定法に近い気分なら would ～** となるわけです。③″は③′と③‴との中間の気分なのです。それで ← となるのも, よくわかるはずです。

適当なものを選べ。
1. I could have done better if I (　　) more time.
   ⓐ have had　ⓑ had　ⓒ had had　ⓓ would have

2. If I were a little younger, I (　　) you in climbing the mountain.
　ⓐ have joined　ⓑ join　ⓒ will join　ⓓ would join

3. If I (　　) to live to be 150 years old, I would be able to learn it perfectly.
　ⓐ am going　ⓑ am able　ⓒ were　ⓓ will be able

　1.「(そのとき)もっと時間があったならば，もっとうまくいっただろうに(本当は時間がなかったから，うまくいかなかった)」。do well は「事がうまくいく」ということです。「もっと(事が)うまくいったであろうに」は，明らかに "could have p.p." の形ですから，頭の中には仮定法過去完了と呼ばれる①の形式の中の **"had p.p."** がガンガンと響きます。ですから一目で，ⓒ **had had** が選べます。

　2.「もし私がもう少し若ければ，あなたと一緒に山登りをするのですが」。If I were ... は典型的な②の仮定法過去の形式ですね。したがってⓓの **would join** 以外は考えられません。

　3.「もし仮に150歳まで生きるとすれば，それを完全に覚えられるだろうに(実際は，生きられないだろうから，だめだろう)」という文ですね。これから150まで生きる可能性はいくらあがいてみたところでゼロに近いでしょうから，本当に仮定の気分が強い。③のうち③‴となりますので，答えはⓒの **were** しかありません。

　基礎がしっかりできていると，こういうふうにぴしっと正解できます。次はすべてセンター試験の問題ですが，百発百中でいけるはずです。

適当なものを選べ。

4. If you were really interested in what I'm saying, you (　　　) staring out of the window.
   ⓐ will be　　　　ⓑ will have been
   ⓒ would have been　ⓓ wouldn't be

5. If our last batter had not finally hit a home run, our team would (　　) the game.
   ⓐ have lost　ⓑ have won　ⓒ lose　ⓓ win

6. "Was Jack at the party?"
   "I don't think so. If he had been, I (　　) him."
   ⓐ had seen　　　　ⓑ saw
   ⓒ would have seen　ⓓ would see

7. If you were to fall from that bridge, it (　　) almost impossible to rescue you.
   ⓐ is　ⓑ was　ⓒ would be　ⓓ would have been

　いいですか。4題のうち3題では頼りない。本当に全部できないといけませんよ。まず答えを言いますと，4.ⓓ，5.ⓐ，6.ⓒ，7.ⓒです。

　4.「私の話していることに本当に関心があれば，あなたは窓の外をじっと見てなんかいないでしょうに」という意味。裏を返せば，関心がないから窓の外を見ている，というわけ。were を見れば②の仮定法過去の形式だとわかりますし，意味からも ⓓ **wouldn't be** という否定形になりますよね。

　5.「もし私たちのチームの最後のバッターがホームランを打たなかったら，試合に負けていたところでしょうに」という①の仮定法過去完了です。had not hit に目をつけ，意味の上からⓐ, ⓑのうちⓐ **(would)** have lost のほうを選びます。

　6.「ジャックはパーティーに来てたかい？」「いや，来てなかったと思うよ。もし来てたら（私は彼に）会っただろうからね」という会話で，ⓒ **would have seen** を選ぶ。①の仮定法過去完了の形式さえわかっていれば，他の選択肢はちゃんちゃらおかしいでしょう。

　7. は③‴の If ... were to ～ の形だとぴんときます。「あの橋から転落するようなことがあったら，（あなたを）救助するのはまず不可能でしょうに」となって，ⓒ **would be** です。

　この手の問題ならば皆さんはもう自信がついたと思います。仮定法というのは，しっかり基本となる原理がわかっていれば案外と楽です。要するに，最初に学んだ①〜③の基本形式を理解して，その**左側と右側のどちらか一方を隠されても，もう片方がくっきり思い浮かべられるようにしておくことです**。これが仮定法の基礎の一つ。ですから，①から③のどこでもよい，どこかをちょっと隠されてわからなくなるというのだと，とってもダメということです。

第16回 仮定法(2)

仮定法のちょっとした盲点

　前回は仮定法の基本を確実にするところで終わりになりました。今回はその仮定法の基本をガッチリ仕上げるところに行きます。

　現在・過去・未来のことに対して,「もし,こうであれば」と仮定するのは,この前黒板に書いたような①②③の基本形(→ p.117)をマスターしていればできるわけです。その復習というか確認をするために,一題だけちょっとここに書いてみます。ちょうど入試の仮定法の問題というと,このぐらいのレベルなんです。ですから,これをひと目見て「あっ」とすぐわかればいいわけです。

> 1. (　　　) he left her room earlier, he wouldn't have been caught by her husband.（適当な語を入れよ）

　「もう少し早く彼女の部屋を出ていたら,彼は旦那に捕まらないですんだことだろうに」(笑)。実際はモタモタしていてとっつかまったんです。あとはどうなったかわからない(笑)。

　どうも wouldn't have been の形から見ると,仮定法の結びみたいですね。そこで(　)に適当な語を入れよというときに,「これは仮定法らしいぞ」と言って If を入れるのはどうでしょうか。最悪ですね。つまりその程度の理解ではまったくダメということです。これはしょっちゅう出てくる程度の問題です。「なんとなく仮定法みたいな形だからIfだろう」というのはものすごい間違いで,他のことがパッと浮かんで

ないといけません。浮かんでますか？

　答えは **Had** です。"wouldn't have been"は明らかに，この前書いた表（→ p.117）のうち，①の仮定法過去完了の結びです。

　前にも言いましたが，入試の仮定法の問題というと，**形はいろいろ変わっても，きいていることは，片一方を隠してその片方を書かせたり選ばせたりする**わけです。ですからこの1.の問題文は，まさに①の形式で，ひと目見たとたんに**"had p.p."**が頭の中にガンガンと鳴り響かなくてはいけないのです。had left, had left, had left, ... のように。

　ですから，この（　）にIfを入れたりすることはいったん仮定法がわかってしまった人には耐えられないわけです。If he left ... では「どうしてもおかしい」と思わないといけません。どうしても，何が何でも，If he **had left** ... でないといけない。

　それでこの場合，Ifがとれると語順がひっくり返って，

If he <u>had left</u> ... → Had he <u>left</u> ... （○）

の語順になるわけです。**"If S + V ..."のIfを省略すると"V + S ..." "助動詞 + S + V ..."という倒置になる**のです。文語体です。

　もう一題，今度はどうでしょう。

---

2. (　　　) you change your mind, please let me know.
　ⓐ Should　ⓑ Were　ⓒ Had　ⓓ Will
（適当な語を選べ）

「心変わりをするようなことがあったら私に知らせてよ」ですから，何も選択肢が与えられてなければ今度はIfでもいい。

　<u>If</u> you change your mind, please let me know.
で通じますね。「心変わりする」可能性が十分あれば③'でいい。ところ

が，選択肢が示されているので，理屈に合うのだけ残せばいいわけです。ⓑのwereとⓒのhadはつながるわけがない。ⓓのwillも全然関係がない。それでⓐを選び，頭の中では

　　Should you change ... → If you should change ... （○）

という③″だなと考えればいいのです。

適当なものを選べ。
3. I would have seen you off at the airport (　　) when you were leaving.
　ⓐ did I know　　ⓑ had I known
　ⓒ knowing as I did　ⓓ as if I knew
4. (　　) he need more information, there are plenty of good manuals available.
　ⓐ Did　　ⓑ Had　　ⓒ If　　ⓓ Should

これらは同志社大と慶大の問題ですが，類題は多数あります。1. 2. がわかっていれば3. 4. も問題ありません。

3. はwould have seenに目をつけて，ⓑ **had I known**（= If I had known）を選ぶ。意味は「あなたがいつ出発するのか知っていたら，空港でお見送りしたでしょうに」。見送らなかったことの言い訳です。

4. ⓐ Didならば，there are ... はおかしいですね。ⓑは全然ダメ。ⓒ Ifを選ぶと出題者に喜ばれます。落とし穴にまんまとはまったわけですから。If he needs ... なら自然な英語なのですが。とすると，ⓓの **Should he need** ... がIf he should need ... のIfを省略した形だと理解できる。「彼がひょっとしてもっと情報を必要とすれば，いろいろ良いマニュアル（手引き）が利用できる」という意味で，前に説明した③″

に相当するわけです。

　ここまでは基本形式のとおりでしたが，あとちょっと追加の説明が必要です。こういう基本だけを問うのではちょっと易しすぎると感じる場合がありますね。「こんな問題を出しても受験生はみんなできちゃうだろう」というときはちょっとだけひねる。①と②とを組み合わせるわけです。

　つまり，**「あのとき～だったら，いま～だろうに」**。例えば，「過去に戦争で死ななかったら，いま 90 歳だろう」とか，「あのとき忠告を聞いていれば，いまはもっと幸せだろうに」とかいうような組み合わせがあるわけです。「きのうの晩うんと勉強しておけば，きょうは楽だろうに」「彼女と結婚してなければ，いまはもっと幸せだろうに」（笑）…というように，**仮定の内容が「過去」で①の形，結びの形は「現在」で②の形がありうる**のです。

① If ... **had p.p.** ...　⟶　... would have p.p. ...

② If ... 過去形 ...　⟶　... **would 原形** ...

の矢印⇨が加わって，"① ⇨ ②"というわけです。

5. If he (　　) harder last year, he would be a college student now.
　ⓐ worked　　ⓑ should work
　ⓒ had worked　ⓓ would have worked

6. He wouldn't have to be out of work right now if he (　　) from Harvard.
　ⓐ graduated　　ⓑ is graduating
　ⓒ was graduating　ⓓ had graduated

5.「去年もっと一生懸命勉強していたら，彼はいま大学生になっているであろうに」といういやらしい問題ですね(笑)。気軽に乗り切って行きましょう。

last year があって，後半に now がある。「去年～だったら，いまは～だろう」という，これこそまさに①と②の組み合わせです。したがって，ⓒの **had worked** が正解でした。

6. はセンター試験に出た問題ですよ。「彼がハーバード大学を卒業していたら，いま失業していなくてすむでしょうに」，つまり，「卒業しなかったからいま職がないんだ」という学歴尊重の社会を認識させる（？）内容です。これも①と②の組み合わせですから，ⓐⓒの仮定法過去ではなく，ⓓ **had graduated** という仮定法過去完了が正解です。

ところで，ついでながら"②⇨①"はあるでしょうか。「ある？」「ない？」のうち，実は，英語の文章の一般としては「ある」のです。「いま～だとすると（②），あのとき～だったろうに（①）」という形も，言葉としては言わないことはないですね。「いま彼がここにいるとすると，30分前にあそこをきっと通ったにちがいない」というと，He must have p.p. ... という形を使わなければならない。ですからありえないわけじゃない。だけれども，少なくとも大学入試の英文法の問題には今まで一度も出たことないですね。だからあるにはあるけれども，これは「ない」と思っていいわけです。

そこで，結局，仮定法ではこれがわからなくては始まらないという基礎の基礎として，**次の表が矢印も含めてよくわかってさえいればいい**ことが納得できたでしょう。

いつだったか，女子学生が「仮定法はやっぱりこの表を覚えないといけませんか？」と深刻そうな目つきでたずねてきたことがあるんですが，**「やっぱり覚えたほうがいいですよ」**と答えましたよね(笑)。

```
① If ... had p.p. ... ,          ⟹  would have p.p. ...
② If ... 過去形 ... ,            ⟹  would 原形 ...
   ┌ ③' If ... 現在形 ... ,      ⟶  ... will 〜, など
③ ┤ ③" If ... should 〜 ... ,
   └ ③'" If ... were to 〜 ... , ⟶  ... would 〜
```

　この表は単純化された骨の骨ですから，これは覚えるのが身のためです。できるだけ楽をして…という気持ちはわかりますが，外国語ですから，すべてフィーリングですらすら，とはいきません。

　この表だけは覚えること。そして，「なるほど，英語もなかなか理屈に合っているじゃないか」という感じがしてくれば本物です。

第16回　仮定法(2)

第17回 仮定法(3)

仮定法・言い換え問題のすべて

　まず，句（英語で言うと phrase）を If ... という節（clause）に言い換えられるかどうかを試す問題から。

（　）内の指示に従って言い換えよ。

1. <u>With a lever</u> I could have removed the stone.
　（下線部を節に）
2. <u>Without your help</u>, we couldn't carry out our plan.
　（下線部を If it ... で）

　1.「てこがあれば私はその石を取り除けたでしょうに」の意で，前回・前々回の①の形式だから，たちどころにできますね。「なんだか仮定法らしいな」なんていうくらいの知識で，

　　If I had a lever ...　（×）

とするようではだめ。ここでキチンとした人は実力で，

　　　　If I had had a lever, ...　（○）

と決めます。

　2.「あなたの助けがなければ，私たちは計画を実行できないでしょうに」。このほか But for the sun, nothing could live on the earth.「太陽がなければ，何も地球上で生きられないだろうに」のような明治・大正時代ぐらいの参考書からある感じの古めかしい文にもお目にかかります

が，"but for ～"は会話では使わない表現ですからいずれは入試から姿を消すことでしょう。いずれにせよ，"without ～"とか"but for ～"は「～がなければ」という句で，

> Without ～ ⎫   ⎧ If it were not for ～ (②)
> But for ～ ⎭ ⇌ ⎩ If it had not been for ～ (①)

の言い換えはすぐ滑らかにサーッと書けないといけない。ここは②にあたりますから

    If it weren't for your help, ...　（○）

と一気に書けないといけないですね。特にこの were のところが仮定法過去になっているわけです。

もし仮定法過去完了で①の形式の場合ならば，

> Without your help,
> = If it had not been for your help,
> = If you had not helped us,
> 　　　　　we couldn't have carried out our plan.

（あなたが助けてくれなかったら，私たちは計画を実行できなかったでしょうに）

となるところです。

　この言い換えは英語の決まった形ですから，これは何度でも口ずさみできっちり書けるようにしておかないといけません。いつまでもモタモタしていてはダメ。基本形式①②がわかっている人にはやさしい。疑問の余地がない。こういうのが出たら歓迎ですね。

3. I am sorry I did not know.
（I wish ... で始まる文に）

「そのとき知らなかったのが残念だ」ということは「（いまから考えてあのとき）知っていたならよかったのに」と言っているわけです。**願望を表す** "**I wish ...** " の形式で，…の部分に仮定法の形が使われる理由を説明しましょう。例えば，

　If she **were** here, I would be happy. （②）
　（彼女がもしここにいればうれしいでしょうに）
　If I **had worked** harder, I would be a college student now.
　　　　　　　　　　　　　　　　　　　　　　（①と②）
　（もっと一生懸命やっていたら，私はいまは大学生だろうに）

これらは前回・前々回の形式そのままです。いつもこのようにキチンと何かを言い切ってくれれば，これは型どおりですから楽でいいですね。ところが言葉ですから，半分言って，もう**気持ちが通じてしまうと，あとは言わない**ということがしょっちゅうありますね。例えば，If-clauseだけ残してあとはバッサリ消してしまう。

　　　　If she were here !
　　　　If I had worked harder !

残った文だけで意味が通じませんか。「もし彼女がここにいればなあ」とか「もっと一生懸命勉強しておいたならなあ」ということですから，動詞の形は明らかに仮定法です。

ですから，願望を表すときに "**If ... !**" （…であればなあ）とか "**If only ... !**" （…でありさえすればなあ）とかの形を使ったりします。**I wish ...**

という場合もこれと同じ気分だと考えればいいのです。

I wish { she were here.
         I had worked harder.

と言ったりします。

したがって願望を表すときの動詞の形の覚え方は，I wish のあとにこれが「過去」のことであったら"過去完了(had p.p.)"(①)がきます。そして「いま～であればいいなあ」という「現在」の願望であれば，あとに"過去形"(②)がきます。それから「未来」の「今後～であってくれればいいなあ」という願望は，通例 will ～の過去形すなわち"would ～"の形を使います。「彼がもうじき来てくれればいいなあ」と言うときは

I wish he would come very soon.

となります。

I wish ... { had p.p. ... （過去への願望）
            過去形 ...   （現在への願望）
            would ～ ...   （未来への願望）

の3通りがあり，その理由も納得できるでしょう。

3. は「過去」への願望ですから，正解は I wish I had known.(○)です。

4. 正しいものを1つ選べ。
ⓐ I wish I have a better watch!
ⓑ If only you phoned me yesterday!
ⓒ If only I knew the answer to the problem.
ⓓ I wish you wouldn't have said such a thing.

これは中央大学の問題ですけど，いま説明したことがわかっていれば，たちどころにわかるはずです。

　　ⓒ If only I knew the answer to the problem. （○）

　（問題の答えを知ってさえいればいいのだがなあ）
だけが正しいですね。そのほかは，次のように動詞の形を直さないと正しい文になりません。

　　ⓐ I wish I had a better watch！

　　（もっと良い時計があればいいのに）

　　ⓑ If only you had phoned me yesterday！

　　（きのう電話してくれればよかったのに）

　　ⓓ I wish you hadn't said such a thing.

　　（あなたはそんなことを言わなければよかったのに）

　もう説明は省略してもよくわかるでしょう。動詞の形がぴんぴんとくるようにしておいてください。

> **5.** He treated me like a three-year-old boy.
> 　（He treated me as if ... で書き換えよ）

　「あいつは私を3歳のガキのように扱った」とあります。これを"as if 〜"の形で書き直すということですね。まず答えを書き込んでしまいましょう。

　　He treated me as if I were a three-year-old boy. （○）

となります。これを were でなくて had been ではないかと迷う人はいませんか。そのへんをもう一言。

He speaks English as if he **were** an American.

（まるでアメリカ人のように英語をしゃべります）

　これにやはり仮定法が使われる理由というのはすぐ理解できますね。"as ... as ～" を使って，

　He speaks English well.

　　→ He speaks English as well as I can.

　　（彼は私と同じくらい英語を上手に話す）

ならば，具体的に「私と同じくらい」だから仮定法を使わなくてもいいのですが，**"as ... as ～" の～の部分に仮定法が来ることがある**わけです。

He speaks English as well
　　　　as he would speak it if he were an American.

と言えば，「もしアメリカ人だとしたら，きっとこのくらいしゃべるだろうに（②の形式），それと同じくらい彼は英語を上手にしゃべる」ということです。

　それで，英語はいつも全部を完全に言ったり書いたりするわけではありませんから，このうち前のほうの as well とか he would speak it などを取ってしまって

> → He speaks English (as well) as
> 　　　(he would speak it) if he were an American.

となるわけです。as if ... の中に仮定法が使われるのも当然ですね。speaks は仮定法でない。as if ... 以下が仮定法です。こうして，

　He speaks English as if he **were** an American.

となるわけです。これを通常は「彼はまるでアメリカ人であるかのよう

に英語を話す」と意味をとっているのです。

"as if ..."の場合は，

> (1) "as if ... 過去形 〜" （〜するかのように）
> (2) "as if ... had p.p. 〜" （〜したかのように）

の2つの動詞の形がありますが，**「(1)は主節の動詞と同時，(2)は主節の動詞より前」**の時を表します。

He speaks English ⎫
He spoke English　⎬ as if he were an American.

の speaks, spoke は主節の動詞，were は仮定法の動詞ですね。ということは，前半と後半とは関係がない。ですから speaks であろうが spoke であろうが，**前半の動詞がどのように時制が変化してもいわゆる「時の一致」のルールにはまったく関係がない**ということはすぐにわかりますね。

それでは 5. の問題文に戻りまして，He treats me 〜. と現在形になっている問題であっても，やはり答えは if I were ... になります。また He treated me 〜. と過去形になっている場合も，if I were ... になり，**仮定法の動詞は主節の動詞の時制とは関係がないわけです。**

He treats me　 ⎫
He treated me ⎬ as if I were a three-year-old boy.

（彼は私を3歳のガキであるかのように ｛扱うんです / 扱ったんだ｝）

$$\left.\begin{array}{l}\text{He }\underline{\text{talks}}\\ \text{He }\underline{\text{talked}}\end{array}\right\} \text{as if he }\textbf{had seen}\text{ her before.}$$

(彼は以前に彼女に会ったことがあるかのように { 話す / 話した })

というように，"as if ..." の中の「過去形と had p.p. の使い分け」をしてください。

---

6. It is about time for her to get married.
 = It is about time she (　　　) married.
 （同じ意味になるように適当な語を入れよ）

「彼女もぼちぼち結婚してもいいころだ」は余計なお世話ですね(笑)。空所には gets(×)ではなく，なんと過去形の **got**(○)が入ります。知らないとちょっと驚くでしょうが，これは

$$\left.\begin{array}{l}\text{"It is (about) time}\\ \text{"It is (high) time}\end{array}\right\} \text{... 過去形 ..."}$$

という形式で，**「本来ならば…してもいいころだ」**の意味を表し，過去形を使うのです。

It's time for us to go to bed.
　= It's time we (　　　) to bed.

「ねえあなた，私たちもうそろそろ寝る時間よ」(笑)の意で，（　　）の中に1語を記入したり，選択したりするのは入試英語の1つの型です。

ここで何も勉強していないと，「あれ？ やさしいな」と簡単に考え，

第17回 仮定法(3)

go を入れて，×になる。そこへいくとみんなはひっかからないで **went** と書き込みますね。これは，「本当はまだ寝ていないけれども，本来ならば寝てもいい時間」という気持ちを表しているわけです。この過去形は厳密には仮定法過去ではないという考え方がありますけど，ここではつけたしとして，"It's time ... **過去形** ... ." という形式を1つ覚えておくのがよい，ただそれだけのことです。

第18回 話法

話法は何のために学ぶのか

　話法(Narration)の転換を文法でやらされるのはなぜでしょうか。そんなこと考えたことはありませんか。

> 1. She said to me, "I arrived here a few days ago."
>   （話法を換えよ）
>   → She told me that _____.

　1.は直接話法で，「彼女は『ここに数日前に着いたのよ』と言った」。よくこれを間接話法に言い換える問題が出ますが，やはり話法の基本的なことを理解しておくのは必要なんですね。なぜ必要かというと，将来みんながいろいろな英文，例えば英字新聞や文学作品を読んだりするときに，**話法がわかっていると，とてもスムーズにそこに書いてある内容が理解できる**わけです。ですからそのための予備にやっているんだと思えばいいわけです。事実，この話法の関係がわかっていると滑らかにスーッと読めます。しかし，それがよくわかっていないと，意味がスムーズにとれなかったりギクシャクした訳し方をしたりしがちです。
　例えば，小説を読んでいて

　　　　　She told him that she didn't love him.

とあると，話法を知っていればすぐに「彼女は彼に向かって『私あなたなんか愛していないわよ』と言った」のだなと意味がとれます。ところ

がその話法がよくわかっていないと，「彼女は彼を愛していなかったと彼に語った」（×）なんてひどいことを考えたりして，スムーズではないということがすぐわかりますね。

He thought to himself that <u>he would marry her</u>.

これを「彼は彼女と結婚するだろうと，彼は密かに考えた」などというとあまり気分が出ないし，意味もはっきりしませんね。話法がわかっていると，ただ文をたどったりはしないで，「『おれはあの娘と結婚してやろう』と彼は密かに考えた」というように，人物や場所や時間がいろいろと入り組んできてもサーッとわかるようになるわけです。

日本語だと直接話法のほうがわかりやすいでしょう。そう，**日本語はどちらかというと「直接」話法的なことばなんです**。まるでその人物になりきってその場に居合わせているかのように，「私あなたなんか愛していないわよ，と彼女は彼に言った」とか「おれはあの娘と結婚しよう，と彼は考えた」とか，自然に直接話法的な言い方をします。ところが，**英語はどちらかというと「間接」話法的なことばと言っていい**。言ったり考えたりしたとおりの言葉をそのまま表す直接話法のほうが少なくて，普通は**内容だけを酌んだ言い方をするんです**。ですからどうしても慣れておかないと困るのです。

そんなわけで，日本人が慣れていない間接話法の言い方になじむために，代名詞がどうなるか，動詞の時制がどうなるかというような基本的な関係を理解しておくことが非常に重要なんですね。

さて，1.へ戻りますと正解は

She told me that she had arrived there a few days before.

となります。here は there に変わり，a few days ago は「（いまから見て）2，3日前」ということですが，「あるとき（過去でも未来でも）の一点か

ら2，3日前に」というときには ago が使えないので，a few days before となります。

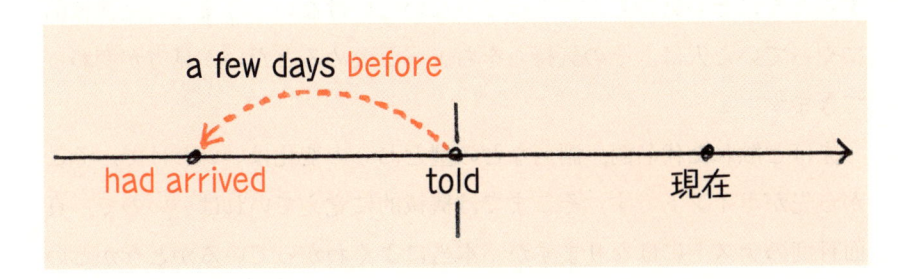

```
          a few days before
      ┌─────────────────┐
      ↓                 │
──────●─────────────────●──────────●──────→
   had arrived         told       現在
```

こういった型どおりのことは，どの文法書をめくっても同じようなことが書いてあります。

 here → there, this → that, ago → before,
 yesterday → the day before (the previous day) （その前日）
 today → that day （その日に）
 tomorrow → the next day (the following day) （その翌日）
 last year → the previous year （その前年）
 next year → the next year (the following year) （その翌年）

などがそれです。ただし，皆さんの中には

 She told me that <u>she had arrived there</u> a few days <u>before</u>.

と上記のルールに基づいて機械的にやった人はいないでしょうか。よく勉強していればできることはできます。しかし，ただ機械的に暗記して代名詞は？ 動詞は？ 副詞は？ と細かくやっていくだけでは人間の注意力には限界がありますから，「あっ，いけねえ」とあとから気がついたりするケースがよくあります。

 こういうのはもっと大きな目で全体の状況をつかんで，根本的なとこ

第18回 話法

ろがよくわかってから，**全体的に意味内容をなるべく正しく伝えようという気持ちで**やるほうが間違えないでできるものです。したがって練習するときにその気持ちがこもっていないといけない。今までただ機械的にやっていた人は，その気持ちをちょっと改めるとだいぶ見方が変わってきます。

　先ほど触れた代名詞，副詞などの型どおりの変化はいいわけで，そこから先がポイントです。そこまでは機械的に覚えていればいいので，真面目度のテストにはなりますが，本当によくわかっているかどうかというときには，次のようにして出題されます。

> 2. Last night I saw her in this room, and she said to me, "Will you come here again tomorrow afternoon?"
> （話法を換えよ）

　「昨夜私はこの部屋で彼女に会うと，彼女は私に向かって『あしたの午後またここへ来(てくれ)ますか』と言った」とある。こういうのは**型どおりではなくて，本当にわかっているかな**という出題ですね。これをひとつも間違えずにサーッと書けたら，かなりよくわかっていると思っていいでしょうね。

　　Last night I saw her in this room, and she asked me if
　　I would come <u>there</u> (×) again <u>the next afternoon</u>. (×)

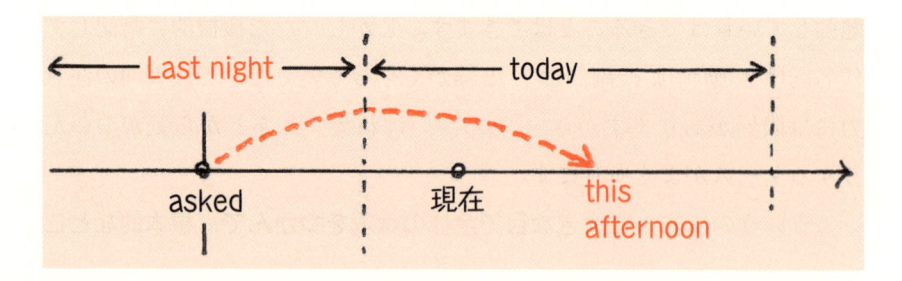

なんてやると，これはまだ本当によくわかっていない人の場合ですね。これではいけないわけです。正しいのは there ではなくて here のままでいいということ。「この部屋で」（in this room）言ったのですから**場所は変わっていないのです**。「ここ」は「ここ」のまま，**機械的に there に変えてはいけない**というのがまずポイントです。もう一つは，「昨日の晩」から見て「明日の午後」というのは「**今日の午後**」と書かなければいけない。「今日の午後」というと today's afternoon という答案が非常に多いけれども，普通は **this** afternoon です。したがって，2. の正解は

　<u>Last night</u> I saw her <u>in this room</u>, and she asked me if I would come here again this afternoon. （○）

これがノーヒントでサラサラとこのとおり書けたら，よくわかっていそうですね。last night とか，yesterday に「言った」とか，状況説明があるときは，機械的に型どおりにはいきませんから，いちばん初めに言った主旨――**内容がいちばんよく伝わるようにするということ**――を頭に置いて言い直せばいいわけです。

　2. のポイントは，**代名詞・時制・副詞に気をつける。ただし機械的ではなくて，状況全体を大づかみしてから**その場合に則して考えないといけないということですね。

話法を換えよ。
3. (a) He said to Mary, "Did you sleep well?"
　(b) He said to me, "What are you doing now?"
4. (a) I said to him, "Don't do that again."
　(b) I said to him, "Take a seat, please."
　(c) He said to her, "Let's go."

短文によって，疑問文・命令文の話法の転換のしかたを確認しましょう。

3. (a)「彼はメアリーに言った。『よく眠った？』」疑問文で**疑問詞がないときは if**（～かどうか）を使います。

→ He asked Mary if she had slept well. （○）

(b)「『いま何やってるの』と彼は私に言った」**疑問詞があるときは疑問詞をそのまま生かす**。now は then になります。

→ He asked me what I was doing then. （○）

4. (a) 命令文の場合は，**"tell ... to ～"**（…に～するように言う）という型を使うのが原則です。否定語は不定詞の直前。

→ I told him not to do that again. （○）

たまに状況しだいで tell 以外の動詞が使われ，
　"order ... to ～"（…に～しろと命令する）
　"advise ... to ～"（…に～するのがいいと忠告する）
もときどき見かけるでしょう。

The doctor said to the patient, "You had better take a rest."
→ The doctor advised the patient to take a rest.

　（医師は患者に休養をとりなさいと忠告した）
がその典型的な例です。

(b) あと命令文で please がついているのがありますが，これはやはり昔からの日本の英文法の慣用で，動詞は ask を使っています。
　"ask ... to ～"（…に～してくださいと頼む）
の型です。ポイントは，命令文は to 不定詞を用いるということ。動詞

の選択はどれを使うと最も意味がよく伝わるか，です。

→ I asked him to take a seat.（○）

(c) あともう一つ，命令文の一種があって，"Let's go." とか "Let's dance." などの "Let's ～ ."（～しましょう）という形ですが，これも昔から型が決まっています。

suggest（または propose）を使って，

"suggest to ... that ...（should）原形"

という型になります。アメリカ英語ではこの should がしばしば取れますから，動詞の原形がすぐくることがあります。

→ He suggested to her that they (should) go.（○）

こういうのは型どおりです。ただみんながよく間違えるところをちょっと言っておきましょう。細かいところなんですが，

{ He said to me, "Let's go." ……①
{ He said to her, "Let's go." ……②

の話法をそれぞれ換えてみた場合，例えば①を

He suggested me that they (should) go.（×）

などは2か所も間違っていて全然ダメです。うろ覚えぐらいだとみんなよくやるんですね。正しいのは，

{ He suggested to me that we (should) go.（○）   ……①
{ He suggested to her that they (should) go.（○） ……②

です。suggest は 2 つ目的語をとれない動詞ですし，「彼と私」を合わせれば we，「彼と彼女」を合わせれば they ですから，それぞれ we, theyとなるというわけです。

　話法というのは，最初に言いましたように，言葉の**内容を別の表現でなるべく正確に伝える**ことが眼目(がんもく)ですから，その気持ちがこもっていないと，こういう細かい点でボロを出してしまうことがおわかりでしょうか。「機械的にやるとだめ，気持ちをこめよ！」と言っておきましょう。

> 話法を換えよ。
> 5. He said, "I love her, but she doesn't love me at all."
> 6. I said to her, "You don't look well. Have you seen the doctor?"

　5.「おれ，あの娘のこと好きなんだけれど，あの娘のほうはおれのことをちっとも愛してくれないんだ」と彼が言ったわけ。よくあることです(笑)。さて，これを言い換える場合，ある1つの要点に，「あっ，あれか」なんて気がつくと正しくできるのですが，**何も気がつかないで，ただグズグズやり出すとちょっと間違える危険を秘めています。**

　　He said that he loved her but she didn't love him at all.（×）
と，よく注意しながらやったつもりで，このようにやりそうです。しかし，これは×にされるわけです。どこがいけないか。

　間接話法は直接言われたことばの内容がなるべく正しく伝わるようにするのが眼目だと言いましたが，それと関係があるわけです。**このままですと意味が違ってしまう可能性があるんです。**5.の問題文は，「おれはあの娘が好きだけど，あの娘はおれのことをちっとも愛してくれないんだ」という内容のことを彼が言ったわけです。ところが書き換えた文はそういう意味にならない可能性があって，

　　He said that he loved her｜but ...
と，ここで一回切れてしまうかもしれない。つまり，「おれは彼女を愛しているんだと彼は言ったのに，しかし，彼女のほうは彼のことなんか

ちっとも愛していなかった」となってしまうかもしれません。
　原文の意味を正しく伝えるためには，

　　He said (that) he loved her but that she didn't love him at all.
　　　　　　　　　　　　　　　　　　　　　　　　　　　　　　　（○）

となり，that を 2 回繰り返して書くとはっきりします。
　まとめますと，quotation mark（引用符）の中が **and** とか **but**，あるいはピリオドで文が切れているときは，**and that 〜とか but that 〜のように 2 度目の that を忘れないように**ということです。
　6. "......" の中に "You don't look well." と "Have you seen the doctor?" の 2 種類の文が出ています。そういう場合は，and でつないで，そのあと**動詞を出し惜しみしないで，必要なだけ使って**，事実が伝わるようにしろということです。

　　I told her that she didn't look well, and asked her if she
　　had seen the doctor.（○）

「具合が悪そうだね，医者に診てもらったの？」は「平叙文と疑問文」だから，and **asked** her if ... のように asked という動詞を出し惜しみしない。もし「命令文と疑問文」の組み合わせなら，"told ... to 〜 and asked ..." のように tell, ask をちゃんと使ってつなぐ，ということです。

　　She said to him, "Don't do that. Are you crazy?"
　　→ She told him not to do that, and asked (him) if he was crazy.
　　（「そんなことしちゃダメよ。あんた頭がおかしいんじゃない？」と彼女は彼に向かって言った）

　5. だの 6. だのは，真中の**つなぎのところで間違えないか**，うっかりしないかと期待して出題していることがわかりますね。ここまでわかっ

ていれば，次のセンター試験問題もすぐできます。

> 同じ意味の文を選べ。
> 7. He says he is busy now, but that he will come later.
>   ⓐ He says, "He is busy now, but he will come later."
>   ⓑ He says, "He is busy now," but he will come later.
>   ⓒ He says, "I am busy now, but I will come later."
>   ⓓ He says, "I am busy now," but he will come later.

but **that** ... の that に目が行きさえすれば,「絶対にごまかされないぞ」と言いながらⓒを選べます。「いま忙しいけどあとで行くよ」と彼が言っているわけです。5. と要点は同じですから，もうこれ以上の説明は蛇足になってしまいますね。

第19回 数の一致

"A and B"は複数とは限らない

まず，いやらしい問題からひとつ。

> Every boy ...
> Every boy and girl ...
> Every boy and every girl ...

とあって，次に来るbe動詞はisかareか。Every boy is ... は常識として，Every boy and girl は？ Every boy and every girl となると――？ ちょっと迷いますね。実は，3つともすべて単数扱い(p.157，ルール11を参照)なのです。

> Agreement is one of those points in grammar which always (confuses / confuse) me.
> (「(数の)一致」は文法のうちでいつも私を困惑させる点の一つだ)

なんていう文も早大で出題されたことがあります(答えはconfuse)。

しかし，「数の一致」は文法のうちで最も簡単なものとも言えます。つまり，**主語(S)が単数か複数かを考えて動詞(V)の形を決めるだけ**です。主語が単数ならば動詞はis, am, has, doesとか，comes, goesのように「3人称・**単数**・現在」のs, -esがつく。単数か複数かということですから，確率としては50%です。あまり力む必要はない。これから言うポイントを押さえておけば確実な得点源になります。

( )内の正しいものを選べ。
1. There (was / were) only a little water in the bottle.
2. Mathematics (is / are) an important branch of learning.
3. Many a boy (has / have) been in the same situation.
4. The rich (is / are) not always happy.
5. The class (was / were) divided on the question.

1. **ルール1** 主語(S)が動詞(V)の前にあるとは限らない。

"V + S"の語順の文では主語(S)をきちんとつきとめること。thereまたは副詞句で文が始まると,

　　　"There ＋ V ＋ S." "副詞句＋ V ＋ S."

というように,動詞(V)よりあとに主語(S)がくることが非常に多い。この場合は,

　　　There was only a little water in the bottle. (○)

　　(びんにはほんの少しの水しか残っていなかった)

only a little water がSであることさえ意識すればキチッとできますね。同じように,

　　　⎧ There seems to be a serious problem.
　　　⎪ (深刻な問題があるように思われる)
　　　⎨
　　　⎪ There seem to be two serious problems.
　　　⎩ (2つ深刻な問題があるように思われる)

も動詞 seem to be のあとの a serious problem と two serious problems に注目します。「どうして seems という複数形になるんですか？」なんて言った人がいましたが,それはとんでもない錯覚ですよ。seems の s

は「3人称・単数・現在」の s ですからね。

　　The door was open, and within the room (　　) several nurses.

　（ドアがあいていて，部屋の中には数人の看護師たちがいた）
の答えは，several nurses（複数）が主語(S)だから **were**。

2.　ルール2　**"～s"が複数扱いとは限らない。**

　英文法の本を開くと，たいていすごい日本語がゴチャゴチャ書いてあるでしょうね。例えば，「国名，学問の名前，病気の名前，時，金額，距離等を表す名詞が，たとえ形は複数形であってもその概念が1つと考えられる場合には，これは単数として扱う」というようなことが書いてあるわけです。それでだいたい頭がおかしくなる（笑）。

　要するに，名詞に s がついて複数形の場合は原則としては複数扱いです。しかし，**たまには単数になることもある**ので，それをよく出題するわけです。

　その一つが，the United State**s**(of America)とか the Netherland**s**(オランダ，Holland)のような国の名ですが，これはあまり **複数の感じはしない**ですよね。それで単数扱いをする。

　　　mathematic**s**（数学），economic**s**（経済学），
　　　politic**s**（政治学），physic**s**（物理学），dynamic**s**（力学）
などのような学問の名前にはだいたい s がついていますが，これも単数扱いをします。あるいは，the measle**s**（はしか）のような病気の名前でも，s がついていても単数扱い。ほかに非常に有名なものとして，**means** は単複同形で，a means（一つの手段）となれば単数扱い。

　　　Ten years (　　) a long period.　（10年は長い期間だ）
　　　Fifty dollars (　　) more than I can pay.
　　　　　　　　（50ドルは私に払えない金額だ）

　　　　Three hundred miles (　　　) a great distance.
　　　　　　（300マイルはたいへんな距離だ）

はすべて **is** が入る。時間・金額・距離の場合も，s がついていても単数の感じで扱うということです。あまり難しくないはずです。自然な感じでできます。

　ただ，みんながときどき混同するのは，

　　　⎰ Ten years **is** a long period.（○）
　　　⎱ Ten years **have** passed since he died.（○）

下の文は「1年たち，2年たち，……10年たった」の感じで，当然，複数扱い。「Ten years は単数」（×）なんてへんな覚え方はしないでください。

3.　**ルール3**　"many a ～"は**単数扱い**。

当然比較されるのが，"many +～s"（複数扱い）ですが，これはあたり前ですから出ません。そこで，

　　　Many a boy **has** been in the same situation.（○）
　　　= Many boys **have** been in the same situation.（○）
　　　（多くの少年たちが同じ状況に置かれてきた）

ただ，"many a ～"はかなり格式ばった言い方で実際に使われることはきわめて少ないと心得ておいてください。

4.　**ルール4**　"the ＋形容詞"は**単数扱いと複数扱いの2通り**ある。

これは得意にしている人が多いですね。昔からあるやつで，古典的な問題です。

　　　⎰ the rich ＝ rich people（金持ちの人びと）→ 複数
　　　⎱ the beautiful ＝ beauty（美）→ 単数

「～な人びと」ならば複数扱い，「真・善・美」のように抽象名詞の意味ならば単数扱いです。

5. **ルール5** "集合名詞"も意味によって単・複がある。

   The class were [(米) was] divided on the question. (○)

となりますが，

     This class is comparatively large.

 （このクラスは比較的，大人数だ）
なら単数扱いになります。上の文のように，「クラスの人たちはその問題に関して，それぞれ意見が分かれた」という場合は，アメリカ英語では単数扱いをすることもよくあるものの，ひとりひとりを頭に浮かべているので複数扱いが原則です。ほかに，

   family（家族），crew（乗組員），committee（委員会）

などにも要注意。

   ⎧ Mine is a large family. = My family is large.
   ⎨ （うちは大家族だ）
   ⎪ My family are all early risers.
   ⎩ （うちの家族はみんな早起きだ）
   ⎧ The committee consists of six members.
   ⎨ （委員会は6人の委員から成り立っている）
   ⎪ The committee were divided in opinion.
   ⎩ （委員会[の人たち]は意見が分かれた）

 そういうわけで，集合名詞を単数扱いにするか複数扱いにするかは，その文章によって判断するということです。

> 6. (a) The number of cars (is / are) increasing with the years.
>   (b) A large number of people (was / were) drowned.
> 7. The great poet and novelist (is / are) coming to Japan next month.

6. **ルール6** "A of B"の形は意味で判断する。

　(a) The number of cars is increasing with the years.
　　（年々，車の数が増加している）
　(b) A large number of people were drowned.
　　（多くの人びとが溺れた）

前者は the number が主語(S)，後者は people（人びと）が主語(S)。"A [of B]"か"[A of] B"かを意味によって決めるわけで，この2つの可能性があります。

7. **ルール7** "A and B"はいつも複数とは限らない。

「偉大な詩人でありかつ小説家である人物」は一人ですから，答えは is coming ... です。これは有名ですね。"A and B"の形は通例は複数扱いです。これはあたり前ですからあまり問題として出ない。ところがよく出るのが，**andで結ばれていながら単数として扱う場合**です。要するに単数の意味が明らかなときです。

　　　　toast and butter（バターをぬったトースト）
　　　　a needle and thread（糸つきの針 / 針つきの糸）
　　　　a watch and chain（鎖つきの時計）

などは単数扱い。こういうのは短文問題の数が多い私立大ではまとめて出ることもよくあります。

Coke and grape juice *makes* a good drink.

（コーラにグレープ・ジュースを混ぜるといい飲み物になる）なんて，変な飲み物の問題文を見かけたことがあります（笑）。「本当かね」と言いたくなりますね。

ある本で「"the A and B"は単数，"the A and the B"は複数」（△）としてあるのがありますが，それはどうでしょうか。例えば，

$$\begin{cases} \underline{\text{the}} \text{ poet and statesman}（詩人であり政治家である人）\\ \underline{\text{the}} \text{ poet and } \underline{\text{the}} \text{ statesman}（詩人と政治家）\end{cases}$$

で，上は the が1つで単数，下は the が2つで複数というわけ。そこまでは合っています。でも，それを型で覚えてはいけませんよ。

the king and queen（国王と女王）
the man and wife（夫婦）

は両方とももちろん複数扱い。「国王であり，かつ女王でもある人」「夫であり妻でもある人」なんてありっこないですよね（笑）。

型ではなく，意味または単・複の感じで判断するのです。常識も大事です。

---

8. Either he or I (is / am / are) responsible for this error.
9. Not only he but also I (is / am / are) ready to help you.
10. The general with his ten thousand soldiers (was / were) captured.

---

8. ルール8　**"A or B"は動詞に近いほうによって決まる。**

Either he or I *am* responsible for this error.（○）

(彼か私のどちらかにこの誤りの責任がある)

動詞に近いほうは he ではなく I だから am でいいわけですね。

(　　) he or you coming ?

は Is he ...? で **Is** ですね。そこで，「動詞に近いほうによって決まる」と言ったわけです。

　"A or B" "either A or B" "neither A nor B"
のどれにも，このルールが当てはまります。

9. ルール9　"not only A but also B"（= B as well as A）は B によって決まる。

　Not only he but also I **am** ready to help you.（○）

(彼ばかりか私も喜んでお手伝いします)

10. ルール10　"B (together) with A" "B as well as A" は B によって決まる。

B as well as A「A ばかりでなく B も」の場合は，as well as A を頭の中で [　] でくくって取ってしまい，B によって決めるということです。

The general [with his ten thousand soldiers] was captured.（○）

(1 万人の兵士を引き連れた将軍が捕えられた)
は，いかにも大げさな問題文ですね(笑)。

　A lovely girl [with her little brother] **has** come to see me.

くらいなら，her little brother を無視して a lovely girl のほうだけに目をつけることになります(笑)。

11. Neither of the answers you gave (was / were) satisfactory.
12. She is one of the few girls who (has / have) passed the examination.

11. **ルール11** each, every, either, neither は単数扱い。

　　Neither of the answers you gave was satisfactory.（○）

（あなたの答えはどっちも満足のいくものではなかった）

each, every, either, neither はいつでも単数扱い。both は複数扱い，all は意味による，と覚えていいでしょう。no one（単数扱い），none（複数扱い）は例外も多いので，あまり問題にはしません。

12. **ルール12** 関係代名詞の直後の動詞は先行詞の単・複による。

　　She is one of the few girls [who have passed ……]（○）

（彼女は試験に合格した数少ない女の子のひとりだ）
の場合は，先行詞が the few girls。

　　She is the only one in the group
　　　　　　who **has** passed the examination.

（彼女はグループのうちで試験に合格したただひとりだ）
の場合は，先行詞は the only one で単数扱いですから has を使います。大丈夫ですね。関係代名詞のあとの単・複の区別は，正しい先行詞が探せればできるわけです。

初めにあげた例文の

> Agreement is one of those points in grammar which always **confuse** me.

で，confuses ではなく confuse のほうを選ぶ理由もわかりますね。which の先行詞が grammar（単数）ではなく points（複数）だからです。

> It's you, Jack, who **are** to blame.

（ねえジャック，悪いのは君だよ）
は You are to blame. の強調構文。「悪いのは僕だ」でしたら，It's I who **am** to blame. となります。

以上が，「数の一致」についてのキー・ポイントです。これらがわかっていればみんなできます。**これ以外は出ません。いくら難しい問題を考えて出そうとしてもそんなに出せない**。ただ，せいぜい出せるのは，主語と動詞をうんと遠くに切り離した悪文で，それだと主語がわからなくてできないということがあるかもしれませんね。しかし，

> Many of the current international problems we are now facing are ...

（いま私たちが直面している最新の国際問題の多くは……）
くらいの文なら問題ないはずです。絶対の自信をつけておいてください。

第20回 不定詞(1)

"for ... to ～"は軽視できない

　不定詞(Infinitive)の「意味上の主語」という言い方でみんなが習ってきていますが，英語には"for ... to ～"という形があります。そのときに，いつも気軽に"for ..."の部分を「…にとって」とか「…のために」とか考えるのはあまりよくないということです。前にネクサス(nexus)という語を用いましたが(→ p.31)，**"for ... to ～"は「…が～する」「…が～である」**というネクサスが入る典型的な形なんです。これをはっきりと意識しないで済ませてきた人は，文章が易しいか短いかということで済んできただけです。

　例えば，次のように短い文ですと，

　　　　　It is easy **for** you **to** read this book.
　　　　　= This book is easy **for** you **to** read.

　「この本を読むのはあなたにとってやさしい」(△)
　「この本はあなたにとって読むのがやさしい」(△)
とかやっても，なんとか意味が通じることは通じます。ですから"for ... to ～"という形を軽く見てしまう人がずいぶんいるんですが，**そういうのはあまりよくない，これからはよしなさい**と言っているわけです。

　試しに，次の3つの文の意味をさっととってみてごらんなさい。

> 1. I have nothing for you to read.
> 2. I stepped aside for her to pass.
> 3. We left some wine in the room for the couple to drink.

どうでしょう，きちっと決まりますか。

 1.「読むあなたのための物は何もない」（×）
 2.「私は通る彼女のために横へどいた」（×）
 3.「飲める夫婦のためにと思って，私たちは部屋にワインをいくらか残しておいた」（×）

なんてやっていてはダメですね。

単純なんですが，"for ... to ～" に含まれる「…が～する」という**ネクサス**がわかっていないといけない。そういう発想さえしっかり身についていれば，

 1.「あなたが読むような物は何もありませんよ」（○）
 2.「彼女が通れるように，私は横へどいてあげた」（○）
 3.「その夫婦が飲めるようにと思って，私たちは部屋にワインをいくらか残しておいてあげた」（○）

とすらすら意味がとれて気分もさっぱりします。何でもないのですが，**「…が～する」**というネクサスの発想がない人がいる。

ゴチャゴチャと単語が並んでいても，結局，**英語の意味をとるということは「何がどうだ」「何がどうする」を読みとるということです。ですからネクサスがわかってくると英語が非常によくわかってくるわけです。**ところがそれをやらないで，従来のようにただ一語一語をたどって適当にやっていると，やはり英語が本当にわからないままということになってしまいます。したがって，これは非常に重要な点なのです。ここ

で心からそういう気持ちになってもらうために，もう1つだけ例をあげてみましょう。

It's easy **for** you **to** go there.

を「そこへ行くのはあなたにとってやさしい」（△）とやっていた人もいるでしょうが，そういうのはよしたほうがいいというわけです。これは「君がそこへ行くのは簡単だよ」のほうがいい。なぜか。この文だとどちらでもいいみたいな気がするでしょうけれども，これをちょっと変化させてみます。例えば，

> It's easi<u>er</u> for you to go there <u>than it would be for her to come here</u>.

としたとします。そうすると，やはり正しい考え方をしていないと，このぐらいの構文でも，もうおかしくなりますね。つまり，最初に悪いやり方をしてみますと，"it ... to 〜"を見て，

「ここへ来ることは彼女にとってやさしいであろうよりも，そこへ行くことはあなたにとってはよりやさしい」（!?）（×）

なんてやる。「あれ!? よくわかんないぞ，もう1回やるか」（笑）なあんて言って，もう1回うしろのほうからたどり出す。「やっぱりよくわかんないけど，わかるような気もする……」といった程度のどうどうめぐりになってしまいます。

入試の英文読解問題ですと，もう少し難しい単語が"for ... to 〜"のところに入ってくるでしょうね。そのときにまた同じようにうしろのほうからたどり出したりすると，頭の中はもうメチャクチャになります。正しいのは

第20回 不定詞(1)

「彼女**が**ここへ来るよりも，あなた**が**あちらへ出かけるほうが簡単だよ」（○）

となります。ですから，「…にとって」なんてやっていると，**短い文ならいいですけれど，少し文が長くなるとダメになります。**今度こそ，"for ... to ～"「…が～する」という考え方ができないといけないことが納得できましたね。

---

4. (　　　) you to be delayed would be fatal.

（適当な語を入れよ）

5. We waited
- ⓐ him to turn up.
- ⓑ for him to turn up.
- ⓒ his turning up.
- ⓓ for his turn up.

（正しいものを選べ）

---

4. は **For** を記入して

「あなた**が**遅れることは致命的になるだろうに」（○）

（＝ If you were delayed, it would be fatal.）

と意味をとるのが正しい考え方で，「あなたに・と・っ・て・」はどうしても通用しません。

5. ここでは **"wait for ... to ～"**（…が～するのを待つ）という形を覚えましょう。wait <u>for</u> the train <u>to</u> come といえば「列車**が**来るのを待つ」，この要領です。この文では

We waited for him to turn up. （○）

「彼**が**ひょっ・こ・り・現れるのを待っていた」

が正しい。「現れる彼を待つ」（×）はダメです。

> 6. The time has come for all men to become conscious of the part they can and must play in life.（意味は？）

　今度は読解問題の例ですが，すらすらっと意味がとれますか。
　The time has come for all men to ～.
という文をどう読むか，それが問題ですね。
　「すべての人にとって～するために時間が来た」（×）
はダメです。"for ... to ～" を意識していません。感覚のすぐれた人は，
"for ... to ～"「…が～する」という形にぴーんと反応して，

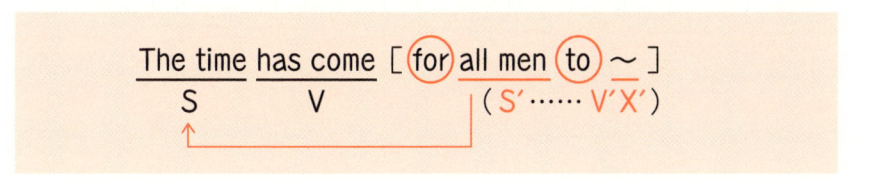

```
The time has come [ for all men to ～ ]
   S       V        ( S′ …… V′X′ )
```

「すべての人たちが～すべき時がやってきた」（○）
という骨組みがわかる。そして，全体的に
　　「すべての人たち**が**人生で果たすことができ，また果たさなけれ
　　ばならない役割を意識**すべき**時がやって来た」（○）
という意味がすっきりとれるでしょう。
　"for ... to ～" という形の中にひそんでいる "S′ + V′X′"（…が～する）
というネクサスをつかむことは読解，特に速読の場合もきわめて大事だ
とわかると思います。
　つい先日も次のような文を読んでいたところ，

　　A woman had scarcity value. She could choose her husband
　　from among the four or five men who wanted her. <u>It was easy for
　　a woman to marry the man she truly loved.</u>……

「女性は希少価値があって，結婚を望む男性4人か5人のうちから結婚相手を選ぶことができた」に続く下線部で迷っちゃっている人がいましたが，こんなところでちゅうちょするのは，お粗末ですよね。

It was easy / for a woman to marry 〜．
S　V　　C　　（ S'………… V'X' ）

という骨組みですから，

　「女性が本当に愛する男と結婚するのは容易だった」（○）
と間髪を入れずにひと目で意味がとれなければお話になりません。

第21回 不定詞(2)

"it ... to 〜"構文の話

"it ... to 〜"の構文では，**"It is ... for ... to 〜."** となる場合と，**"It is ... of ... to 〜."** となる場合とがあります。前置詞が **for** か **of** か迷ったことはないでしょうか。そのあたりからはっきりさせることにしましょう。

(a)と(b)とがほぼ同じ意味になるように，適当な語を入れよ。
1. (a) It is natural that he should think that way.
   (b) It is natural (　　) (　　) to think that way.
2. (a) She was kind enough to show me her cherished pictures.
   (b) It was (　　) (　　) her to show me her cherished pictures.

1.「彼がそんなふうに考えるのは当然だ」の意で，"it ... to 〜."に言い換える場合，「彼が」というのをどう表すか。これは for him という形で表します。

　　　　It is natural for him to think that way.（○）

となります。**"It is ... for ... to 〜."** という形式です。ところが，2. は「彼女は親切にも，大事にしている絵（または写真）を私に見せてくれた」の意で，こちらは

165

It was kind of her to show me her cherished pictures.（○）

という **"It is ... of ... to ～."** という形式になります。

　これはどうやって区別しているのでしょう。だいたい，これは反応のしかたがぜんぜん違いますね。1. のほうは，「It は for ... to ～をさしているな」という反応で「**…が～する**のは当然だ」と考える。

　　　　It is natural for ... to ～.

ところが，2. のほうはそういう感じではなくて，**「彼女が親切」**（＝ She was kind ...）という関係が成り立ちます。

　　　　It was kind of her to ～.
　　　　（＝ She was kind enough to ～.）

kind of her の kind と her との結びつきが強いのです。

　　　　It was **careless of you** to forget it.

　（そんなことを忘れるなんて，**きみは不注意**だったよ）
の場合も，careless of you の結びつきが強く，

　　　　You were careless to forget it.

と言えるでしょう。このように**「人間」を主語にして言えるような形容詞のときに前置詞は for** でなく **of** が使われて，"It is ... of ... to ～." の形式になるのです。

　kind や careless は He is kind. とか You are careless.（**あんたは不注意だ**）と言える。そう考えればいいのです。あとは形容詞がいろいろと出てきますが，これで for と of との区別ができます。

(ⅰ) It is possible (　　) him to do so.

　　It is necessary (　　) him to see her.

　　It is natural (　　) her to get angry.

　　It is hard (　　) him to do it by himself.

(ⅱ) It was foolish (　　) you to forget it.

　　It is stupid (　　) you to do such a thing.

　　It is cruel (　　) her to treat her child that way.

　　It is thoughtless (　　) him to say so.

といろいろありますが，(ⅰ)は **for**，(ⅱ)は **of** です。

　It is necessary **for** him ...（○）

　It is possible **for** him ...（○）

というのは

　<u>He is</u> necessary ...（×）

　<u>He is</u> possible ...（×）

とはなりません。それに対して

　<u>You are</u> foolish.「おまえはばかだ」（○）

　<u>You are</u> stupid.「おまえはまぬけだ」（○）

なんていうのは，しょっちゅう言ってるでしょう？（笑）

　<u>She is</u> cruel.（○）

　<u>He is</u> thoughtless.（○）

「あの女は残酷だ，むごい」とか「あいつは考えが足りない，思いやりがない」とかも同じです。そういうことで判断するのです。

　　　How kind[good / nice] of you to help me!

　（手伝ってくださるとはご親切さま）

は "it is ... of ... to 〜" の it is が省略された形で，口語ではよく使われま

すので，口ずさんで慣れておくとよいでしょう。

> 適当な語を選んで空所に入れよ。
> 3. I had no difficulty in finding his new house.
>   = It was quite (　)(　)(　)(　) find his new house.
>   ⓐ easy　ⓑ easily　ⓒ to　ⓓ I　ⓔ me　ⓕ for
>   ⓖ with
> 4. It is heartless (　) him to say such a thing to the sick man.
>   ⓐ of　ⓑ on　ⓒ in　ⓓ about　ⓔ with
> 5. It is (　)(　)(　)(　)(　) take so much trouble.
>   ⓐ extremely　ⓑ you　ⓒ to　ⓓ good　ⓔ of

　センター試験，早大，法政大の問題ですが，類題はいくらでもあります。でも，もうとんとんと正解できると思います。

　3.「彼の新しい家を見つけるのに苦労しなかった」を「…を見つけるのはまったく容易だった」に言い換えるのですから，

　　It was quite easy for me to find his new house.（○）

ですね。答えはⓐⓕⓔⓒ。もちろん with なんて使いません。

　4.「その病人にあんなことを言うなんてあいつは冷酷だ」。今度はすぐ He is heartless.（あいつは冷酷だ）という言い方が可能だ，とぴーんと来ますから，ⓐ of が正解です。

　5. は選択肢を見て，「そんなにお骨折りをいただいて本当にありがとう」，つまり「あなたはとても親切ですね」という文にするのだな，と見当がつきますね。

It is extremely good of you to take so much trouble. （○）
（＝ You are extremely good to take so much trouble.）

という文がすらすらと浮かんで，答えはⓐⓓⓔⓑⓒでした。

> 6. We don't think (　　) proper for you to say such a thing.
> 　（適当な語を選べ）
> 　　ⓐ too　　ⓑ it　　ⓒ very　　ⓓ quite
> 7. He is rich ; he does not know what (　　) is like to be poor.
> 　「彼は金持ちで，貧乏の味を知らない」　（適当な語を入れよ）

6. We don't think it proper for you to ～. （○）
　　S　　V　　O　C

SVOC という第5文型（→ p.29 ～ 36）です。O と C（つまり，it と proper）の部分に「…が～である」というネクサスを含むことは大丈夫ですね。そして，We don't think it proper の **it が for you to ～を指す形式目的語**であることをはっきり意識して「あなたがそんなことを言うなんて（ことは）適切ではないと思いますよ」となって，ⓑ it を入れます。

　We don't think that it is proper for you to say such a thing.
と同じ意味。今度の it は for you to ～をさす形式主語です。

　そういうわけで，形式目的語とか形式主語とか言われている it で，"it … for … to ～"の形式はあたり前と思っていますね。みんなが**かえって知りすぎているために間違えてることすらあります**。

　　　　It is hard for students to believe, but …
という文は，It が but … の内容をばくぜんと指す it で，形式主語では

169

ありません。for ... to ～はhard（形容詞）を修飾する副詞用法の不定詞（→p.178）ですから,

It is hard for students to believe, but ...
S　V　C

「こんなことを言うと学生たちには信じがたいかもしれないが, しかし……」（○）

という言い方です。それなのに, "It is hard for ... to ～"の形だけを見て「あっ, 形式主語のitだな」なんて考えて

「学生たちが何かを信じることは難しいが, しかし……」（×）

などと翻訳してる本がありました。"It ... for ... to ～."を見慣れているための誤訳でしょうが, ひどい間違いですね。何でもかんでもitとto～とを無理やり結びつけるわけにはいきません。

　7. は, 文法の問題として何回も見かけている平凡な問題です。同じ文で何回も繰り返し出されています。

He is rich; he doesn't know what (　　　) is like to be poor.

答えはitです。「itかな？」ではなくて, はっきりとitです。

…… what it is like to be poor （○）

（貧乏である**ということがどのようなものであるか**）

の部分が, よくわかればいいわけです。itは形式主語で to be poor という不定詞をうけているのですが, **このitをごまかしてはいけません。** what it is like で切れて, to be poor を it のところに当てる。「彼は金持

ちだから，貧乏であるということがどのようなものであるかわかっていない」という意味になるわけです。**"it ... to ～"を明確に意識すること**です。

"it ... to ～"の形式のうち平凡なものはみんなできます。しかし，普通の大学受験生で，**"it ... to ～"が見抜きにくいというのが 2 つだけあります**ので注意が必要です。つまり，

(ⅰ) 疑問詞の直後の"it ... to ～"
(ⅱ) 関係代名詞節の中の"it ... to ～"

となると，かなり見抜けない人が出てきます。この 2 つのケースでは受験生がよく間違えます。できる人のほうが少なくなります。

(ⅰ) **It** is easy **to** see what a mean thing **it** is **to** be selfish.

（利己的であることがどんなにいやしいものであるかは理解しやすい）

はまだ理解しやすいでしょうが，

> It gave me a stinging sense of what it was to want and not to have.

（それは私に，**手に入れたいと思いながらそれが持てないということがどんなものであるか**という胸に突きささるような感じを与えた）

となると **what** の直後の"it ... to ～"が見抜きにくいでしょう。

次は早大に出たことのある文ですが，下線部はすらすらと意味がとれますか。

The kind of truth a writer explores is the truth about human life, what it is like to be a human being.

「作家の探る種類の真実とは，人間生活，つまり，**人間であるということがどのようなことであるか**ということについての真実である」

what の直後が "it ... to ～" の構文であることに気がつきさえすればできるわけです。

…… what it is like to be a human being

(ii) **関係詞節の中の "it ... to ～" が見抜けない**，そういう例も多いですよ。結局は東大へ入った優秀な学生でしたが，

> He did for her whatever **it** was in his power **to** do.

(彼は彼女のためなら自分にできることは何でもやった)

という文の「it は必要なのでしょうか。it がなければわかるような気がしますが…」と質問したことがあります。皆さんはどう思いますか。

　　　…… whatever it was in his power to do.
　　　(= …… anything that it was in his power to do.)

の it はもちろん必要です。"it ... to ～" の構文で，「(それを)行うことが彼の能力で十分できるようなことは何でも」の意味。この it は to do を指していて，whatever (anything that の that) は目的格の関係代名詞で，do の目的語にあたる働きをしているわけです。

We feel especially happy when we are accomplishing **what it was in us to achieve**.
　　（私たちは，達成したいと心の中で思っていたことを達成しつつあるときに，特に幸福だと感じる）

の it も to achieve と関連する"it ... to ～"の構文なのですが，メチャクチャな説明がなされている問題集を見たことがあります。「it はばくぜんと事情を指し…」なんて書いてありますが，ちっともばくぜんとなんかしてません(笑)。難しいかもしれませんが，よく考えてごらんなさい。
　"it ... to ～"の話はこれぐらいで切り上げましょう。

第22回 不定詞(3)

形容詞・副詞的用法の不定詞

I'd like something cold **to drink**.
（何か冷たい飲物がほしいのですが）

I'd like something for my children **to read**.
（うちの子供たちが読むものがほしいのですが）

といった文の不定詞はどうでしょうか。こういうように直前の名詞（代名詞）を修飾するのが「形容詞的用法」というわけで，ここまではみんなよくわかっていますね。

ところが，それじゃ次の項目へと言ってすませてしまうとダメなわけで，まずここに重要点の一つが現れます。

誤りを正せ。
1. I have no friend to talk about the matter.
2. I looked for a place to sleep.

こういう文を見て，すぐおかしいなとわかるように基本へ立ち戻って考えてみましょう。

 I have no book **to read**. (○) ………①

（私には読む本がない）

これは正しい文です。しかし，単語をちょっと変えてみて，

  I have no chair to sit. (×)　…………②

 （私にはすわるいすがない）

とやりますと，この文は×になります。すぐ気がつきますか。

  I have no paper to write. (×)　………③

 （私には書く紙がない）

も典型的な間違いになります。

 とにかく，見かけだけで，「読む本がない」，「すわるいすがない」，「書く紙がない」，「問題について話し合う友人がいない」，「眠る場所」，などを適当にやっているとよくわかりませんね。

 そこで何が重要かというと，**形容詞的用法の不定詞では，その動詞とそれが修飾している名詞との関係をチラッと考える**ということです。①の read と book を考えてみますと，

  I have no book to read.

の場合は，「本を読む」のは read a book と言えますから，

  I have no book to read. (○)
  (= I have no book that I can read.)

でいいわけです。ところが②の chair と sit との関係を考えてみると，chair が sit するわけでもないし，sit a chair(×)というのも変な英語になるわけです。sit は自動詞ですから，「いすにすわる」は sit on a chair(大きないすにゆったりすわるのなら sit in a chair)と on(または in)という前置詞が必要です。そこで，

> I have no chair to sit. (×)
>
> I have no chair to sit on. (○)

のように，不定詞の末尾に on (または in) という**前置詞がどうしても必要なのです**。

③も「紙に書く」は write **on** paper ですから，

> I have no paper to write. (×)
>
> I have no paper to write on. (○)

の○と×との区別は明らかですね。以下，この原理はまったく同じです。

   1. I have no friend to talk about the matter. (×)

（私にはその問題について話し合う友人がいない）

の「間違いを正せ」とか，あるいは配列問題で「正しい順序に直せ（ただし欠けている語が一つある）」とかいう問題がよく出ていますが，すぐに talk about the matter **with** a friend を思い浮かべて，

> I have no friend to talk about the matter with. (○)

と文尾に with を補います。

   2. I looked for a place to sleep. (×)

（私は眠るための場所を探した）

というのも典型的な間違いです。「眠る」のと「場所」との関係は，sleep a place (×) はまずい。もちろん sleep **in** a place ですから

> I looked for a place to sleep in. (○)

となって，この in がどうしても必要です。

　そういうわけで，**形容詞的用法の不定詞では，結局，文尾に前置詞が必要な場合がある**と意識していなければいけないことがわかりますね。

　みんながたいてい最初に習うのが

I have no house **to live in**. (○)

（私には住む家がない）

ですね。これも同じことで live **in** a house でないと意味をなさないわけです。実際の入試から例をあげても，こういうのはありきたりの問題ですから，いくらでも例があるわけです。例えば「私には書く紙がない」

I have no paper to write **on**. (○)

となる。「私には拭く紙がない」はまだ一度も出たことはありませんが（笑），「私は書く鉛筆がない」となると，I have no pencil to write **with**. (○)となります。

　あとは単語だけ変えて出すだけですから大丈夫ですね。次の2題もたちどころにできなければいけません。

適当なものを選べ。
3. He has a sufficient income (　　).
　ⓐ to live　ⓑ to live on　ⓒ to live by　ⓓ to live with
4. To us, school was a place (　　) as soon as possible.
　ⓐ to escape　ⓑ to go out
　ⓒ to run away　ⓓ to get away from

　3.「彼には生きていけるだけの収入がある」の意。live **on** ～（～に頼って生きていく）だから，ⓑ **to live on** です。

4.「私たちにとって，学校はなるべく早く逃げだしたい場所だった」ということですね。ⓐ ⓑ ⓒ もいちおう「逃げる，逃げ出す」という意味ですけど，それぞれ to escape **from**, to go out **of**, to run away **from** でないと英語として正しくないことがすぐ見抜けるようになりましたね。正解は，get away **from** a place をチラッと思い浮かべて，ⓓ **to get away from** です。とにかく形容詞的用法の不定詞といったら，おしまいに前置詞が必要なことがあるということですね。これを今回の第一の要点とします。

---

5. It is dangerous to swim in this river.
　　（This river is ... で始まる文に）

　副詞的用法の不定詞のうちには，それが動詞を修飾するのではなく，**直前の形容詞を修飾する**用法があります。

　　This book is hard **to read**.（この本は読みにくい）
　　 S　　V　 C

　　That rule is not easy **to remember**.（その規則は覚えにくい）
　　 S　　 V　　　 C

などがそれです。
　これは"it ... to 〜"の構文との関連で理解するのがいちばんわかりやすいですね。
　　It is hard to read this book.（この本を読むのは難しい）
という"it ... to 〜"の文を this book を主語にして言い換えますと，これは「この本は読みにくい」となりますから，

　　→ This book is hard **to read**.（○）

という形ができます。これはいちばん単純な文です。同じように

>It is not easy to remember that rule.
>→ That rule is not easy to remember. (○)

という関係があります。ここまでが，5.の土台にあたります。

5. まったく同じ要領で，「この川で泳ぐのは危険だ」を this river を主語にして「この川は泳ぐのには危険だ」と言い換えると，

>→ This river is dangerous to swim in. (○) ……①

となり，**文尾の in を落としてはいけない**という点が急所になります。この種の言い換えは，あとは単語だけ変えてよくあります。

>It is dangerous for children to play with matches.

の matches を主語にすると「マッチは，子供たちがそれで遊ぶのに危険だ」という文になりますから，答えは

>→ Matches are dangerous for children to play with. ……②

で，やはり**文尾の with を落とさない**ことが急所です。

>It is hard to get along with him. (He ......)

を he を主語にして書き直せというのですが，「彼とつき合っていくのは難しい」が「彼はつき合いにくい男だ」となりますね。

>→ He is hard to get along with. ……③

どうでしょう，①②③という文の形が頭に固定してきたでしょうか。この形はしょっちゅうあることに気がつくでしょうね。

「この家は住むのに快適だ」

　　　This house is comfortable **to live in**.　……④

「これは見た目に気持ちがいい」

　　　This is very nice **to look at**.　……⑤

　①〜⑤のパターンを頭の中に作っておくといいですね。これらは形容詞を修飾する不定詞ということです。

　あとで"too ... to 〜"の構文が出てきますが，それについてはそこで話すことにして，「〜するには若すぎる」とか「〜するには難しすぎる」となるだけで，同じ感覚で理解できます。

　　　Young ladies are difficult **to manage**.

「若い女性は扱いにくい」

に too がつけば，

　Young ladies are **too** difficult **to manage**.
　「若い女性は扱うのには難しすぎる／なかなか手に負えない」

まったくですね(笑)。もちろん冗談ですよ。私が若い女性が大好きでこの上なく敬愛していることは，みんなにはもうよくわかってもらえてると思います(笑)。

---

6. The books which are on that list will be difficult to (　　　).
　（適当なものを選べ）
　　ⓐ read them in an hour or so　　ⓑ obtain in Japan
　　ⓒ sleep while reading　　ⓓ write a review

これは慶大の問題です。「そのリストに載っている書物は〜だろう」の〜の部分として適切なものはどれか。「1，2時間で読むのはむずかしいだろう」，「日本では手に入れにくいだろう」，「読みながら寝るのはむずかしいだろう」，「批評を書くのはむずかしいだろう」と意味だけ考えていくと，「あれっ，みんな意味が通じるじゃないか，…」となってしまいますね。

　しかし，It will be difficult to obtain the books … のように，"it … to 〜"との関連をちょっと考えてみれば，ⓑ**だけが正しい**ことが理解できるはずです。ⓐは them が不要。ⓒは sleep the books(×)はありえない。ⓓは write a review **on** the books「それらの本について批評を書く」のですから，

　　　…… will be difficult to write a review on.（○）

というように末尾に前置詞が必要なのでした。

第23回 不定詞(4)

「結果」を表す不定詞のよくあるパターン

　昔から英文法と言えば，不定詞の副詞的用法として，たいていは次のような陳腐(ちんぷ)な例文が並べてあります。

　1. We left the room to talk freely.　　　　　　　　　（目的）
　2. I am sorry to trouble you.　　　　　　　　　　　　（原因）
　3. How careless of you to make such a mistake!　　　（理由）
　4. I awoke to find myself on the bench.　　　　　　 （結果）
　5. To hear him speak French, you would take him for a Frenchman.
　　　　　　　　　　　　　　　　　　　　　　　　　　（条件）

　こういうのはよく見慣れているはずで，特に目新しいことはありません。ただ，1.2.3.は口語でもよく使いますが，4.5.は文語的です。このうち **4.だけは気がつかないと英文を読むとき致命的になりかねませんから，これだけは重要**と言えます。あとはちょっと用法をチェックしておくだけでいいでしょう。

　1. これは「話し合うために」「話し合うように」という「目的」を表す不定詞で，いちばん平凡なヤツです。

　2. これは感情の「原因」を表す不定詞で「あなたにご迷惑をおかけしてすみません」という例。「〜して残念」(be sorry)，「〜して驚く」(be surprised)，「〜してうれしい」(be happy / glad)，「〜して喜ぶ」(be delighted)，「〜してがっかりする」(be disappointed)など，感情を表す言葉の直後に使う"to 〜"は，感情の原因を表します。これは頻繁に

使います。

3. も平凡ですが，2. との区別に注意。2. は感情の原因ですが，3. は通例，判断の「理由」を表します。「そんな間違いを犯すとは，あなたはなんて不注意なんだろう」など，**「〜するなんて」，「〜するとは」**に続いて何か判断を下すわけです。

5. これは「条件・仮定」を表す不定詞で「〜すれば」と，if-clause で言い換えられるわけです。If you heard him speak in French, 〜. 「彼がフランス語を話すのを聞けば〜」というありきたりの例文です。

最後に残した 4. は**「結果」を表す不定詞**なんですね。これは万一気がつかないとアウトになるから，ちょっと取り上げましょう。「awoke（目をさました）の結果が to find（気づく）」と考えて，前から後へ意味をとる用法です。

> I awoke to find myself on the bench.
> = I awoke and found myself on the bench.

（私は**目をさましてみるとベンチの上にいるのに気づいた**）

何のことはない。「…を発見するために」では意味をなさないから，そういうときは**前から後へと意味をとる**というだけのことです。ただ英文を見て，あるいは文法問題を見てピーンとこの用法が浮かぶようにするためには，**どういう形で「結果」を表す不定詞というのが表れやすいか**だけは，がっちり押さえておく必要があります。

(a)(b)がほぼ同じ意味になるように適当な語を入れよ。
1. (a) My grandmother lived till she was ninety-five.
   (b) My grandmother lived (　　　) (　　　) ninety-five.

2. (a) He went over to India. He never returned.
   (b) He went over to India, (　　) (　　) return.

「結果」を表す不定詞は awake, grow up, live などの動詞の直後とか，never, only などの副詞とともに

"awake to ～"（目をさまして～する）
"grow up to be ～"（成長して～になる）
"live to be ～"（生きて～になる / ～まで生きる）
"... never to ～"（…して，決して～しない）
"... only to ～"（…したが，～しただけ）

などの形で表れやすい。まず，

She **awoke to find** a stranger lying beside her.
She **grew up to be** very glamorous.
She **lived to be** a hundred years old.

この3つの形がよくあるわけです。

つまり，「目が覚める」，「成長する」，「生きる」などの動詞のあとに出てきた to 不定詞は「結果」を表す用法であることに，**一瞬のうちに気がつかないといけませんね**。例えば，全然気がつかないで，

「見知らぬ人が横に寝ているのを発見するために(発見しようと思って)目を覚ました」（×）
「非常にグラマーになろうと思って成長した」（×）
「百歳になろうと思って生きた」（×）

などとやると間違い。「グラマーになろうと思って」も無理な場合は無理ですよね(笑)。百歳になろうと思っても翌日コロリといってしまうこともある(笑)。

こういう場合には，必ず気がつかないといけない。**前から意味をとって，to ～はその「結果」を表す**。ですから，頭の中にすぐ⟹という方向の矢印が浮かばないといけませんね。つまり，

「彼女がふと**目を覚ましてみると**，見知らぬ男が横に寝ているのにはっと**気がついた**」（○）
「彼女は**成長して**，とてもグラマー［魅力的］な女性**になった**」（○）
「彼女は**長生きして**，百歳**になった**」→「百歳まで長生きした」（○）

ということです。

ところで，この awake，grow up，live には何か共通点があるのに気づきますか。これらはみんな，自分の意志ではどうにもならないような動作，つまり「**自然と**目が覚める」，「**自然と**成長してしまう」，「**自然と**生きてしまう」わけです。したがって，この３つは必然的に「結果」を表す不定詞を導きやすいんですね。この３つは見逃さないことです。

問題へ戻って，

  1. My grandmother lived to be ninety-five.（○）

「祖母は95歳まで生きた」の**"lived to be ～"の型を忘れないこと**。

  2. He went over to India, never to return.（○）

「彼はインドへ渡り，二度と戻らなかった」の**"never to ～"に注目**。コンマ(,)や否定の never も「結果」を表す不定詞かな，と考えるときの目印になります。

あと，もう一つだけ必須の型と言えば，**"only to ～"**です。

「彼は彼女を口説き落とそうとしたが，結局はダメだった」は

　　　He tried to make love to her **only to fail**.
　　＝He tried to make love to her, but he failed.
　　＝He tried to make love to her in vain.
　　＝He tried to make love to her without success.

のように only to fail を使います。「失敗するた・め・に・だ・け・」はダメ。失敗しようと思ってそんな努力をする男はいませんからね。

---

3. I went all the way to see my doctor, (　　) find him absent.
（適当なものを選べ）
　ⓐ about to　　ⓑ only to　　ⓒ enough to　　ⓓ as to

　センター試験に出た問題ですが，もちろんⓑ **only to** を選び，「はるばる医者にかかりに行ったのに，**(行ってみたら)** 医者は不在**だった**」と一瞬にして意味がとれればいいわけです。

　以上に示した型には十分に慣れておく必要があります。"live to be 〜"とか"only to 〜"を知らずに，もたもたしているようでは「英文法や語法の力は弱いな」と判定されてもしかたがありません。

第24回 不定詞(5)

油断できない "too ... to ～" "enough to ～"

　不定詞に関するよくある書き換え問題のパターンのうち，特に注意しなければならない点を指摘しておきましょう。

> 1. (a) This river is too broad for children to jump across.
>   (b) This river is so broad that _____ .
>   （ほぼ同じ意味になるように空所を完成せよ）

　"too ... to ～"（あまり…で～できない）を "so ... that ... cannot ～" で言い換える，例の問題だな，というんで

　→ This river is so broad that <u>children cannot jump across.</u>（×）

という答案が多いのですが，これは×に扱われます。「あれっ？ 川の幅が広すぎて子供たちが飛び越せない」んだから，**これでいいんじゃないか？ と思ってる人が多いんじゃないでしょうか。**サァて，どこがいけないんでしょう。

　いちばん典型的な文例として，

This book is too hard for me to read.

「この本は私が読むには難しすぎる」または「この本は難しくて私には読めない」。これを so ... that ～ を使って言い換えるとき，

→ This book is so hard that I cannot read. (×)

とする人がたくさんいるわけです。これは×がつきます。この程度の力だとひっかけるのは簡単ですね。どこがいけないでしょう。

"too ... to ～" は "so ... that ... cannot ～" で言い換えられる。そこまでは平凡です。どんな参考書にもそのくらいのことが書いてある。ところが油断してはいけませんよ。これは盲点みたいなもので，案外重要な注意点です。

この型の言い換えでは，文末に気をつけていないとダメなんですね。"too ... to ～" の不定詞は副詞的用法ですから

This book is too hard for me to read.

はこれでいい（→ p.178）。

しかし "so ... that ～" の文では，

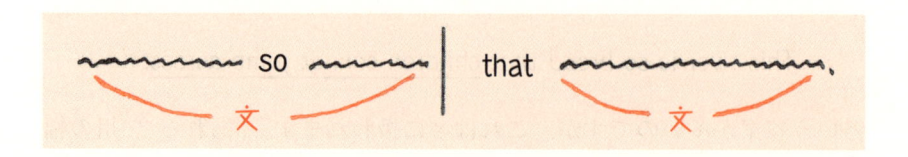

～～～～ so ～～～～ | that ～～～～～～，
　　　文　　　　　　　　　　　文

so と that が接続詞の働きをして，that の前後の**文と文とをつないでいる**わけですから，that の前も後ろもちゃんとした文でないと，正しい文とは言えません。ですから I cannot read では完全ではなくて，I cannot read <u>the book</u>. という意味の "I cannot read <u>it</u>." という完全な文の形をしていなければなりません。it がどうしても必要です。

→ This book is so hard that I cannot read it. (○)

これが盲点になっていて，**文尾の it を落とす人が多い**ですね。したがっ

て"too ... to ～"と"so ... that ... cannot ～"との言い換えでは，文末のアヤに注意ということです。

　逆に too ... to ～に言い換えるとき，勢い余って too hard for me to read it（×）なんてやると，これも×になりますよ。it は不要です。原理がこれで，そこまで注意が行き届いていさえすればこういう問題は100パーセントできるわけですね。そうでないとコロコロ間違えます。

　問題文1.へ戻って，

　　(a) This river is too broad for children to jump across.

　（この川はあまり幅が広くて，子供たちが飛び越えることができない）

を言い換える場合，同じように**文末に注意しつつ**，

　→(b) This river is so broad that children cannot jump across it.
　　　　　　　　　　　　　　　　　　　　　　　　　　　　（○）

となります。

　逆の(b)から(a)への言い換えを要求されても，文尾に目が行っている限り大丈夫ですね。そこまでわかってやるのがこの言い換えです。こういうところはしっかりやっていくに限りますね。ウロ覚えはいけません。

---

2. It's too good a chance to miss.
　（ほぼ同じ意味の文を選べ）
　ⓐ It's not good to miss a chance.
　ⓑ It's all right even if you miss the chance.
　ⓒ It's such a good chance that we mustn't miss it.
　ⓓ It's not so good a chance that we mustn't miss it.

> 3. A : Save money, or you'll be sorry when you grow old.
>   B : We're only in our twenties! That's (　　)(　　)(　　)
>   (　　)(　　) now.
>   (次の語句で空所を完成せよ)
>   ⓐ about　　ⓑ far　　ⓒ in the future　　ⓓ too
>   ⓔ to think

　"too ... to ～"についての入試問題です。いろいろな形式で出されますが，大もとの原理がわかっていれば平気ですね。

　2.は「逃がすにはあまりにも惜しいチャンスだよ」，つまり，「あまりにも絶好のチャンスだから逃がしちゃだめだ」という意味ですから，ⓒがぴったりです。ⓓはnotがあるので「逃がしてはならないほど良いチャンスではないよ」になってしまうのでダメ。notは不要です。結局，次の言い換えが正しいと確認できますね。

　　It's too good a chance to miss.
　　→ It's such a good chance that we mustn't miss it. （○）
　　→ It's so good a chance that we mustn't miss it. （○）

　もちろん，文尾のitの有無にも目が行ってますね。それに，a good chanceにsuchがつく場合とsoやtooがつく場合の語順の相違も重要ですから，"so / too ＋形容詞＋ a ＋名詞"という語順については冠詞の講義で解説します（②巻，第37回を参照）。

　なお，ⓐ「チャンスを逃がすのはよくないよ」，ⓑ「たとえチャンスを逃がしてもだいじょうぶだよ」はピントはずれです。

　3.は対話形式の問題です。「金を貯めておかないと，老後にみじめな思いをするぞ」「私たちはまだ二十代よ。……」と来て，あとは"too ... to ～"だとピーンと来ますね。そうすると，

That's **too** far in the future **to** think about now.（○）

「そんなことは，いま考えるには将来のあまりにも遠いことだ」
→「そんなことは，はるか遠い先のことでいまから考えてなんかいられないわ」

（＝ That's **so** far in the future **that** we can't think about it now.）

という筋の通った文が出来上がります。ということで，正解はⓓⓑⓒⓔⓐです。

ほぼ同じ意味になるように（　）に適当な語を入れよ。
4. (a) We were too far away to see what was happening.
   (b) We were not near (　　) to see what was happening.
5. (a) He had the kindness to help me.
   (b) He was kind (　　) to help me.
   (c) He was so kind (　　) to help me.

---

　4. **too** far away **to** see は，「見るには遠すぎた」「遠すぎて見えなかった」という意味ですから，「見えるほど近くにいなかった」という文にします。「見えるほど近く」というように程度を表すには **"enough to ～"** を用いて

　　We were not near **enough to** see what was happening.（○）

とするのが正解です。

　ところで，"... enough to ～" が出てくるたびに，「～するのに十分…」とやってる人が圧倒的に多いんですが，あんまり感心しませんよ。「～するくらい…」「～できるくらい…」と程度を表す，と覚えたほうが

応用がききます。いいですか。

"... enough to ～"（～するのに十分…）（△）
はあまりよくないと言っているんですよ。どうしてかというと,

I stayed there long **enough to** see her just once.

の意味は,

「彼女にほんの一度会える**ぐらいの**長さだけそこに滞在した」（○）
が正しいのに,

「彼女にたった一度会うのに十分長く滞在した」（×）
とやるとよくない。これは「一度会えるくらいの期間」というわけで,
long enough to ～であっても，別にかなり長い期間を言っているのではない。また,

He had just **enough** money in his pocket **to** buy a ticket.

「切符を1枚買うのに十分なお金を持っていた」（×）
はよくないですね。「ポケットに切符をたった1枚買える**くらいの**お金しかなかった」のほうが◎(二重丸)です。2枚は買えなかったのだから,「十分なお金」は気になります。

5.「彼は親切にも私を助けてくれた」のように, **"enough to ～"（= so ... as to ～）は前から後へ意味をとることもよくあります。**こういう問題の出し方というのは決まっているわけで，次の言い換えのすべてに対処できるように準備しておく必要があります。

　　He **kindly** helped me.
　　He **had the kindness to** help me.
　　He was **kind enough to** help me.　　（○）
　　He was **so** kind **as to** help me.
　　It was kind of him **to** help me.

要するに「親切にも手伝ってくれる」という意味の英語の慣用的な言い方はこれだけあるわけです。これらのうちのどこかを隠して，適当な語を入れよ，というのがはやっているということです。

第25回 不定詞(6)

不定詞と時制の関係を解明する

(a)と(b)が同じ意味になるように適当な語を入れよ。
1. (a) It seems that he was ill in bed.
   (b) He seems (　) (　) (　) ill in bed.
2. (a) It is said that he worked hard in his youth.
   (b) He is said (　) (　) (　) hard in his youth.

答えは，1. **to have been**，2. **to have worked** で，2題とも同じことをきいている問題です。つまり，「不定詞と時制の関係」が要点で，わかっている人にはすごく簡単ですが，わかっていない人はこれくらいでモヤモヤしてしまう。これも基本からきちんとやるに限ります。

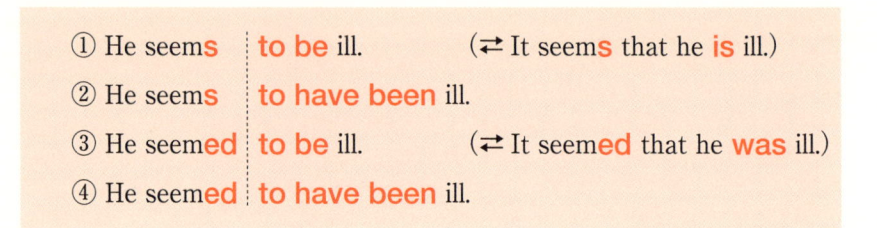

① He seem**s**　　to be ill.　　（⇄ It seem**s** that he **is** ill.）
② He seem**s**　　to have been ill.
③ He seem**ed**　　to be ill.　　（⇄ It seem**ed** that he **was** ill.）
④ He seem**ed**　　to have been ill.

普通はこの4通りの組み合わせしかありません。このうち①と③はわかりやすい。to be のような単純な不定詞が表す時制は主節の動詞の時制と一致しますから，①の to be は **is**（現在），③の to be は **was**（過去）に相当します。これらは単純です。

194

ところが，問題になるのは**"to have p.p.（過去分詞）"**という形の完了不定詞です。②と④がそれです。この場合は，**主節の動詞の時制より一つ前の時制を表す**のが原則ですから，②は

　　② He seems to have been ill.（病気だったらしい）
　　　⇄ It seems that he was ill.

という関係になります。"to have been" が seems（現在）より一つ前の was（過去）に相当するわけです。

ただし，文脈によって，たまに現在完了になることもあります。

　　　　He seems to have been ill last Sunday.
　　　　⇄ It seems that he was ill last Sunday.

ならば last Sunday があるので，どうしたって was（過去形）ですが，

　　　　He seems to have been ill these ten days.
　　　　⇄ It seems that he has been ill these ten days.

の場合は these ten days「ここ10日間」ですから，当然 has been（現在完了）のほうをとらないといけませんね。

したがって，②は「過去（または現在完了）」ですが，どちらでもいいというわけではない。**文脈から決める**わけです。

④の "to have been" は seemed（過去）より一つ前の had been（過去完了）になるのもわかります。

　　　　④ He seemed to have been ill.
　　　　　（病気をしていたらしかった）
　　　　　⇄ It seemed that he had been ill.

という関係になる。これも案外できやすいでしょう。

ですから，これら①〜④の組み合わせのうち**特に注意するのは②**ですね。実際のところ，この②あたりがいちばん出ますから，キチッとわかっていればいいということです。

It	seem**s** **is** said **is** believed **is** reported	that he **was** ill. that he **said** so.

のような「主節が**現在**，that 以下が**過去**」という組み合わせを不定詞を使って言い換えると，

⇄ He	seem**s** **is** said **is** believed **is** reported	**to have been** ill. **to have said** so.

と "to have p. p." を使うということです。

　最初にあげた問題 1. 2. は，いずれも①〜④のうちの②に相当するわけで，答えはすでに示したとおり次のようになります。

　　1. He seem**s** **to have been** ill in bed. （○）

　　（彼は病気で寝ていたらしい）

　　2. He **is** said **to have worked** hard in his youth. （○）

　　（彼は若いころよく働いたと言われている）

適当なものを選べ。

3. She seems (　　) a good dancer when she was young.
   ⓐ to be　　　ⓑ to have been
   ⓒ she was　　ⓓ she has been
4. The victim is thought (　　) a lot of poison by mistake.
   ⓐ to take　　　ⓑ to have taken
   ⓒ to be taken　ⓓ to have been taken

この2題も要点は1.2.とまったく同じですから、3.はⓑ、4.もⓑが正しいことを確認しておけばよろしいでしょう。

3.「彼女は若いころダンスが上手だったと言われている」。

She seems to have been a good dancer when she was young.
(○)

⇄ It seems that she was a good dancer when she was young.

4.は「犠牲者は誤って多量の毒物を飲んでしまったと考えられている」という文です。

The victim is thought to have taken a lot of poison by mistake.
(○)

⇄ It is thought that the victim took a lot of poison by mistake.

というわけで、普通はここまで(①〜④)がよくわかっていれば十分なのですが、たまに次のような場合もあります。

5. He hopes to marry her next year.
   ＝He hopes that he (　　) (　　) her next year.

197

英語の動詞の中には hope, expect, wish, want, intend, mean, promise のように「(未来に) 〜だろうと思う」「〜したいと思う」「〜すると約束する」といったように，未来に言及する動詞があります。未来のことを言うんだから，

　　　He hopes to marry her next year.
　　⇄ He hopes that he will marry her next year. (○)

　　　（彼は来年，彼女と結婚したいと思っている）
のように未来形 will 〜 を使うのは自然ですね。これも

　⑤ He hope**s** ｜ to marry her.
　⑥ He hope**s** ｜ **to have married** her.
　⑦ He hope**d** ｜ to marry her.
　⑧ He hope**d** ｜ **to have married** her.

の 4 通りの組み合わせがある理屈で，問題 5. は⑤の言い換えに相当します。⑤と⑦は簡単で，それぞれ

　⑤ He hope**s** that he **will marry** her.
　⑦ He hope**d** that he **would marry** her.

となりますね。⑥は

　⇄ He hope**s** that he **will have married** her by next April.

でいい。「来年の 4 月までには，もうすでに結婚してしまっていたいと思っている」わけですから当然，未来完了になります。

　①〜⑦までは比較的，簡単なんですが，最後の⑧だけはちょっと発想を変える必要があります。と言いますのは，

　　　⑧ He hope**d to have married** her.
　　⇄ He hoped to marry her, **but he could not**.

という関係になるのです。つまり，"hope**d to have p. p.**"は「**過去において実現されなかった希望・願望を表す**」などと文法では説明されていて，「**〜したいと思ったけれどダメだった**」という内容を含むのです。

　しかし，実際のところ，⑧の形は文語体で**現在の英語ではあまり使いません**。こういう意味を表すには，

> I had hoped to marry her. /
> I would have liked to marry her.

というような言い方をするほうが普通だからです。

　ですから，「不定詞と時制の関係」では，組み合わせが8種類あるものの，**7種類までをよく理解しておく**。そして特に出題頻度の高い②の形式は絶対に逃がさぬように，ということになります。

第26回 分詞

現在分詞か過去分詞か

　分詞（Participle）については，**現在分詞"〜ing"か過去分詞"p.p."か，そのどちらを用いるべきか**という，かなり基本的な問題について自信を持つことから入りましょう。

（　）の中の語を現在分詞または過去分詞に直せ。
1. A (roll) stone gathers no moss.
2. She wasn't there at the (appoint) time.
3. A house (face) south gets plenty of sunshine.
4. Gold is a metal (dig) out of the earth.

---

　　1. A rolling stone gathers no moss.（○）

　「転がっていく石は苔を生じない」。これは，「あちこち腰が落ち着かずに，転職を繰り返すような人間は美徳（財産・真の愛情など）が身につかない」というのが本来の意味ですが，米国では「しょっちゅう仕事や住居（や恋人・愛人）を変えてばかりいる人は古いしがらみに縛られることはない」という逆の意味で使われることが多いようです。いずれにせよ，そういう内容を「転石苔を生ぜず」と表現していることわざです。

　rolling（現在分詞）が正しく，ここでは rolled（過去分詞）は考えられない。この現在分詞は「石が**転がる**」という能動（A stone rolls.）の関係と，「**いま転がっていく**」という進行形（be rolling）の意味を表します。それ

200

と対比して，

  2. She wasn't there at the appointed time. (○)

 （約束された時間に彼女は姿を見せなかった）

 ここで使っている過去分詞 appointed は「**約束された**」という**受動の関係と，もうすでに動作が完了した感じ**を表します。

$$\begin{cases} \text{falling leaves} \cdots\cdots 動作の「進行」を表す \\ \text{fallen leaves} \cdots\cdots 動作の「完了」を表す \end{cases}$$

 falling leaves は「いまはらはらと落ちている葉」ですが，それに対して **fallen** leaves のほうは「もうすでに落ちてしまった葉」となります。つまり fall という**自動詞の場合は，現在分詞は進行形の意味，過去分詞は完了の意味を表す**わけです。

$$\begin{cases} \text{a drowning man} \\ \text{a drowned man} \end{cases}$$

を比べてみるとよくわかりますね。ことわざで，

  A **drowning** man will catch at a straw. (○)

 （溺れる者はわらをもつかむ）

というのがありますが，これは「今溺れかかっている」わけですから当然，現在分詞を使います。**drowned** はすでに「溺れる」という動作が完了してしまっている。「完全な土左衛門」(笑)というわけです。**drowning** のほうはまだ「土左」(!?)の程度で(笑)，「土左衛門」まで行っていない，途中経過の状態にあるわけです。

 いちおう説明するとこうなるのですが，とにかくここまでは非常に基本的で，英語にたくさん触れているうちにこういう感じがわかってくれ

ばいいので,**別に規則を覚えるというほど大げさなことではありません**。

3. A house <u>facing south</u> gets plenty of sunshine.

(南向きの家は日当りがいい)

「南に面している家」(= a house which faces south)で,当然 facing を使います。

4. Gold is <u>a metal dug out of the earth</u>.

(金は大地から掘り出される金属である)

「大地から掘り出される金属」(= a metal which is dug out of the earth)という受動態の関係を含むので当然,過去分詞です。

{ The man (speak) on the platform is Prof. Smith.
  What are the languages (speak) in Switzerland?

上は「壇上で話をしている人」だから **speaking**,下は「スイスで話されている言葉」だから **spoken**。このへんは正解率100パーセントに近いんですね。こういう問題ばかりだと楽でいいんですけれどね。

( )内から適当なほうを選べ。
5. The (disappointing / disappointed) customer left the store without buying anything.
6. He was reading a book with an (amusing / amused) look.

この2題は,出題者の気持ちはわかるが,はたして適当な問題と言えるかどうか。5.は早大の問題で,「当てがはずれたお客さんは,何も買

わずに店を出た」のつもりで **disappointed**。6. は「おもしろそうな顔つきをして」のつもりで **amused**。これが出題者の考えている正解です。

　ただし，「お客さん自身ががっかりして」だから disappointed でいいんですけれど，ちょっとひねくれて考えますと，

　　The disappointing customer ……
　　（［店の人を］がっかりさせる客は…）

だって考えられないことはありませんよね(笑)。同じく，

　　…… with an amusing look.
　　（［他人を］おもしろがらせるような顔つきをして）

だっておもしろいじゃありませんか(笑)。

　　$\begin{cases} \text{disappointing は「(他人を)がっかりさせる」} \\ \text{disappointed は「(自分が)がっかりする」} \end{cases}$
　　$\begin{cases} \text{amusing は「(他人を)おもしろがらせる」} \\ \text{amused は「(自分が)おもしろがる」} \end{cases}$

の区別ができるようにしておきましょう。同じように，

　　surprising —— surprised
　　interesting —— interested
　　exciting —— excited

などの区別も頻出しますので，これらの区別は重要です。

---

7. Last week's lecture was (　　　). （不適切なものを1つ選べ）
　ⓐ a success　ⓑ boring　ⓒ canceled
　ⓓ exceptional　ⓔ interested

第26回　分詞

203

順に入れていくと,「先週の講義は, ⓐ成功だった, ⓑ退屈だった, ⓒ取り止めになった, ⓓ(例外的なほど)特に優れたものだった」となって, ここまでは OK ですね。ⓑの **boring** は「(人を)退屈させるような, つまらない」で正しい。過去分詞 bored ですと,「(人が)退屈する」で be bored とか get bored となりますからね。ⓒは be canceled「中止される」という普通の受動態です。

　不適切なのは, ⓔ interested「(人が)興味をもつ」で, これは **interesting**「(人に)興味をもたせる, おもしろい」**でなければならない**のは次の 2 文を比べるまでもなくわかると思います。

{ Prof. Smith's lecture is interesting. (○)
{ I am interested in Prof. Smith's lecture. (○)

　以上は現在分詞か過去分詞かを区別させる典型的なもので, まだこのへんは今回の要点というほどまでには行っていません。いちおうの軽い復習でした。

適当なものを選べ。
8. Tom looked (　　) with his new motorcycle.
　　ⓐ please　　ⓑ pleased　　ⓒ pleasing　　ⓓ to please
9. After twenty years of fighting with Gloria, Hiroshi got (　　).
　　ⓐ divorce　　ⓑ divorced　　ⓒ divorcing　　ⓓ to divorce

　このあたりになるとどうでしょうか。1.～6. は「名詞を修飾する分詞」ばかりでしたが, 7. からは第 2 文型(S + V + C)の補語(C)に分詞が用いられる場合です。答えは, 8. も 9. もⓑなのですが, これらは前に「動詞・文型(3)」(→ p.20)でお話しした第 2 文型(S + V + C)がよくわかっていれば一瞬にしてわかります。

8. Tom looked pleased with his new motorcycle.（○）
（トムは新しいオートバイが気に入っているようだった）

という文が正しいことは，look が "look + C" の型で使われること（→ p.24），そして "Tom ＝ pleased" という関係がピーンと来ればわかりますね。すると，pleasing「(人を)喜ばせるような」ではなく，pleased「(自分が)喜んでいる，気に入っている」のほうだとわかります。また，look の代りに be 動詞に置き換えて，be pleased with ～「(人が) ～を気に入っている，満足している」という語句を思い浮かべても ⓑ pleased がすぐ選択できるはずです。

9. …, Hiroshi got divorced.（○）
（ヒロシは離婚した）

も考え方は同じです。それにしても「グロリアと20年間もけんかしたあとで」とは，ずいぶん長いこと別れずに夫婦げんかをしたもんですね。国際結婚でこんなケースはめずらしい（笑）。

それはさておき，"get + C" の形で "Hiroshi ＝ divorced" という関係になる。それより，marry「～と結婚する」（→ p.12）と同じように，divorce は「～と離婚する，～を離婚させる」という他動詞ですから，「離婚する」のは be divorced / get divorced と言う，と心得ているほうが早いかもしれませんね。「結婚する」be married / get married とペアで覚えてしまえばそれまでです。

（　）内の語を適当な形にせよ。
10. The poor girl returned (discourage).
11. Mr. Chips sat (surround) by his pupils.

同じ流れで，これまた現在分詞 discouraging にするか，過去分詞 discouraged にするかということです。これになると少し怪しくなる人が出てくるんじゃないでしょうか。

$$\underset{S}{\text{She}} \underset{V}{\text{came back}}.（彼女は帰って来た）$$

は第1文型(S + V)でいちおう文が完結しているわけですが，**文が終わったかなと思うとそのあとに，C(補語)がつく場合がある**わけです。例えば，

She came back + { miserable.
　　　　　　　　 a glamorous girl.
　　　　　　　　 running down the hill.
　　　　　　　　 discouraged.

のように，"S + V"のあとに「形容詞・名詞・現在分詞・過去分詞などがプラス・アルファとしてつく」ことがある。これらはみんなC(補語)またはC′(補語に準じるもの)と考えて，"S + V + C"("S + V + C′")という第2文型と見なします。

そうすると，基本の基本に戻って，第2文型(S + V + C)は必ず意味の上で**"S = C"**という関係が成り立っている(→ p.20 ～ 25)ので，**この=(等号)を頭に浮かべればいい**のです。

あとは簡単です。

　　　She came back miserable.
　　　She came back a glamorous girl.

はそれぞれ，"she = miserable" "she = a glamorous girl"を明確に意識して，

　「彼女はみじめな状態で帰って来た」

「彼女は魅力的な女の子になって帰って来た」
という意味ですね。

　あるいは，He was born. のあとに in 1971 などの副詞(句)が来れば簡単ですが，そうではなくて

　　　He was born **poor**.

と来たら，"he ＝ poor" の状態なのですから「彼は貧乏の状態で生まれた」「彼は生まれたとき貧乏であった」となります。

　　　He was born **poor**, lived **poor**, and died **poor**.

と続けば「一生この男は浮かばれなかった」ことがわかります(笑)。

　したがって，**"S ＋ V" のあとに形容詞とか名詞とかが来ても少しもあわてませんね。この＝(等号)を思い浮かべて意味をとればいいわけです。**

　これが基本で，"S ＋ V" のあとに "～ing" とか "p.p." が来ても同じです。

　　　She came back **running** down the hill.

を見てもちっとも驚かない。「"she ＝ running down the hill" の状態で帰って来た」つまり「彼女は丘を駆けおりて帰って来た」という文です。

　この "S ＋ V ＋ C" の考え方を基本として問題 10. 11. へ戻りますと，10. は "the poor girl ＝ discouraged" と考えて，

　　　The poor girl returned **discouraged**. (○)

　(その哀れな少女はがっかりして帰って来た)
となります。

　11. も surrounded を選ぶというのは非常にはっきりしていて，

　　　Mr. Chips sat **surrounded** by his pupils. (○)

第26回 分詞

（チップス先生は生徒に囲まれて［いる状態で］坐っ［てい］た）

で，"Mr. Chips ＝ surrounded" というのがわかります。

　なお，これらは，came とか sat が使ってあるんですが，その代りに be 動詞を思い浮かべてみて（→ p.22），

> The poor girl <u>was</u> discouraged.
> Mr. Chips <u>was</u> surrounded by his pupils.

とすれば，10. **discouraged**，11. **surrounded** であることがますますはっきりするでしょう。

第27回 第5文型(1)

ネクサスの考え方

　前回の後半で考えた第2文型(S + V + C)に続いて，今度は**第5文型(S + V + O + C)**の**"O + C"の部分**に含まれるネクサス(「**主語と述語**」の関係)がいかに重要かを考えてみます。いよいよ英語がわかるようになる山場へさしかかりました。

　このあたりは，ただ何となくという感じではダメで，根本的によくわかったというのでなければいけません。**いったんわかってしまうと，実に実に簡単なことなのに，わからないとなるといつまでもわからないよう**ですので，またまた本当の根本からお話ししましょう(→ p.30 〜 36)。

　まず，例として

　　That's a load.（それは重荷ですよ）
　　It was a disagreeable duty.（それはいやな義務だった）
　　I found the master of the house.（家の主人を見つけた）

といった短文は何の問題もありませんね。どれも"S + V + X."という形をしていて，上の2つは第2文型(S + V + C)，3つ目は第3文型(S + V + O)です。

　ところが，英文は"S + V + X."だけでは言いたいことが言えないと，もう1つXがついて"S + V + **X + X**."となることはあたりまえです。きわめてあたりまえなのですが，**"X + X"**のところでもやもやしてしまう人が多いんです。例えば，次の文の意味はとれますか。

That's **a load off my mind**.
It was **a disagreeable duty over**.

　さっきの短文(S + V + X)に X を加えただけですけど，かなり英語に自信がある人でもオヤッ？と思うのではないでしょうか。でも英語の感覚がついてくると，それぞれ
　　「それで，重荷が私の心からとれましたよ」（○）
　　「それで，いやな義務が終わったのだった」（○）
と意味がとれます。
　「感覚」と言いましたが，それは何かというと"S + V + X + X."の**"X + X"の部分には「…が〜する」「…が〜である」というネクサス**が含まれることがある，という感覚です。つまり，a load と off my mind のところに「重荷が私の心からとれる」という意味が含まれるわけです。また，a disagreeable duty と over のところに「いやな義務が終わった」(A disagreeable duty was over.)という意味が含まれているということです。そういう発想ができるかどうかが，意味がとれるかどうかのポイントになっているんです。つまり，「それは，『いやな義務が終わった』ということだった」という言い方ですね。

1. I found the master of the house in.（意味は？）

　I found the master of the house. まではさっきあげた短文(S + V + O)で，それに in がついただけです。
　　「私は中でその家の主人を見つけた」（×）
　　「私は家の中にいる主人を見つけた」（×）
　　「私はその家に入って行き，主人を見つけた」（×）
なんてダメですよ。

やはり英語には"S + V + O + X."という形があってこの場合は"S + V + **O + C**."だな，とわからないといけません。そして重要なのは**"O + C"の部分に「…が～する」「…が～である」というネクサスが必ず含まれる**(→ p.30 ～ 36)ということです。

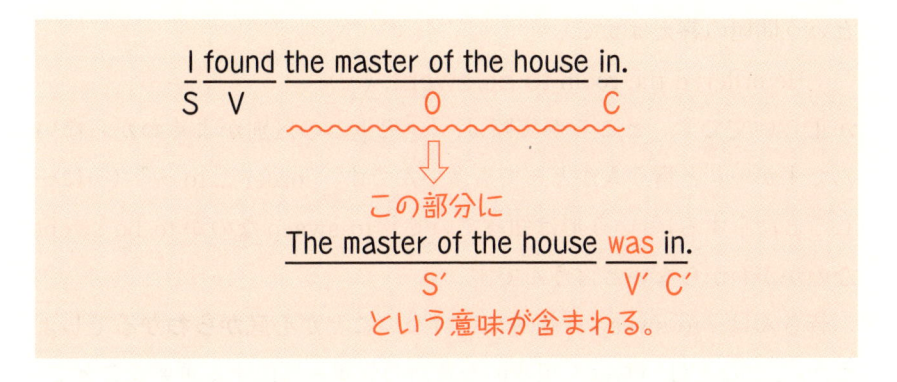

```
       I found the master of the house in.
       S V      O                      C
                        ⇩
                   この部分に
          The master of the house was in.
               S'                   V'  C'
              という意味が含まれる。
```

この文では，The master of the house was in.（家の主人は在宅していた）という内容が含まれているわけです。in (= at home) は Is Mr. Smith in?（スミスさんはご在宅ですか）の in ですね。

このことさえわかれば，ひと目見ただけで

「私はその家の主人**が**在宅しているのがわかった」（○）

→「行ってみたら，その家の主人**は**家にいた」（○）

と正しく意味がとれるわけです。

ここまでは，前に話したこと（→ p.30 ～ 36）と合わせて，これからやることの前提になります。要するに，**"O + C"のところに目が行って，そこに含まれるネクサス，つまり「主語＋述語」(S' ＋ V'X')の関係を理解する**という単純なことなのに，まだわかってない人が多くて同じ質問を何度も何度も受けます。例えば，

2. He ordered the room (   ).（適当なものを選べ）
   ⓐ to sweep   ⓑ to be swept   ⓒ sweeping
   ⓓ to be sweeping

という問題の答えはⓑで，

He ordered the room **to be swept**. (○)

が正しい文です。ところが実際は，「ⓐとⓑとの区別がよくわからないんですが…」と言う人がとっても多いんです。"order ... to ～"（…に～しろと命令する）という形は知っていても to sweep なのか to be swept なのかがわからないと言うんです。

皆さんは，to sweep は絶対にいけないことが**心底からわかるでしょうか**。これなどはいちばん根本的な英語の骨組みに関する重要なことで，何度も言いますが，第5文型(S + V + O + C)の"O + C"の部分のネクサスさえ理解していれば，きわめて簡単で気分もすっきりする事柄です。つまり，

I want you to attend the meeting.
S V   O   C

といった"S + V + O + to ～ (C)"の形では**"O + to ～"の部分に「…が～する」というネクサスが必ず含まれていて**，

「『あなた**が**会合に出席する』ことを私が望んでいる」
→「あなたに会合へ出席してもらいたい」（○）

ということなのです。これはかなり重要な考え方です。

同じように，

I ordered her to sweep the room.
S   V   O   C

なら，「『彼女が部屋を掃除する』ように(私が)命じた」ということから「私は彼女に部屋を掃除するように命令した」となるわけです。

$$\underset{S}{\text{I}}\ \underset{V}{\text{ordered}}\ \underset{O}{\text{the room}}\ \underset{C}{\text{to be swept}}.$$

のほうは，「『部屋が掃除される』ように(私が)命じた」という言い方なのです。

- I ordered her to sweep the room.
  ⇩
  (She sweeps the room.)

- I ordered the room to be swept.
  ⇩
  (The room is swept.)

のように，"O＋to～"の部分に含まれる，**ここのネクサスさえ**考えていれば**百発百中**なわけで，「彼女が掃除する」「部屋が掃除される」と考えさえすれば，容易に理解できるのです。

問題2.は「『部屋が掃除する』わけはないよ」と言いながら，軽くⓑを選ぶというのが正しい考え方です。

(a)(b)がほぼ同じ意味になるように適当な語を入れよ。

3. (a) I don't like my mother to sweep my room.
   (b) I don't like my room (　　)(　　)(　　) by my mother.
4. (a) We hope you'll get back as soon as you can.
   (b) We want (　　)(　　)(　　) back as soon as you can.

3. (a)は「『母が私の部屋を掃除する』のはいやだ」。それに対して(b)は「『私の部屋が母に掃除される』のはいやだ」と考えれば，すぐ to be swept が記入できますね。2. の類題です。

I don't like my room to be swept by my mother. (○)

4. 「なるべく早く帰って来てちょうだいね」と私たちは望んでいるわけです。そこで(b)は「私たちは『あなたがなるべく早く帰って来る』のを望む」(→「あなたになるべく早く帰って来てもらいたい」)という文にするために，"want ... to ～"(…に～してもらいたいと思う)という形を使います。

We want you to get back as soon as you can. (○)

が正しい文で，you と to get back のところにネクサスが感じられるようになってきていればいいのです。

ついでに，"want ... to ～"(○)という形はきわめてよく使いますが，"hope ... to ～"(×)という形は英語にはないと心得ておいてください。これも動詞の慣用法の問題でよく狙われていますから。4. の(a)(b)が hope, want の正しい使い方なのです。

適当なものを選べ。

5. I liked his new house, but I hadn't expected it (　　) so small.
　ⓐ be　　ⓑ of being　　ⓒ to be　　ⓓ to being

6. My parents never allowed me (　　) alone in the sea.
　ⓐ swim　　ⓑ swimming　　ⓒ to swim　　ⓓ to swimming

どちらもセンター試験に出た問題で，5. はⓒ to be，6. はⓒ to swim を選びます。

5. ……, I hadn't expected it to be so small.（○）

（［彼の新しい家は気に入ったのだが］『その家がそんなに小さい』とは思っていなかった）

6. My parents never allowed me to swim alone in the sea.（○）

（うちの両親は『私が海でひとりっきりで泳ぐ』のを決して許してくれなかった）

（= My parents never let me swim alone in the sea.）

こういう問題がすぐできるようになるには，"expect ... to 〜"（…が〜するのを期待する），"allow ... to 〜"（…が〜するのを許す，…に〜させる）という動詞の使い方に慣れておかなければなりません。これまでに出てきた like，want，order のほかに，次の動詞の用法に慣れておく必要があります。

think，believe，
suppose，consider
ask，tell，beg，wish，
advise，recommend，
permit，lead，
cause，enable
｝ ... to 〜

こういう動詞を見たらすぐ，例えば "enable ... to 〜" という形がぴんときて「…が〜するのを可能にする」のように " ... to 〜" の部分の「…が〜する」というネクサスを意識できるようにしておくことが大事だということです。

> （　）内の語を適当な形にせよ。
> 7. She didn't let anyone (enter) her room.
> 8. He kept me (wait) for half an hour.

7.は"let＋O＋原形不定詞"（…に〜させる）の形。やはり『だれかが彼女の部屋に入る』というネクサスを確認すべきです。

→ She didn't let anyone enter her room.（○）

（彼女はだれも自分の部屋に入らせなかった）

（＝ She didn't allow anyone to enter her room.）

「使役動詞」と呼ばれる make, let, have, bid などは to 不定詞ではなく原形不定詞をとり，"S＋V＋O＋原形不定詞"の形になります。また，「知覚動詞」と呼ばれる see, hear, feel, watch, notice なども同様です。次の形はいつでもどこでもぴんと来るようにしておかないといけません。

make, let, have, bid,
see, hear, feel,
watch, notice
｝＋O＋原形不定詞

8.は"keep＋O＋〜ing"（…に〜させておく）の形。『私が待っている』という関係を含みます。

→ He kept me waiting for half an hour.（○）

（彼は私を30分待たせておいた）

以上のように，"O＋C"の部分に「…が〜する」という能動態のネクサスを含む場合は次のいずれかの形になるわけです。

$$\text{S + V + O} \begin{cases} \text{to} \sim \\ 原形不定詞 \\ \sim\text{ing（現在分詞）} \end{cases}$$

さらに，これらと対比して"O + C"の部分に「…が〜される」という**受動態のネクサス**が含まれる場合は

$$\text{S + V + O} \begin{cases} \text{to be p.p.} \\ \text{p.p.} \end{cases}$$

という形になります。この**"O + p.p."**の部分に**「…が〜される」**という受動態の意味が含まれる，という点は英語の根本にかかわる本質的なことで，これを理解してないと話にならないと言ってもいいくらい大事なことですから，引き続き次回に扱うことにしましょう。

第28回 第5文型(2)

英語がわかるかどうかの岐路

　いつか「補語がわかれば英語がわかる」と言いましたが，実際のところ"S＋V＋O＋C"の**"O＋C"の理解**はきわめて重要です。入試でもその"O＋C"の部分が理解できているかどうかを試す問題が集中的に出題されています。

適当なものを選べ。
1. I saw a lot of children (　　　) in the river.
　　ⓐ to swim　　ⓑ swam　　ⓒ swum　　ⓓ swimming
2. The classroom was so noisy I didn't hear my name (　　　).
　　ⓐ call　　ⓑ calling　　ⓒ called　　ⓓ to be called

　まず「知覚動詞」see, hear の例です。
　1. は「『たくさんの子供たち**が**泳いでいる』のを見た」という能動態のネクサスを含むので，

　　　I saw a lot of children swimming in the river.（○）

になります。swim（原形不定詞）も考えられますが，どちらかと言えば，swimming（現在分詞）のほうが「子供たちが泳いでいる」という情景が生き生きとしている感じがして，正解はⓓ。
　2. は「教室が騒がしくて私は『名前**が**呼ば**れる**』のが聞こえなかった」という受動態のネクサスが含まれますので，

　　　　　…… I didn't hear my name called.（○）

となります。『名前が呼ぶ』なんてことはありえませんから，絶対にⓐ call とかⓑ calling とかは選べない。どうしてもⓒ called になるわけです。要するに"O＋C"の部分のネクサスさえ頭に浮かべればこういう問題は**百発百中**ということになるはずです。

---

3. He felt his face (　　) red in spite of himself.
　　ⓐ be turned　ⓑ turned　ⓒ turning　ⓓ to turn
4. My mother was happy to see her guest (　　) her cakes eagerly.
　　ⓐ eaten　ⓑ eats　ⓒ to eat　ⓓ eating
5. Kate speaks English very fast. I've never heard English (　　) so quickly.
　　ⓐ speak　ⓑ speaking　ⓒ spoken　ⓓ to speak
6. You'll find the word "psychology" (　　) under "P" in your dictionary.
　　ⓐ have listed　ⓑ list　ⓒ listed　ⓓ listing

　すべてセンター試験の問題ですけれど，この程度なら全部すらすらできますよね。

　3. は「彼は，思わず赤面するのを感じた」の意ですが，やはり急所は"O＋C"のところを『顔が赤くなっていく』のだな，と考えることです。ⓒ **turning** を選びます。

　4. は「母は自分の作ったケーキを『客が熱心に食べている』のを見てうれしそうだった」という文ですから，ⓓ **eating** を選びます。やさしい。

　5.「ケートは英語をとても早口でしゃべる。こんなに『英語が早口で

話**される**』のは聞いたことがないよ」。今度は『**英語が話される**』という受動態のネクサスですね。それをはっきり意識して，ⓒ **spoken** という過去分詞のほうです。ⓐⓑではないことが心の底からわかりますね。

6.「心理(学)という単語は，あなたの辞書ではＰの項目に載せられていますよ」ということ。またまた『**単語が載せられている**』という受動態のネクサスが決め手となってⓒ **listed** が選べます。

{
3. He felt his face turning red. (○)
4. She saw her guest eating her cake eagerly. (○)
{
5. I've never heard English spoken so quickly. (○)
6. You'll find the word listed under "P". (○)

3.4.は能動態のネクサス，5.6.は受動態のネクサスを見抜けばよいというわけです。

各文がほぼ同じ意味になるように適当な語を入れよ。
7. (a) I'll have a porter carry my suitcase.
　 (b) I'll get a porter (　　) (　　) my suitcase.
　 (c) I'll have my suitcase (　　　) by a porter.
　 (d) I'll get my suitcase (　　) by a porter.

今度は「使役動詞」の場合です。

7.はいずれも「私はスーツケースをポーターに運んでもらおう／運ばせよう」の意で，こうなるところです。

(a) I'll have a porter carry my suitcase. (○)
(b) I'll get a porter to carry my suitcase. (○)

(c) I'll have my suitcase carried by a porter. (○)
(d) I'll get my suitcase carried by a porter. (○)

　上の2つは「ポーター**が**運ぶ」、下の2つは「スーツケース**が**運ば**れる**」という関係が確かめられますね。(a)(b)は

> "have + O + 原形不定詞" / "get + O + to 〜"

という形になりますが、**have** も **get** もきわめて弱い使役動詞なので「…に〜してもらう」「…に〜させる」の意味になります。

> "have + O + p.p." / "get + O + p.p."

の形も有名ですが、こういうのを見たときの最も基本的な反応は、やはり **"O + p.p."「…が〜される」**というネクサスを思い浮かべることです。そして、make が強い使役動詞で「(無理やり) 〜させる」という感じなのに対して、have や get は無色に近いくらい使役の意味が薄いので、意味をとるときには文脈に応じて日本語では①「〜させる」などとちょっと強めにしたり、②「〜してもらう」と控え目にしたり、③「〜される」などと言ったりしているわけなのです。

　いずれにしても「ポーター**が**運ぶ」「スーツケース**が**運ば**れる**」ということが最も大事なのですが、これが浮かばなかった人、今までそんなことは考えたことがない人は、いわばメチャクチャやってきたんですね。ですから、これからはそういうふうに考えていくことです。

> (　　)内の語句のうち正しいものを選べ。
> 8. He had one of his teeth (pull / to pull / pulled) out.
> 9. He had his bag (steal / to steal / stolen).
> 10. She had her baby (examine / to examine / examined) in the near-by hospital.

これらは正しい考え方をすれば，
　　8.「歯は抜かれる」だから pulled
　　9.「かばんは盗まれる」だから stolen
　　10.「赤ちゃんは診察される」だから examined
と100パーセント確信を持って正解できます。ここまで来れば，ぼちぼち自信らしきものが生まれてきたはずです。

ところがです。どの文法書を見ても"O + C"のネクサスを強調してないで，昔からのありきたりのことしか書いてない。目的語のところが「人」であれば原形不定詞が来て，目的語に「物」が来ると過去分詞が来て

$$\left.\begin{array}{l} \text{have} + \text{O(人)} + 原形 \\ \text{have} + \text{O(物)} + \text{p.p.} \end{array}\right\} (\times)$$

の形は「～に～させる」「～に～される」「～に～してもらう」という使役または受動の意味を表すと書いてあるのが多いのです。

だから，みんなは「人間」だと原形で，「物」だと過去分詞であるという覚え方をすることが多いようですね。しかし，これは本質的ではない。×です。「人」とか「物」というのは当てになりません。そうでない場合もいくらでもあるわけです。

例えば「昨夜，火事に見舞われた」を

　　We had a fire (break / broken) out last night.

で（　）内の正しいほうを選ぶ問題が出ると，「人」とか「物」とかいう覚え方をしていますと間違えます。A fire breaks out.（火事が発生する）から考えて

> We had a fire break out.（○）

が正しいに決まっています。もうひとつ，

> She likes to have her son（admire / admired）.

（彼女は息子をほめてもらいたいと思っている）
という慶大の問題でも，「息子」は人間だからというんでadmireなんて考えると×。正しいのは『息子がほめられる』というネクサスをちらっと考えて，

> She likes to have her son admired.（○）

です。「人」とか「物」とかでは正解できません。OとCとの関係で見るほうが本質を突いています。

　しかし，教えている先生がたも，だいたいこういうことにはよほどでないと触れないんですね。例えば，先ほどの10. はexaminedが正解でしたが，「人間のときは原形」と教えられている学生は，

> She had her baby examined.（○）

が納得できない。「赤ちゃん」だって「人間」じゃないか，というわけです。そこで先生に質問に行くわけです。するとその先生は「うーむ，いい質問だねえ」。別にいい質問でもありませんよね（笑）。それから，やおら，その先生は「きみぃー，赤ちゃんはよくitで受けることがあるだろう…」。さすがは先生，すごい説明ですね（笑）。それを聞いた学生は「ああ，なアるほど。それで「物」と同じように扱ってexamined

になるんですか。わかりました」(笑)なんて帰っていく。これはインチキですね。何もわかっていません。「赤ちゃん」だから examined という過去分詞になるわけではないんですね。もし「赤ちゃん」でなくて「旦那」husband だったらどうするんでしょうね。

  She had her husband **examined** in the near-by hospital. (○)

となって，どうしたって examined ですよね。ですから平凡な本に書いてあるような，**「人」とか「物」とかで考えるのはインチキ**であるということがよくわかるはずです。

 もう一つ注意しておきましょう。日本語の言い回しにひっかかるというのは，まだあまりよくわかっていないということです。例えば，「彼は妻に死なれた」といっても His wife died. / He lost his wife. (○)で十分で，have を使うのはまれですけど，使えば

  He had his wife die.

となる理屈ですね。「妻が死ぬ」というネクサスを含むので die です。日本語は，状況に応じて，「妻に死なれた」「妻に死んでもらった」(笑)「妻を死なせてしまった」などになるはずです。もし kill (殺す) を使うとすれば，

  He had his wife killed in the accident.

というように，今度は killed (過去分詞) となる理屈ですね。

 念には念を入れて言いますと，こういう "have + O + 原形" か "have + O + p.p." かを区別する問題では，あくまでも**全文の日本語の言い回しにとらわれないで，"O + C"の部分だけ**，つまり**"O + 原形" "O + p.p."の部分だけ**に注目することです。

（　）内の適当なものを選べ。
11. I could not make myself (understand / to understand / understood) in English.
12. I made the fact (know / to know / known) to all my friends.

11. I could not make myself understood in English.（○）

は「『自分の言うこと(myself)が英語で相手に理解される』ようにすることができなかった」という言い方ですから，understoodという過去分詞以外は考えられません。"O＋C"のネクサスがわかっていない人にはむずかしいと思えるでしょうが，わかってしまうと絶対に間違えません。

要するに，OとCとの関係をつかむということが大事なんですから，Vに目をつける必要はないわけです。OとCとの関係を眺めて，「…が〜する」という能動態のときに"make＋O＋原形"となり，「…が〜される」という受動態の関係のときに"make＋O＋p.p."となるということだけなんです。

12. は，「私は『事実が友だち全員に知られる』ようにさせた」（→「私は事実を友だち全員に知らせた」）ですからknownを選びます。

I made the fact known to all my friends.（○）

と次の文を比べてごらんなさい。

I let all my friends know the fact.（○）

「事実が知られる」は the fact known，「友だちが知る」のは all my friends know というわけで，まったく疑いのないスッキリした気持ちで判断できるはずです。

実際，ここは入試英文法の急所の一つと見えて何度でも繰り返し出題

第28回　第5文型(2)

されています。そこで最後に，最近の問題で仕上げをしておきましょう。

適当なものを選べ。

13. A: Your hair is really getting long, isn't it?
    B: I haven't (　　　) for a long time.
    ⓐ been cut it　　ⓑ had cut it　　ⓒ had it cut　　ⓓ it cut

14. ⓐ I made my secretary to type the letter.
    ⓑ I got my secretary type the letter.
    ⓒ I had my secretary typed the letter.
    ⓓ I got the letter typed by my secretary.

15. The boy screamed for help but couldn't (　　　).
    ⓐ hear him　　　　　　ⓑ make him heard
    ⓒ make himself hear　　ⓓ make himself heard

16. I want to (　　　). It seems out of order.
    ⓐ have fixed this cassette recorder
    ⓑ have this cassette recorder fix
    ⓒ have this cassette recorder fixed
    ⓓ have this cassette recorder fixing

13.「髪の毛がずいぶんのびてるね」「しばらく刈ってないんだ」というやりとりですね。日本語で「刈ってない」と言っても，実際は「(自分で)刈る」のでなく「刈ってもらう」「刈らせる」のだから have it cut という **"have ＋ O ＋ p.p."** の形で表すのが普通です。「きのう頭を刈ったよ」は I **had my hair cut** yesterday. とか I had a haircut yesterday. とか言うんですが，いつか I cut my head yesterday. (!?) なんてやった人がいました。痛かったでしょうね(笑)。それはさておき，本問はⓒⓓのうち，現在完了となるⓒが正解です。

→ I haven't had it cut for a long time. (○)

14.「私は秘書に手紙をタイプしてもらった（タイプさせた）」。have, get の使い方は 7. で説明ずみですね。ⓐは to type を type に，ⓑは to type に，ⓒは typed を type にしないといけません。『手紙はタイプされる』のだな，とちらっと考えてⓓを選びます。

→ I got the letter typed by my secretary. (○)

15.「その男の子は助けを求めて叫んだが，だれにも声を聞いてもらえなかった」という状況です。『（自分の）声が（人に）聞かれる』ようにできなかったわけですから，受動態のネクサスを含む "make ＋ O ＋ p.p." の形でなければなりません。ⓒではなく，ⓑとⓓのうちⓓが正解です。

→ The boy couldn't make himself heard. (○)

これも himself と heard のところのネクサスがわからない人にはむずかしいでしょうが，皆さんはもうだいじょうぶですね。

16.「このカセット・レコーダーを直してもらいたいのですが。どうも故障したようですので」。ⓑ ⓒ ⓓのうち，自信を持ってⓒを選びます。『カセット・レコーダーは修理される』のだから，絶対に "have ＋ O ＋ p.p." でなければなりません。理屈がわかってしまったら

I want (to have) this cassette recorder fixed. (○)
I'd like (to have) this cassette recorder fixed.

という正しい文を口ずさんでそのまま自然に感じられるように慣れてしまうとよろしいでしょう。

以上，前回と今回に扱った**第5文型(S ＋ V ＋ O ＋ C)**の "O ＋ C" に

含まれるネクサスは，英語がわかるようになるか，わからないまま当てずっぽうに終わってしまうかの**重大な岐路**ですから，何度も読みなおしてマスターしておいてください。

第29回 動詞慣用語句(1)

動詞と前置詞の結びつき

　入試の(特にセンター試験や私立大一般の)英語問題をざあっと眺めてみますと，**語の慣用法の知識を試す問題がかなりの部分を占めている**のがはっきりわかります。文法に対して「語法」と言ってもいいでしょうが，そういう問題が目立つのが現状です。

　そういうわけで，まずそれらのうちで最も重要な動詞に関連する語句を取り上げて整理していくことにしましょう。

空所に適当な1語を入れよ。
1. (a) I cannot agree (　　　) you.
   (b) I cannot agree (　　　) his proposal.
   (c) I cannot agree (　　　) that point.
   (d) Milk does not agree (　　　) me.

　いつか，動詞を覚えるときは**前置詞との結びつき**に注意して記憶しないと，実際上，役に立たないと言いましたが(→ p.14)，その典型的なものです。同じ agree という動詞でも，(a)は with，(b)は to，(c)は on，(d)は with です。agree の場合は，

　　(a) **agree with** 　(人[の言うこと]に賛成する)
　　(b) **agree to** 　　([提案・意見など]に同意する)
　　(c) **agree on** 　　(〜の点で賛成する)

　　　　(d) agree with　（～と合う，一致する）

という使い方をするわけで，どうしても**前置詞と結びつけて覚えておく**必要がありますね。同じように

　　　{ **consist of**　（～から成り立つ）（＝be made up of）
　　　　consist in　（[本質が]～に存在する）（＝lie in）

の区別だとか，

　　　{ **deal with**　（～を扱う）　　　{ **wait for**　（～を待つ）
　　　　deal in　（～を商売にする）　　**wait on**　（～に仕える）

の区別なども昔から現在までよく出されていますから，ありきたりの常識にしておかないといけないでしょう。

下線部の意味を表すものを選べ。
2. He is so young that we need to look after him.
　　ⓐ feed　　ⓑ care for　　ⓒ bring up　　ⓓ maintain
3. The police will look into the cause of the fire.
　　ⓐ check in　　ⓑ investigate　　ⓒ search in　　ⓓ research

　2.「彼は年が若いので私たちが面倒を見てやる必要がある」の意で，ⓑが正解。

　3.「警察はその火事の原因を調べるだろう」の意で，ⓑが正解。lookというやさしい動詞でも，

look at	（～を見る）
look for	（～を探す）（= search for）
look after	（～の世話をする）（= take care of / care for）
look into	（～を調べる）（= investigate / inquire into）
look over	（～にざっと目を通す）
look through	（　　〃　　）

のように前置詞との結びつきが狙われますから，例文とともによく感じをつかんでおかないといけません。

適当な語を入れよ。
4. (a) The accident resulted (　　) the death of two passengers.
   (b) His illness resulted (　　) eating contaminated food.

(a)に **in**，(b)に **from** を記入しましょう。つまり，

  result in（～という結果になる）
  result from（～に起因する）

の区別ですが，これは「原因と結果」を間違えやすいので，A(原因)とB(結果)との関係が次のようになることをよく確かめておくべきです。

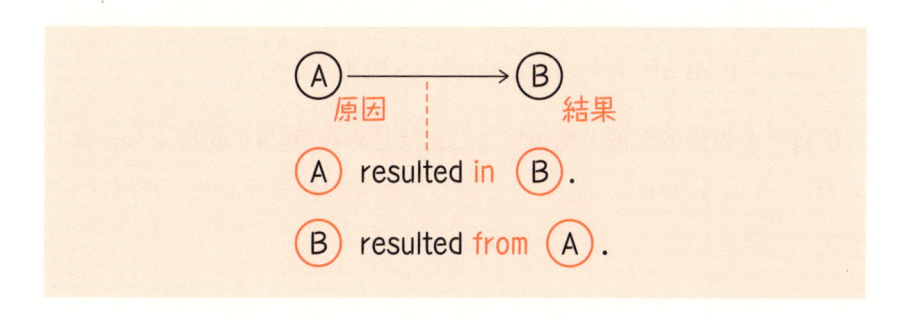

Ⓐ ──→ Ⓑ
原因　　　結果

Ⓐ resulted in Ⓑ.
Ⓑ resulted from Ⓐ.

第29回 動詞慣用語句 (1)

「Ａの結果としてＢになった」と言う場合，Ａを主語にすればresult in ～，Ｂを主語にすればresult from ～を使うわけです。

A resulted in B.（＝A caused B.）
B resulted from A.（＝B was caused by A.）

ということです。

そういうわけで，4. (a)は「その事故の結果，２人の乗客が死んだ」，(b)は「彼は汚染された食物を口にした結果，病気になった」という意味で，(a) **in**，(b) **from** となるのでした。

　　下線部が[　　]に示した語の意味になるように，空所に適当な語を入れよ。
5. The little girl (＿＿＿) after her mother in voice and manner.
　　　　　　　[resembles]
6. The exhaustion has started to (＿＿＿) on his health.
　　　　　　　　　　　　[affect]

サァテ，どうでしょうか。どちらもよく出る問題ですけど，**"動詞＋前置詞"**の形の語句がすぐ浮かぶでしょうか。

5. は「その少女は声やしぐさが母親と似ている」で，takesを記入します。

take after（＝resemble）（～と似ている）

6. は「その疲労が彼の健康にこたえはじめた(健康に影響を与えはじめた)」という意味で，ちょっと難しいかもしれませんが，正解はtellです。つまり，

tell on（＝affect）（〜にこたえる，ひびく）

という語句で，affect（〜に影響を及ぼす）という１語の他動詞と置き換えられるわけですが，このように**"動詞＋前置詞"を１つの他動詞と言い換える**問題はよくあります。

call on	（＝visit）	（〜を訪れる）
come near	（＝**approach**）	（〜に近づく）
run after	（＝chase）	（〜を追いかける）
speak to	（＝address）	（〜に話しかける）
talk over	（＝**discuss**）	（〜について話し合う）
think of	（＝**remember**）	（〜を思い出す）
depend on	（＝trust）	（〜に依存する，〜を信頼する）
get to	（＝reach）	（〜に達する）

などからはじまって，以下に並べるのはどれも必須の語句です。言い換えに使われる動詞にも注目しておきましょう。

account for	（＝explain）	（〜の理由を説明する）
add to	（＝**increase**）	（〜を増す）
allow for	（＝**consider**）	（〜を考慮する）
call for	（＝**demand**）	（〜を要求する）
come across	（＝find）	（〜を偶然見つける）
come by	（＝obtain）	（〜を得る）
get over	（＝**overcome**）	（〜を克服する）
go through	（＝**undergo**）	（〜を経る）
go beyond	（＝**exceed**）	（〜を超える）
laugh at	（＝ridicule）	（〜をあざ笑う）
part from	（＝leave）	（〜と別れる）

第29回 動詞慣用語句(1)

233

provide for	(＝support)	(〜を支援する)
refer to	(＝quote)	(〜に言及[引用]する)
run into	(＝**encounter**)	(〜に出くわす)
stand for	(＝**represent**)	(〜を表す)
stand by	(＝support)	(〜の味方をする)

> [　]内の語を正しく配列せよ。
> 7. Susie was unable to [game, in, part, the, take] because she wasn't feeling well.
> 8. He [of, advantage, the, took, weather, good] to do some gardening.

それぞれ，決め手となるのは

take part in（〜に参加する）（＝participate in / join）
take advantage of（〜を利用する）（＝utilize）

という語句です。正解はこうなります。

7. Susie was unable to **take part in** the game ……（○）

（スージーは気分がすぐれなかったので試合に出られなかった）

8. He **took advantage of** the good weather ……（○）

（彼は好天を利用して，いくらか庭仕事をした）

こういう"**動詞＋名詞＋前置詞**"の形の語句では，

take care of	(＝**look after**)	(〜の世話をする)
make use of	(＝use)	(〜を利用する)

pay attention to	（～に注意する）
take pride in	（～を自慢する）
take [have] a look at	（＝look at）（～を見る）
take [get / catch] hold of	（＝grasp）（～をつかむ）
get rid of	（＝remove）（～を取り除く）

など，おなじみのものが多いでしょう。そのほか，次のものを記憶しておくべきです。

find fault with	（＝criticize）（～のあら探しをする）
give rise to	（＝cause）（～を生じさせる）
give way to	（＝yield to）（～に道をゆずる）
make fun of	（＝ridicule）（～をからかう）
make much of	（＝value）（～を重んじる）
play a ... part in	（～に…の役割を果たす）
take account of	（＝consider）（～を考慮する）
take the place of	（～にとって代る）

適当なものを選べ。

9. Please help (　　　).
  ⓐ me this heavy baggage.
  ⓑ my heavy baggage.
  ⓒ me carrying this heavy baggage.
  ⓓ me with this heavy baggage.

10. The coach accused us (　　　) our best.
  ⓐ for not doing　ⓑ not to do
  ⓒ of not doing　ⓓ that we do not

センター試験の問題ですが，軽く正解できますか。今度は

> help A with B（AのBを手伝う）
> accuse A of B（AのBを責める）

というように調子よく記憶しておくとよい語句です。

9.「私がこの重い荷物を運ぶのを手伝ってくれ」はⓓが正解。ⓒは help me carry ～ なら正しいですね。

10.「コーチは私たちが全力をつくさないことを責めた」は"accuse A of B"で，ⓑではなくⓒを選びます。普通は

> blame A for B　　（AのBを責める）
> scold A for B　　（AのBをしかる）
> punish A for B　　（AのBを罰する）
> admire A for B　　（AのBをほめる）
> praise A for B　　（AのBをほめる）

のように，「賞罰の原因」を表すにはforを用いるのですが，

> accuse A of B（AのBを責める）

に限ってはofを使う。そこが記憶の急所です。さらに，

> excuse [pardon / forgive] A for B　　（AのBを許す）
> thank A for B　　（AのBを感謝する）
> apologize to A for B　　（AにBのことを謝る）（→ p.13）
> congratulate A on B　　（AのBをおめでとうと言う）

なども類型で，forやonがすんなり浮かんで来ないといけません。

適当なものを選べ。

11. They took me (　　) my brother.
   ⓐ by　　ⓑ for　　ⓒ on　　ⓓ to

12. They knocked him down and (　　) him of his suitcase.
   ⓐ stole　　ⓑ robbed　　ⓒ took　　ⓓ obtained

13. Parents should provide their children (　　) decent food and clothing.
   ⓐ by　　ⓑ for　　ⓒ to　　ⓓ with

11. は

   take A for B　　（A を B だと思う）
   mistake A for B　（A を B だと間違える）

という形で、「彼らは私のことを弟(兄)だと思った／間違えた」という意味。正解はⓑです。この類型としては、

  regard A as B　（A を B と見なす）
  look on A as B　（　　〃　　）
  think of A as B　（A を B だと考える）

がすぐ浮かんでくるのですが、これらの要点は A と B の間に "A ＝ B" **という関係が含まれる**ということです。例えば、

   We all regarded the situation as serious.
    S V   O   C

  （私たちはみんな、事態は深刻だと考えた）

という文なら第 5 文型で "the situation ＝ serious"（**事態が深刻である**）

という関係が含まれていることが確かめられますね。

　　view A as B　　（A を B だと見る）
　　describe A as B　（A を B だと述べる）
　　refer to A as B　（A を B だと言及する）

などを含む文についても同じ考え方（"A = B"）をするとよいでしょう。

　12.「連中は彼をなぐり倒して，彼からスーツケースを奪い取った」という意味で，

　　　　　rob A of B（A から B を奪い取る）

という語句（→ p.74）が浮かび上がります。正解はⓑ。

　　deprive A of B　（A から **B** を奪う）
　　clear A of B　　（A から **B** を一掃する）
　　cure A of B　　（A から **B** を［取り除いて］治す）
　　rid A of B　　　（A から **B** を駆除する）
　　relieve A of B　（A から **B** を取り除いてほっとさせる）

なども類似の語句ですが，「**A から B を**」の A と B を取り違えてはいけません。例えば，

　　　　He was robbed of his suitcase.（○）
　　　　（← Someone robbed him of his suitcase.）

はよいが，

　　　　His suitcase was robbed of him.（×）

はダメですね。油断しないでください。

　13.「親は子供たちにまともな食物と衣服を与えてやるべきだ」の意で，

ⓓが正解です。

  provide A with B　　（AにBを供給する）
  supply A with B　　（　　〃　　）

の「AにBを」というパターンも重要です。

  equip A with B　　（AにBを備えつける）
  endow A with B　　（AにBを授ける）
  present A with B　（＝present B to A）（AにBを贈る）

なども同じ。

  fill A with B　　　（AにBを満たす）
  charge A with B　（AにBを詰めこむ）

も同類と見ていいでしょう。

 以上の 11.～13. のほかにも，

  remind A of B　　（AにBを思い出させる）
  compare A with B　　（AをBと比較する）
  compare A to B　　（AをBと比較する／AをBにたとえる）
  change [exchange] A for B　　（AをBと交換する）
  substitute A for B　　（AをBの代りにする）
  inform A of B　　（AにBを知らせる）
  mean B by A　　（AはBを意味する）
  turn to ⎫
  look to　⎬ A for B　　（AにBを頼る）
  depend on ⎭

などなど，重要な語句が目じろ押しです。いずれにしても，動詞を覚え

るときは前置詞と関連させて記憶しておかないと，実際上，役立たないことがよくわかると思います。

　今回取り上げた語句はすべて，**辞書などで用法を理解しながら必ず例文とともに**ものにしておいてください。

第30回 動詞慣用語句(2)

動詞と副詞の結びつき

　前回は動詞と前置詞の結びつきを扱いましたが，それに劣らず頻出するのが副詞と結びついた**"動詞＋副詞"の形の語句**です。ちょっとだけ第2回の講義の終わりに触れておきましたが（→ p.15～17），それをここでぐーんと拡充していくことにしましょう。

適当なものを選べ。
1. Where in Australia (　　　)?
　ⓐ did you grow up　　ⓑ did you raise up
　ⓒ were you grown up　ⓓ were you risen up
2. My next-door neighbor and I (　　　) well together and we have joined the same tennis club.
　ⓐ get down　ⓑ get off　ⓒ get on　ⓓ get up

　まず基本的な前提として，"動詞＋副詞"の形の語句には，

　　（ⅰ）**自動詞**（vi.）に相当するもの
　　（ⅱ）**他動詞**（vt.）に相当するもの

があることをはっきり意識しておかないといけません。例えば，**grow up**（成長する）は2語で1つの自動詞と見ていいですし，**bring up**（～を育てる）は rear, foster などの1つの他動詞に相当しているということですね。

1. **grow up**「成長する，育つ」という自動詞のはたらきをする語句の使い方はⓐが正しい。

  Where in Australia did you grow up ? (○)

（オーストラリアのどこで育ったのですか）

　自動詞のはたらきとわかっていれば，ⓒのような受動態らしきもの（?）は絶対に選びませんし，rise（自動詞）とraise（他動詞）の区別がついていれば（→ p.11），ⓑやⓓもひどい誤りだとすぐわかります。

2. は文脈から考えて，ⓒ **get on**「暮らしていく，やっていく」（= **get along**）という自動詞のはたらきをする語句を選びます。

  My next-door neighbor and I get on well together and we have joined the same tennis club. (○)

（隣の人と私は仲よくやっていて，同じテニス・クラブに入っている）

なお，**get on** は「～に乗る」（他動詞）という意味にもなり，その反対がⓑ **get off**「（乗物から）降りる」（自動詞または他動詞）ですね。ⓐ **get down** は「（高い所から）降りる」（自動詞）または「～を降ろす」（他動詞）。ⓓ **get up**「起きる」（= rise）は自動詞。ⓐⓑⓓはどれも文脈に合わないことが確かめられますね。

3つの文の空所に共通して入れられる語を選べ。

3. (a) Laura (　　) down when she heard of her mother's death.
 (b) He (　　) off their friendship when he caught her lying.
 (c) A fire (　　) out in the building.
 ⓐ broke   ⓑ turned   ⓒ failed   ⓓ left

共通する語は ⓐ **broke** で，それぞれの文の意味は

(a)「ローラは母が死んだと聞いて泣き崩れた」

(b)「彼女がうそをついてるのに気づいたとき，彼は二人の友情関係を断ち切った」

(c)「そのビル内で火事が発生した」

となります。**break out**「(火事・戦争などが)起こる」は前にもやりましたから(→ p.15)，やはり ⓐ broke が正しいとわかったはずです。それに追加して，

   break down（[精神的に]参る，取り乱す）
   break off（〜を断ち切る）

が使われているわけです。**break down** は「(機械などが)故障する」(自動詞)とか「〜を取り壊す(destroy)」(他動詞)の意味でも使われることは，その感じからもわかると思います。

そのほか，

 break in（[どろぼうなどが]押し入る）
 break up（[会などが]解散する）
 break through（[強引に]通り抜ける）

なども出題されますが，break という動詞のもつ感じや，down, off, out, in, up, through などの副詞のそれぞれの感じをつかんでいれば覚えやすいわけです。「熟語」の講義(→ p.101 〜 115)でも話しましたが，ただの丸暗記ではなく，**例文とともにその熟語のもつ感じをつかみながら覚えていくようにする**ことが大事です。

 さて，このあたりで**"動詞＋副詞"（＝自動詞）の形の頻出語句**を整理しておきましょう。

come about	（起こる）（= happen / occur）	
clear up	（[天気が]晴れる）	
come out	（[花が]咲く）（= **bloom**）	
drop in [by]	（立ち寄る）	
get together	（[会に]集まる）（= **meet**）	
give in	（屈服する）（= **surrender** / **yield**）	
go by	（[時が]経過する）（= **pass**）	
go off [out]	（[火・灯が]消える）	
pass away	（亡くなる）（= **die**）	
run down	（[機械が]止まる）（= stop）	
set in	（[季節が]始まる）（= start）	
sit [stay] up	（[寝ないで]起きている）（→ p.15）	
stand out	（目立つ）	
take off	（[飛行機が]離陸する）	

どれを取っても基本的な動詞と副詞の組み合わせばかりですが，そういうのがかえって狙われるわけです。また，最近では

Things will **pick up** (= **improve**).

（[事態は]よくなりますよ）

The policeman told me to **pull up** (= **stop**) in front of his car.

（警官は私にパトカーの前で止まれと言った）

のように，**会話的な表現や日常生活に密着した慣用法が特に好んで出されている**ことも忘れないように。

適当なものを選べ。

4. She (　　) up her children to be considerate of others.
   ⓐ raised　ⓑ got　ⓒ grew　ⓓ brought
5. The representatives made a plan for the school festival and the other students carried it (　　).
   ⓐ on　ⓑ out　ⓒ under　ⓓ with
6. You should always look (　　) new words in the dictionary.
   ⓐ down　ⓑ in　ⓒ on　ⓓ up
7. What (　　) your change in attitude?
   ⓐ brought about　ⓑ gave up　ⓒ made up　ⓓ turned out

今度は"動詞＋副詞"（＝他動詞）の形の語句の問題です。

4.「彼女は子供たちを他人に対して思いやりがあるように育てた」。「～を育てる」という他動詞に相当するのは

$$\text{bring up}（＝\text{rear / foster}）$$

で，ⓓ **brought** が正解です。これは，問題1.の grow up（成長する）という自動詞と対照的ですね。もちろん，ⓐ raise <u>up</u>（×）やⓑ get up（＝rise）は問題外です。

5.「代表が学校祭の計画を立て，ほかの学生たちがその計画を実行した」という意味で，

$$\text{carry out}（＝\text{execute}）（\text{～を実行する}）$$

という語句がぴーんときます。

$$\text{carry on}（＝\text{continue}）（[\text{～を}]\text{続ける}）$$

第30回 動詞慣用語句(2)

245

との区別がよく問題にされますけど，ここでは文脈から考えても carry out のほうがぴったりで，正解は ⓑ **out** です。

ところで，この問題では carried <u>it</u> out（○）という **語順にも注目** しておきましょう。つまり，

　　　…… carried out <u>it</u>.（×）　→　…… carried <u>it</u> out.（○）

のように，**目的語が代名詞のときは"動詞＋代名詞＋副詞"** という語順になる，ということ。同じように，**give up**（～をあきらめる）を使うときも

　　　We gave up <u>it</u>.（×）　→　We **gave** <u>it</u> **up**.（○）

というわけです。こういうのは

　　　Try it **on**.（それを試しに着てごらん）
　　　I'll **pick** you **up** at seven.（7 時に車で迎えに行くよ）
　　　Let's **put** it **off** till next week.（来週まで延期しよう）

といったように，日常の英語にも頻繁に現れますから何度も何度も口にしてあたり前に感じられるようにしておくほうがいい。**文法的な規則よりことばとしてのリズム** をつかんでしまうほうがずっと簡単です。いったん慣れてしまうと，They carried out <u>it</u>.（×）とか We gave up <u>it</u>.（×）なんて調子が悪くて悪くて，とっても言えなくなると思います。

6.「新しい単語はいつも辞書で調べるようにするとよい」で，ⓓ up が正解。

　　　look up（～を［辞書などで］調べる）

の典型的な使い方です。別の問題で，

　　　I don't know what this word means. I'll **look** it **up** in the dictionary.

246

(この単語の意味がわからないから辞書で調べてみよう)
なんて出てますが，すんなりとわかりますね。

7.「何があなたの態度の変化をもたらしたの？」(→「どうして態度が変わったの？」)と考えて，ⓐの

  bring about（= cause）（[変化などを]もたらす）

を選びます。ⓑ, ⓒ, ⓓの

  give up（= stop）（～をやめる，あきらめる）
  make up（～を作り上げる，補う，化粧する）
  turn out（～を消す，作り出す，～だとわかる）

などは，ここでは合いません。

下線部と同じ意味の語を選べ。
8. Can you <u>figure out</u> the message?
 ⓐ copy ⓑ understand ⓒ take ⓓ leave
9. I cannot <u>make out</u> what he wants.
 ⓐ create ⓑ understand ⓒ admit ⓓ show
10. <u>Put down</u> your address and phone number here, please.
 ⓐ Find ⓑ Inform ⓒ Mark ⓓ Write
11. His application was <u>turned down</u>.
 ⓐ folded ⓑ withdrawn ⓒ rejected ⓓ revised

---

8. は「そのメッセージが(何を言おうとしているのか)わかりますか」で，ⓑ。9. も「彼が何をほしがっているのか私にはわからない」で，ⓑが正解。語句を取り出すと，

> figure out（＝understand）（～を理解する）
> make out（＝understand）（～を理解する）

となって，どちらも understand と言い換えられるとなるとまったく同じみたいに見えますね。でもことばですから**まったく同一というわけではありません**。微妙ですけど感じの違いがあるはずです。

　"figure（＝consider）＋out"のほうは「（いろいろ考えてなんとか）わかる」という感じ。"make out"のほうは「（はっきりしないものをなんとか）見分ける，聞き分ける」（＝**discern**）という感じから「はっきりさせる，わかる」という意味になるわけです。

> I can't **figure** it **out**.

　（[どう考えても]私にはそれがわからない）

> I can't **make** him **out**.

　（私には彼が[どういう人間なのかはっきり]わからない）

というニュアンス（nuance）の違いはわかりますか。やはり，**丸暗記ではなく感じをつかもうとしながら覚えるのが大事です**。そうすれば，

> **work out**（＝solve）（[問題などを]解く）

と出てきても，「（頭を働かせて苦労して）考え出す，解決する，わかる」という感じがわかってくるのです。

　10. は「ここへあなたの住所と電話番号を書いてください」で，ⓓ **Write** が正解。11. は「彼の志願は拒絶された」（→「彼は志願したがだめだった」）で，ⓒ **rejected** が正解。それぞれ，

> put down（＝write）（～を書きとめる）
> turn down（＝reject）（～を拒絶する）

です。もちろん，"put + down"と"turn + down"ですから，これ以外にもいろいろな用法がありますけれども，入試ではこの意味が最もよく出題されている，というわけです。

　ここで，**"動詞＋副詞"（＝他動詞）**の形の**頻出語句**を挙げておきましょう。1語への言い換え問題に使われるものばかりです。

call off　　　（＝**cancel**）（～を取り消す）
cut down　　（＝**reduce**）（～を切り詰める）
keep up　　　（＝**maintain**）（～を持続する）
leave out　　（＝**omit**）（～を省く）
pick out　　 （＝select）（～を選び出す）
pull down　　（＝destroy）（～を取り壊す）
put aside　　（＝save）（～を取っておく）
set up　　　　（＝**establish**）（～を設立する）
strike out　　（＝erase）（～を削除する）
take back　　（＝withdraw）（～を取り消す）
take in　　　（＝**deceive**）（～をだます）
take up　　　（＝start）（～に着手する）
use up　　　　（＝**exhaust**）（～を使いつくす）

適当なものを選べ。

12. You'll have to work very hard today to (　　) the time you wasted yesterday.
　ⓐ get out of　　ⓑ keep up with　　ⓒ get ahead of
　ⓓ make up for

13. I always (　　) pocket money at least one week before my monthly salary arrives.

> ⓐ side with　ⓑ succeed to　ⓒ run out of　ⓓ get used to

12.「あなたはきょうは一生けんめい働いて，きのうむだにした時間を（　）しなければならないだろう」の空所に適合するのは，次のどれでしょうか。

　ⓐ get out of（～から抜け出す）
　ⓑ keep up with（～に遅れずについていく）
　ⓒ get ahead of（～より先に進む）
　ⓓ make up for（～を埋め合わせる）（＝compensate for）

もちろん，ⓓがいちばんぴったりです。この make up for は，ずっと前にお話しした **put up with**（＝**endure, tolerate**）（～を我慢する）（→p.17）と並んで，出題頻度の最も高い語句の１つですからがっちり覚えておきましょう。

13.「私はいつもお小遣いを月給日が来る少なくとも１週間前には使いきってしまう」という流れで，ⓒの

　　run out of（～を使い果たす）（＝use up / exhaust）

が選べますね。ⓐ side with（～の側につく），ⓑ succeed to（～を引き継ぐ），ⓓ get used to（～に慣れる）などは飾りにすぎませんから，そんなのを選んではだめですよ。

"**動詞＋副詞＋前置詞**" の形の語句もさかんに出題されます。

　　{ speak well [highly] of（～をほめる）（＝**praise**）
　　{ speak ill of（～を悪く言う）（＝**criticize**）
　　{ look up to（～を見上げる，尊敬する）（＝**respect**）
　　{ look down on（～を見くだす）（＝**despise**）

などはもうおなじみですね。そのほか，何度も繰り返して出されているものとしては，

catch up with	（〜に追いつく）（＝**overtake**）	
do away with	（〜を廃止する）（＝**abolish**）	
get along with	（〜とうまくやっていく）	
get through with	（〜を終える）（＝**finish**）	
put up at	（〜に泊まる）（＝lodge at）	
stay away from	（[学校など]を休む）	
keep away from	（〜から遠ざかっている）	

などがあります。最近では特に

　　　　　What sports do you **go in for**?

（どんなスポーツをしますか）

　　　　　I've just **come up with** a good idea.

（たったいま，いい考えを思いついたよ）

というような口語的表現が好んで出題されるようになってますから，ふだんから関心を持ち続けていることが必要です。

　英語は**根本的に**「理解」**しなければならない部分**と，**精力的に**「記憶」**しなければならない部分**とが一体になって総合的な力を作り上げていきます。第29回と第30回は，どちらかと言うと「記憶」ですんでしまう面がありますから，もう結構得意にしてる人が多いかもしれませんね。ぜひ**辞書などで用法と例文を確認して**，重要語句をものにしておいてください。（②巻に続く）

山口 俊治　Shunji YAMAGUCHI

日本医科大学元教授　東京大学英文科卒業

「受験生から受ける質問で答えられないものは一切ない」という英語への確固たる自信を20代で早くも築く。

　今日の英語指導の根幹を形成する"ネクサス"の解明を始めとする本書の斬新な講義内容は，受験参考書の枠を超え，読者の知的財産として，生涯役立つことは確かだ。その幅広い学識から溢れるユーモアを交えた講義の名調子は英語そのものの理解を一段と深めてくれるに相違ない。

＊　　　＊　　　＊

著書：『総合英文読解ゼミ』，『山口俊治のトークで攻略英文法フル解説エクササイズ』，『英単語 Make it!(全2冊)』，『英会話 Make it!(全2冊)』，『英熟語イディオマスター』，『あたりまえながらなぜ英単語はすぐ忘れてしまうのか？』ほか(以上，語学春秋社)，その他，『英語構文全解説』(研究社)など多数。

趣味：囲碁(六段)，ドライブ，ビデオカメラ撮影，絵画など

〈英文校閲〉　Timothy Minton
　　　　　　Jayne Hoffmann

教科書をよむ前によむ！3日で読める！
実況中継シリーズがパワーアップ!!

シリーズ売上累計1,000万部を超えるベストセラー参考書『実況中継』が，新しい装丁になって続々登場！ますますわかりやすくなって，使いやすさも抜群です。

英語

山口俊治
英文法講義の実況中継①／② ＜増補改訂版＞

定価：本体（各）1,200円＋税

「英語のしくみ」がとことんわかりやすく，どんな問題も百発百中解ける，伝説の英文法参考書『山口英文法講義の実況中継』をリニューアル！入試頻出900題を収めた別冊付き。問題が「解ける喜び」を実感できます。

小森清久
英文法・語法問題講義の実況中継

定価：本体1,300円＋税

文法・語法・熟語・イディオム・発音・アクセント・会話表現の入試必出7ジャンル対策を1冊にまとめた決定版。ポイントを押さえた詳しい解説と1050問の最新の頻出問題で，理解力と解答力が同時に身につきます。

登木健司
難関大英語長文講義の実況中継①／②

定価：本体（各）1,500円＋税

科学・哲学・思想など難関大入試頻出のテーマを取り上げ，抽象的で難しい英文を読みこなすために必要な「アタマの働かせ方」を徹底講義します。長文読解のスキルをぎゅっと凝縮した，別冊「読解公式のまとめ」付き！

西きょうじ
図解英文読解講義の実況中継

定価：本体1,200円＋税

高校1,2年生レベルの文章から始めて，最後には入試レベルの論説文を読み解くところまで読解力を引き上げます。英文を読むための基本事項を1つひとつマスターしながら進むので，無理なく実力がUPします。

英語

大矢復
英作文講義の実況中継

定価：本体1,200円＋税

日本語的発想のまま英文を書くと，正しい英文とズレが生じて入試では命取り。その原因―誰もが誤解しがちな"文法""単語"―を明らかにして，入試英作文を完全攻略します。自由英作文対策も万全。

大矢復
図解英語構文講義の実況中継

定価：本体1,200円＋税

高校生になったとたんに英文が読めなくなった人におすすめ。英文の仕組みをヴィジュアルに解説するので，文構造がスッキリわかって，一番大事な部分がハッキリつかめるようになります。

[センター試験] 石井雅勇　CD2枚付
リスニング講義の実況中継＜改訂第2版＞

定価：本体1,600円＋税

センター試験を分析し，その特徴と対策を凝縮した1冊。予想問題で本番と同じ雰囲気も味わえます。日本人とネイティヴの音の違いをまとめた「速効耳トレ！」パートも分かりやすいと評判です。「新傾向問題」対策も収録。

国語

出口汪
現代文講義の実況中継①〜③ ＜改訂版＞

定価：本体(各)1,200円＋税

従来，「センス・感覚」で解くものとされた現代文に，「論理的読解法」という一貫した解き方を提示し，革命を起こした現代文参考書のパイオニア。だれもが高得点を取ることが可能になった手法を一挙公開。

[センター試験] 出口汪
現代文[センター国語]講義の実況中継＜改訂第4版＞

定価：本体1,400円＋税

本書によって，論理的な読解法を身につければ，センターで満点を取ることが可能です。あまり現代文に時間を割くことができない理系の受験生には，ぜひ活用して欲しい一冊です。

望月光
古典文法講義の実況中継①/② ＜改訂第3版＞

定価：本体(各)1,300円＋税

初心者にもわかりやすい文法の参考書がここにある！文法は何をどう覚え，覚えたことがどう役に立ち，何が必要で何がいらないかを明らかにした本書で，受験文法をスイスイ攻略しよう！

国語

センター試験 望月光
古文[センター国語]講義の実況中継＜改訂第3版＞
定価：本体1,400円+税

センター古文征服のカギとなる「単語」と「文法」を効率よく学べます。さらに「和歌修辞」や「識別」など必修の古文知識をまとめた別冊"古文知識集"付き。ALL IN ONEの内容の本書で高得点を獲得しよう。

山村由美子
図解古文読解講義の実況中継
定価：本体1,200円+税

古文のプロが時間と労力をかけてあみだした正しく読解をするための公式"ワザ85"を大公開。「なんとなく読んでいた」→「自信を持って読めた」→「高得点GET」の流れが本書で確立します。

山村由美子
図解古文文法講義の実況中継
定価：本体1,200円+税

入試でねらわれる古文特有の文法を，図解やまとめを交えてわかりやすく，この一冊にまとめました。日頃の勉強がそのままテストの得点に直結する即効性が文法学習の嬉しいところ。本書で入試での得点予約をしちゃいましょう。

地歴

石川晶康　**CD付**
日本史B講義の実況中継①〜④
定価：①・②本体(各)1,200円+税
　　　③・④本体(各)1,300円+税

日本史参考書の定番『石川日本史講義の実況中継』が，改訂版全4巻となって登場!文化史も時代ごとに含まれ学習しやすくなりました。さらに，「別冊講義ノート」と「年表トークCD」で，実際の授業環境を再現!日本史が得点源に変わります!

石川晶康
日本史Bテーマ史講義の実況中継
定価：本体1,400円+税

「史学史」「女性史」「琉球・沖縄史」など必須テーマから，メインの「政治史」まで，入試頻出テーマに焦点をしぼった一冊。「論述対策」も盛り込まれた本書は，これまでの日本史学習の成果を得点力にかえる，総仕上げの一冊です。

青木裕司　**CD付**
世界史B講義の実況中継①〜④
定価：①・②本体(各)1,300円+税
　　　③本体1,400円+税
　　　④本体1,500円+税

受験世界史の範囲を「文化史」も含め，全4巻で完全網羅。歴史の流れが速習できる「別冊講義プリント」＆「年表トークCD」付き!定期テストから国公立大2次試験対策まで，幅広く活用できるようにまとめた至極の参考書です!

地歴

センター試験 瀬川聡
地理B講義の実況中継①[系統地理編] / ②[地誌編]
定価：本体(各)1,400円＋税

どんな問題が出題されても、地形、気候、資源、人口、産業などを論理的に分析して確実に正答を導き出す力、つまり「地理的思考力」を徹底的に磨き、解答のプロセスを完全マスターするための超実戦型講義です！さらに、3色刷で地図や統計が見やすく、わかりやすくなりました。

公民

センター試験 川本和彦
政治・経済講義の実況中継
定価：本体1,500円＋税

政治や経済の根本的なメカニズムを「そもそも」のレベルからとことんわかりやすく解説！過去問から厳選した超頻出の〈誤り選択肢〉を随所に挿入し、出題者の"ワナ"に引っかからないための対策をバッチリ提供します。

理科

浜島清利
物理講義の実況中継[物理基礎＋物理]
定価：本体2,100円＋税

力学・熱・波動・電磁気・原子の5ジャンルをまとめて収録。物理で大切な「着眼力」を身につけ、精選された良問で応用力まで爆発的に飛躍します。1問ごとにパワーアップを実感できる1冊です。

小川仁志
化学[理論・無機・有機]講義の実況中継[化学基礎＋化学]
定価：本体2,300円＋税

理論・無機・有機の3ジャンルを1冊にまとめた完全版。高校化学の学習はもちろん、難関大学の入試対策を考慮した『より実戦的な参考書』となっています。受験生の苦手な論述問題対策もカバーした充実の内容です。

センター試験 安藤雅彦
地学基礎講義の実況中継 ＜改訂第2版＞
定価：本体1,700円＋税

教科書に完全準拠し、地学基礎の全範囲を講義した、決定版参考書。覚えるべき重要事項から、考察問題・計算問題の解法まで、わかりやすく示してあります。センターで高得点をとりたい人、独学者にオススメ！

実況中継シリーズは順次刊行予定！詳しくはホームページで！
http://goshun.com 　語学春秋　検索　　2019年5月現在

聞けば「わかる!」「おぼえる!」「力になる!」

スーパー指導でスピード学習!!
実況中継CD-ROMブックス

※CD-ROMのご利用にはMP3データを再生できるパソコン環境が必要です。

▶ 科目別シリーズ

山口俊治のトークで攻略 英文法 フル解説エクササイズ ●定価（本体2,700円＋税）
練習問題（大学入試過去問）＆CD-ROM（音声収録 1200分）

出口汪のトークで攻略 現代文 Vol.1・Vol.2
練習問題（大学入試過去問）＆CD-ROM（音声収録 各500分）

望月光のトークで攻略 古典文法 Vol.1・Vol.2
練習問題（基本問題＋入試実戦問題）＆CD-ROM（音声収録 各600分）

青木裕司のトークで攻略 世界史B Vol.1・Vol.2
空欄補充型サブノート＆CD-ROM（音声収録 各720分） 以上，●定価／各冊（本体1,500円＋税）

トークで攻略する 日本史Bノート ①・②
空欄補充型サブノート＆CD-ROM（音声収録 各800分）
石川晶康 著　　●定価／各冊（本体1,700円＋税）

▶ センター攻略

瀬川聡のトークで攻略 センター地理B塾 ①〈系統地理編〉②〈地誌編〉
練習問題（センター試験過去問）＆CD-ROM（音声収録330分） ●定価／各冊（本体1,300円＋税）

▶ 大学別英語塾

西きょうじのトークで攻略 東大への英語塾
練習問題（東大入試過去問）＆CD-ROM（音声収録550分） ●定価（本体1,800円＋税）

竹岡広信のトークで攻略 京大への英語塾 改訂第2版
練習問題（京大入試過去問）＆CD-ROM（音声収録600分） ●定価（本体1,800円＋税）

二本柳啓文のトークで攻略 早大への英語塾
練習問題（早大入試過去問）＆CD-ROM（音声収録600分） ●定価（本体1,600円＋税）

西川彰一のトークで攻略 慶大への英語塾
練習問題（慶大入試過去問）＆CD-ROM（音声収録630分） ●定価（本体1,800円＋税）

実況中継CD-ROMブックスは順次刊行いたします。 2019年5月現在
既刊各冊の音声を聞くことができます。　http://goshun.com　語学春秋 検索

英語通訳トレーニングシステム　3ステップ方式

『東大英語長文が5分で読めるようになる』シリーズ

講師 小倉 慶郎（大阪府立大学教授）

各定価 本体1,500円＋税

第1冊 『速読速聴編』 練習問題（センター試験問題14回＋東大入試問題2回）
　　　　　　　　　　＆ CD-ROM（音声収録780分）

第2冊 『英単熟語編』 練習問題（話題別に大学入試問題から40問精選）
　　　　　　　　　　＆ CD-ROM（音声収録820分）

第3冊 『英単熟語編Vol.2』 練習問題（大学入試問題＋東大入試問題で40問を構成）
　　　　　　　　　　　　＆ CD-ROM（音声収録820分）

English Grammar ①

PRACTICAL EXERCISES

GOGAKU SHUNJUSHA

とりはずしてお使いください

英文法講義の実況中継 ①

問題演習編

CONTENTS

*( )内は解答・解説のページを示します。

1	動詞・文型 (1)	1(40)
2	動詞・文型 (2)	2(43)
3	動詞・文型 (3)	4(46)
4	動詞・文型 (4)	5(50)
5	時 制 (1)	8(54)
6	時 制 (2)	9(58)
7	受動態	12(62)
8	助動詞	14(68)
9	仮定法	17(73)
10	話 法	20(79)
11	数の一致	22(82)
12	不定詞 (1)	25(87)
13	不定詞 (2)	27(91)
14	分 詞	31(97)
15	第 5 文型	31(98)
16	動詞慣用語句 (1)	34(104)
17	動詞慣用語句 (2)	36(109)

【注】本文中で参照すべき箇所は，次のように示してあります。

(→p.40) ……………… 別冊40ページを参照。
(→本冊p.12-15) ……… 本冊12ページから15ページを参照。
(→②本冊p.30) ……… 『山口俊治英文法講義の実況中継②』本冊30ページを参照。
(→②別冊p.50) ……… 『同②』別冊50ページを参照。
(→②別冊14前置詞35) … 『同②』別冊, 14前置詞, 35の解説を参照。

問題 1　動詞・文型 (1)

[解答・解説 p.40]

( )内の語のうち正しいものを選べ。

☐ **1** The institute was (find / found / founded) more than ten years ago.

☐ **2** The boy (fall / fell / felled) one of his father's cherry trees.

[ ]内の動詞のいずれかを正しい形にして，(a)(b)の文を完成せよ。

☐ **3** [fly, flow, flee]
　(a) The new 747 SR has (　) from Tokyo to New York nonstop.
　(b) All the boys have (　) from all this homework.

☐ **4** [see, saw, sow]
　(a) The farmers have (　) their seeds rather late this year.
　(b) The carpenter (　) the board into three pieces.

正しいものを選べ。

☐ **5** The criminal was (　) for an example.
　　ⓐ hang　ⓑ hung　ⓒ hanged　ⓓ hunged

☐ **6** I'd like to have my shoes (　).
　　ⓐ polish　ⓑ shine　ⓒ shone　ⓓ shined

☐ **7** This cassette tape recorder (cost / costed) more than 100 dollars.

☐ **8** The players (shook / shaked) hands after the game.

☐ **9** I (hurt / hurted) my hand while I was repairing the chair.

☐ **10** I had (began / begun) to recite when the bell (rang / rung).

☐ **11** My little brother knew that the red light (meaned / meant) "stop."

- [ ] **12** Mary (drived / drove) around the States.
- [ ] **13** The child (digged / dug) a big hole in the garden.
- [ ] **14** John is an old soldier who (fighted / fought) bravely.
- [ ] **15** He has (born / borne) his poverty admirably.
- [ ] **16** They all (prefered / preferred) coffee to coke.
- [ ] **17** I (lied / lay / laid) down for a short nap.

問題 2　動詞・文型 (2)

[解答・解説 p.43]

(a)とほぼ同じ意味になるように適当な語を入れよ。

- [ ] **1** (a)　The party left Tokyo yesterday and got to London early this morning.
    - (b)　The party started (　　) Tokyo yesterday and (　　) in London early this morning.

(　)内の語句のうち正しいものを選べ。

- [ ] **2** Meg (sat / seated) herself quietly at the piano.
- [ ] **3** George (attends / attends to) Sophia University in Tokyo.
- [ ] **4** They (discussed / discussed about) the plan.
- [ ] **5** My sister (married / married with) an Italian restaurant owner.
- [ ] **6** My brother (resembles / resembles with) my father very much.

適当な個所に必要な 1 語を補え。

- [ ] **7** Tom is waiting you in front of the library.
- [ ] **8** I've been thinking the problem for hours.

☐ **9** He searched the information in today's newspaper.
☐ **10** Weren't you surprised to hear his success?
☐ **11** My father's unexpected money added my savings.
☐ **12** I would like you to reply this letter soon.
☐ **13** The teacher insisted accuracy and neatness in our term paper.

適当なものを選べ。

☐ **14** You mustn't (　) loudly in the library.
　　ⓐ say　　ⓑ talk　　ⓒ tell　　ⓓ utter
☐ **15** I'm not quite sure what book (　　).
　　ⓐ he was talking　　　　ⓑ he was talking about
　　ⓒ he was talking about it　ⓓ he was talking it about
☐ **16** The Olympic Games were a huge success because so many countries (　　).
　　ⓐ participated　ⓑ played in
　　ⓒ represented　ⓓ took part in
☐ **17** I can't (　) that noise. It's driving me crazy.
　　ⓐ keep　ⓑ put up　ⓒ stand　ⓓ stay away
☐ **18** Kyoto and Nara (　) a large number of tourists.
　　ⓐ appeal　ⓑ attract　ⓒ appear　ⓓ include
☐ **19** The prime minister (　) the importance of making changes in the election system.
　　ⓐ restricted　ⓑ stressed　ⓒ congratulated
　　ⓓ complained

問題 3　動詞・文型 (3)

[解答・解説 p.46]

正しいものを選べ。

☐ **1** Could you (remember / remind) me when it's time to begin class?

(a)と同じ意味になるように適当な語を入れよ。

☐ **2** (a) When I saw her, I always thought of a famous movie actress.
　　(b) She always (　　) me of a famous movie actress.

正しいものを選べ。

☐ **3** Mr. Minton's house was (robbed / stolen) last night but nothing important was (robbed / stolen).

(　)内の語のうち正しいものを選べ。

☐ **4** That man (invented / discovered) a machine to kill rats with sound.

☐ **5** The teacher (said / spoke / talked / told) her students what to write in their notebooks.

☐ **6** Why don't you (bring / take) this box with you when you go back to America?

☐ **7** They gradually (came / became) to enjoy their English lessons.

適当なものを選べ。

☐ **8** It (　　) courage and skill to swim against a current that runs fast.

ⓐ takes　　ⓑ costs　　ⓒ brings　　ⓓ gives

☐ **9** I could not (　　) the ink spot from my coat.

　　ⓐ drop　　ⓑ lose　　ⓒ remove　　ⓓ disappear

☐ **10** If you stay at a big hotel, you can (　　) their swimming pool.

　　ⓐ bathe　　ⓑ borrow　　ⓒ play　　ⓓ use

☐ **11** It's a pity that quite a few Japanese women (　　) their jobs when they get married.

　　ⓐ end up　　ⓑ quit　　ⓒ retire　　ⓓ withdraw

☐ **12** According to the recent report, smoking (　　) the lives of those nearby.

　　ⓐ effects　　ⓑ affects　　ⓒ reforms　　ⓓ lowers

問題 4　動詞・文型 (4)

[解答・解説 p.50]

2文がほぼ同じ意味になるように適当な語を入れよ。

☐ **1** (a) Why did the girl smile at me?
　　(b) What (　　) the girl smile at me?

☐ **2** (a) Your assistance has made him succeed.
　　(b) He (　　) his success to your assistance.

☐ **3** (a) As she had a cold, she could not go swimming.
　　(b) Her cold (　　) her from going swimming.

☐ **4** (a) The ship couldn't leave the port owing to the storm.
　　(b) The storm (　　) the ship leaving the port.

☐ **5** (a) He went to Paris on business last month.
　　(b) Business (　　) him to Paris last month.

☐ **6** (a) If you walk half an hour, you will come to the village.
　　(b) Half an hour's walk will (　　) you to the village.

5

☐ **7** (a) If you take this road, you will come to the station.
　　(b) This road will (　　) you to the station.
☐ **8** (a) The lawyer asked her a lot of questions.
　　(b) The lawyer asked a lot of questions (　　) her.
☐ **9** (a) He presented a book to the boy.
　　(b) He presented the boy (　　) a book.

適当なものを選べ。

☐ **10** We must (　　) the child from getting into mischief.
　　ⓐ blame　ⓑ leave　ⓒ scold　ⓓ stop

☐ **11** May I (　　) your telephone? I'd like to call a friend of mine.
　　ⓐ borrow　ⓑ ring　ⓒ speak　ⓓ use

☐ **12** There's nothing to do about it. It can't be (　　).
　　ⓐ done　ⓑ helped　ⓒ made　ⓓ spoken

☐ **13** An honest man sometimes loses by being so. Honesty does not always (　　).
　　ⓐ fit　ⓑ pay　ⓒ suit　ⓓ tell

☐ **14** My father (　　) me to be a doctor.
　　ⓐ advises　ⓑ hopes　ⓒ proposes　ⓓ suggests

☐ **15** Mr. Brown (　　) the cooking for his family on Sundays.
　　ⓐ does　ⓑ engages　ⓒ makes　ⓓ works

☐ **16** "What time do you have?"
　　"My watch (　　) three o'clock."
　　ⓐ gives　ⓑ informs　ⓒ says　ⓓ stands

☐ **17** They have a lot of children and want to (　　) a servant.
　　ⓐ charter　ⓑ hire　ⓒ let　ⓓ rent

☐ **18** Tom is going to (　　) for a job with a computer company.

ⓐ apply　ⓑ find　ⓒ demand　ⓓ make

☐ 19 (　) your step, or you might fall into the water.
　　ⓐ Look at　ⓑ Miss　ⓒ See　ⓓ Watch

適当なものを選べ。

☐ 20 Will you please (　) me a few minutes?
　　ⓐ afford　ⓑ permit　ⓒ spare　ⓓ take

☐ 21 Why can't you (　) Bill to take charge of our cows?
　　ⓐ get　ⓑ let　ⓒ put　ⓓ set

☐ 22 Paul never (　) the matter another thought.
　　ⓐ brought　ⓑ made　ⓒ gave　ⓓ got

☐ 23 John didn't know how to (　) to his wife that he quit his job.
　　ⓐ tell　ⓑ ask　ⓒ explain　ⓓ request

☐ 24 This song (　) familiar to me.
　　ⓐ hears　ⓑ sounds　ⓒ looks　ⓓ makes

☐ 25 The extra bed (　) very useful when we had visitors.
　　ⓐ expected　ⓑ found　ⓒ happened　ⓓ proved

☐ 26 Will this medicine really (　) me any good?
　　ⓐ do　ⓑ get　ⓒ make　ⓓ take

☐ 27 Ken, by visiting me, (　) me the trouble of calling him.
　　ⓐ caused　ⓑ saved　ⓒ omitted　ⓓ shared

☐ 28 John is going to (　) himself in trouble one of these days.
　　ⓐ find　ⓑ bring　ⓒ fall　ⓓ push

☐ 29 The discovery that coal could be burned (　) the kind of industrial society in which we live.
　　ⓐ enabled　ⓑ made possible
　　ⓒ caused　ⓓ came into being

問題 5　時　制 (1)

[解答・解説 p.54]

☐ **1** He <u>writes</u> a letter.　（現在進行形にせよ）
　　　　　　　　　　　　　（現在完了形にせよ）
　　　　　　　　　　　　　（未来完了形にせよ）
　　　　　　　　　　　　　（現在完了進行形にせよ）

（　）内の動詞を適当な形に変えよ。

☐ **2** Every student who (take) this examination must write with a pen.

☐ **3** Mary already (speak) two foreign languages. Now she (learn) a third.

☐ **4** Mary wants to study French next year, and I expect that she (learn) it rapidly.

☐ **5** George told me that he (leave) before long.

☐ **6** She (play) the piano when our guests (arrive) last night.

☐ **7** He'll receive his ticket when he (arrive) at the airport.

☐ **8** I don't know if it (rain) tomorrow, but if it (rain) I'll stay at home.

☐ **9** I am going to send this article to a magazine editor for publication when I (write) it.

☐ **10** The time will surely come when my words (come) true, but when it actually (come) I (be) long dead.

（　）内の語句のうち適当なものを選べ。

☐ **11** The scientist reminded us that light (travels / travelled) at incredible speed.

☐ **12** I learned that the French Revolution (broke out / has broken out / had broken out) in 1789.

適当なものを選べ。

☐ **13** Bob will be glad to see you when he (　　) home.
　　ⓐ comes　　ⓑ will come　　ⓒ had come　　ⓓ came

☐ **14** The man decided to wait at the station until his wife (　　).
　　ⓐ came　　ⓑ come　　ⓒ has come　　ⓓ will come

☐ **15** If Jane (　　) more, she may have a nervous breakdown.
　　ⓐ would not rest　　ⓑ had not rested
　　ⓒ did not rest　　ⓓ does not rest

☐ **16** The sign says that the police will take your car away if you (　　) it here.
　　ⓐ are going to park　　ⓑ will park
　　ⓒ park　　ⓓ will have parked

☐ **17** What do you think (　　) to John when he finds his bicycle has been stolen?
　　ⓐ happened　　ⓑ to happen
　　ⓒ will happen　　ⓓ would have happened

問題 6　時　制 (2)

[解答・解説 p.58]

適当なものを選べ。

☐ **1** Last year I (　　) to Hokkaido for my holidays.
　　ⓐ have gone　　ⓑ have been
　　ⓒ went　　ⓓ had gone

☐ **2** I have just (　　) to the station to see him off.

ⓐ arrived　ⓑ been　ⓒ gone　ⓓ visited

☐ **3** I'm sorry to say my mother (　) ill in bed since the end of last year.

　　ⓐ was　ⓑ has been　ⓒ had been　ⓓ would have been

☐ **4** Can you tell me what (　) when she came to visit you?

　　ⓐ have you done　ⓑ were you doing

　　ⓒ you have done　ⓓ you were doing

2 文がほぼ同じ意味になるように適当な語を入れよ。

☐ **5** (a) He has been married these ten years.

　　(b) It (　) ten years (　) he got married.

☐ **6** (a) It is two months since his grandmother died.

　　(b) His grandmother (　) (　) (　) for two months.

☐ **7** (a) It is fifteen years since I began to devote myself to these experiments.

　　(b) I (　) (　) myself to these experiments these fifteen years.

ほぼ同じ意味の文を選べ。

☐ **8** Tom and Cathy haven't been married two months.

　　ⓐ More than two months have passed since Tom and Cathy got married.

　　ⓑ Less than two months have passed since Tom and Cathy got married.

　　ⓒ Tom and Cathy were going to get married two months ago, but they didn't.

　　ⓓ Tom and Cathy separated two months ago.

（　）内の動詞を適当な形に変えよ。

☐ **9** George (practice) the electric guitar for the past three months.

☐ **10** Tom hadn't answered the teacher's question before the bell (ring).

☐ **11** She returned the book she (borrow) from him the day before.

☐ **12** The judge asked the witness if he (see) the face of the murderer.

☐ **13** When the meal (be) nearly ready to be served, she noticed she (forget) to turn on the oven.

☐ **14** The road was muddy because it (rain) the day before.

☐ **15** I (complete) this work by the time you come.

☐ **16** If she drinks one more cup of coffee, she (drink) six cups today.

適当なものを選べ。

☐ **17** Tsuyoshi (　) railway tickets since he was a child.
　ⓐ is collecting　　ⓑ collected
　ⓒ was collecting　ⓓ has been collecting

☐ **18** I was tired after the test last Friday, because I (　) all day long every day for a week.
　ⓐ had been working　ⓑ have been working
　ⓒ have worked　　　ⓓ was working

☐ **19** If you come at seven o'clock tomorrow night, we (　) our dinner.
　ⓐ will already finish　　　　ⓑ have already finished
　ⓒ will already have finished　ⓓ had finished

( )内の動詞を適当な形に変えよ。

☐ **20** I rushed to the department store. Several of the doors (be) closed by the staff. I (beg) to be admitted, and confessed that I (forget) to buy my husband a birthday present. The girl smiled and opened the door. I thanked her profusely. Perhaps something similar (happen) to her, because she (be) very understanding.

問題 7 受動態

[解答・解説 p.62]

(a)の受動態になるように(b)の文を完成せよ。

☐ **1** (a) The mild spring follows the cold winter.
　　(b) The cold winter (　　) (　　) (　　) the mild spring.

☐ **2** (a) You must not leave the door open.
　　(b) The door (　　) (　　) (　　) (　　) open.

☐ **3** (a) I heard Helen playing the piano.
　　(b) Helen (　　) (　　) (　　) the piano.

☐ **4** (a) Who told you this fact?
　　(b) Who were you (　　) (　　) (　　) (　　)? /
　　　 Who was this fact (　　) (　　) (　　)?

Voice(態)を換えよ。

☐ **5** I saw a strange woman come toward me.

☐ **6** I have never heard him say such a thing.

☐ **7** She made her daughter wash the dishes again.

2文がほぼ同じ意味になるように適当な語を入れよ。

☐ **8** (a) She was cutting the paper into long strips.

(b) The paper ( ) ( ) ( ) into long strips.
- **9** (a) The newspaper may mention the incident tomorrow.
  (b) The incident ( ) ( ) ( ) by the newspaper tomorrow.
- **10** (a) They ought to have brought their presents earlier.
  (b) Their presents ought ( ) ( ) ( ) ( ) earlier.

与えられた語句ではじまる文に言い換えよ。

- **11** Everybody knew the ending of the story.
  (The ending of the story ...)
- **12** Economics didn't interest him at all. (He ...)
- **13** The result seems to have satisfied our boss.
  (Our boss ...)
- **14** Did the outcome surprise you?
  (Were you ...)

適当な語を入れよ。

- **15** "A tree is known ( ) its fruits." This proverb is, I think, known ( ) almost everybody.

( )内の語句ではじまる文に言い換えよ。

- **16** They all listened to the news broadcast from abroad.
  (The news broadcast from abroad ...)
- **17** I have never heard of such an instance.
  (Such an instance ...)
- **18** We must put up with some troubles.
  (Some troubles ...)

同じ意味になるように適当な語を入れよ。

☐ **19** (a)　They say that he was a minor politician.

　　(b)　It (　　) (　　) that he was a minor politician.

　　(c)　He is (　　) (　　) (　　) (　　) a minor politician.

☐ **20** (a)　We must admit that she has some beautiful notes in her voice.

　　(b)　It (　　) (　　) (　　) (　　) she has some beautiful notes in her voice.

能動態の文にせよ。

☐ **21**　In Japan green tea is drunk without sugar.

☐ **22**　Various articles of daily use are sold at that shop.

☐ **23**　What is this flower called in your country?

☐ **24**　In studying geography, maps must be made constant use of.

問題 8　助動詞

[解答・解説 p.68]

適当な語を入れよ。

☐ **1**　They seldom go out, but when they (　　) go out, they have a wonderful time.

☐ **2**　Not only (　　) the old woman dance, but she did so like a young girl.

☐ **3**　"Why didn't you call the police?"
　　"I (　　), but their phone was busy."

☐ **4**　(　　) it be true that John still loves Mary after she left him?

☐ **5**　Mrs. Smith saves every penny so she (　　) send her son to college.

- [ ] **6** However long you (　　) study, you will never know as much as he does.
- [ ] **7** You (　　) but sympathize after you've learned of his misfortune.
- [ ] **8** You (　　) as well throw your money away as spend it in betting on bicycle races.
- [ ] **9** "Must I tell the court everything?"
  "No, you (　　) not."
- [ ] **10** Judy (　　) be staying at this hotel, because she has gone back to the United States.
- [ ] **11** I'm surprised that you (　　) bring such a difficult book from the library.
- [ ] **12** When a baby, Sally (　　) sometimes keep her parents up all night.
- [ ] **13** He explained everything carefully, lest they (　　) misunderstand him.
- [ ] **14** He who (　　) search for pearls, must dive deep.
- [ ] **15** I (　　) rather die than disgrace myself.
- [ ] **16** He knocked at the door, but she (　　) not let him in.
- [ ] **17** Before automobiles filled our streets, city air (　　) to be clean.
- [ ] **18** John was too lazy last year; he (　　) to have worked harder.

2 文がほぼ同じ意味になるように適当な語を入れよ。

- [ ] **19** (a)　It's true that Mr. Brown is a good scholar, but he is not a good teacher.
  (b)　Mr. Brown (　　) be a good scholar, but he is not a good teacher.

15

- [ ] **20** (a) Though poor, Dorothy sent her son as much money as possible.
  - (b) Though poor, Dorothy sent her son as much money as she ( ).
- [ ] **21** (a) You have good reason to get angry with your daughter.
  - (b) You ( ) ( ) get angry with your daughter.
- [ ] **22** (a) It is not necessary for you to hesitate.
  - (b) You ( ) ( ) hesitate.
- [ ] **23** (a) I think we ought to stop this nonsense.
  - (b) We ( ) better stop this nonsense.
- [ ] **24** (a) It is certain that he himself saw the sight.
  - (b) He himself ( ) ( ) ( ) the sight.
- [ ] **25** (a) It is impossible that she was beautiful when young.
  - (b) She ( ) ( ) ( ) beautiful when young.
- [ ] **26** (a) He kept it secret, but it was not necessary.
  - (b) He need not ( ) ( ) it secret.
- [ ] **27** (a) I am sorry you did not start earlier.
  - (b) You ( ) ( ) started earlier.

適当なものを選べ。

- [ ] **28** They ( ) at least ten minutes ago.
  - ⓐ ought to leave ⓑ must have left
  - ⓒ might leave ⓓ should leave
- [ ] **29** You ( ) his face when I told him about her marriage.
  - ⓐ shall see ⓑ should see
  - ⓒ should be seeing ⓓ should have seen
- [ ] **30** A : Can I watch TV now, Mom?

B : Go up to your room this minute, and get back to work. You (　　) have done your homework very well in such a short time.

ⓐ can　　ⓑ can't　　ⓒ shall　　ⓓ shouldn't

□ **31** You shouldn't (　　) the meaning of the financial report.

ⓐ have mistaken　　ⓑ have mistook

ⓒ be mistaken　　ⓓ have been mistaken

問題 9　仮定法

[解答・解説 p.73]

(　)内の語句を適当な形に直せ。

□ **1** If I (listen) to English on the radio every day, how much better I would be at hearing English!

□ **2** If they (be) hungry, they would have eaten all the food.

□ **3** If I (foresee) all these difficulties, I would never have undertaken the work.

□ **4** The patient (may be) saved if the doctor had come a little earlier.

□ **5** If my grandmother (be) still living, she would be 85 years old this month.

□ **6** The girl looked at me as if she (want) to talk to me.

□ **7** Sarah told us about it as if she (see) it with her own eyes.

□ **8** Julie wishes her mother (be) here with her.

□ **9** It's about time our children (go) to bed.

□ **10** I wish I (take) better care of myself while I was still young.

適当な語を入れよ。

☐ **11** If my dog (　　) happen to die, I'll never forgive myself.

☐ **12** If I (　　) to receive the prize, I would be the happiest person in the world.

☐ **13** (　　) my mother driven faster, we could have arrived on time.

2文がほぼ同じ意味になるように適当な語を入れよ。

☐ **14** (a) I am sorry it is so cold today.
　　(b) I wish it (　　) not so cold today.

☐ **15** (a) Unfortunately I can't row the canoe.
　　(b) I wish I (　　) row the canoe.

☐ **16** (a) I regret that I didn't study hard last year.
　　(b) If only I (　　) (　　) hard last year!

☐ **17** (a) Without subway trains, life in Tokyo would be very inconvenient.
　　(b) If it (　　) not (　　) subway trains, life in Tokyo would be very inconvenient.

☐ **18** (a) But for your help, I wouldn't have been able to finish the work.
　　(b) If you (　　) (　　) me, I (　　) have finished the work.

☐ **19** (a) With only 100 yen more, she could have bought two books.
　　(b) If she (　　) (　　) only 100 yen more, she could have bought two books.

☐ **20** (a) If George should want my old baseball bat, please give it to him.
　　(b) (　　) George want my old baseball bat, please give it to

him.

- [ ] 21 (a) As she is lazy, I will not employ her.
  (b) If she ( ) ( ) lazy, I ( ) ( ) her.
- [ ] 22 (a) We didn't bring a map, so we didn't know which way to go.
  (b) If we ( ) ( ) a map, we ( ) ( ) ( ) which way to go.
- [ ] 23 (a) He spoke so rapidly that I was unable to understand him.
  (b) If he ( ) ( ) ( ) so rapidly, I ( ) ( ) ( ) able to understand him.
- [ ] 24 (a) He loved her like his own daughter.
  (b) He loved her as ( ) she ( ) his own daughter.
- [ ] 25 (a) Without the storm, I could have arrived earlier.
  (b) If it ( ) ( ) ( ) ( ) the storm, I could have arrived earlier.
- [ ] 26 (a) With a little more effort, you could have found the solution.
  (b) If you ( ) ( ) a little more effort, you could have found a solution.

適当なものを選べ。

- [ ] 27 Suppose he saw you now, _____
  ⓐ and you are right.　ⓑ he had seen you before.
  ⓒ do you like him?　ⓓ what would he say?
- [ ] 28 If our father _____ in business then, we would be happy now.
  ⓐ did not fail　ⓑ had not failed
  ⓒ does not fail　ⓓ has not failed
- [ ] 29 _____ in my absence, ask him for help.

19

ⓐ Should anything happen

ⓑ Anything will happen

ⓒ Unless anything happens

ⓓ If anything would have happened

☐ **30** I was very tired. Otherwise, I _____ to the party with you last night.

  ⓐ had gone   ⓑ went   ⓒ would go   ⓓ would have gone

問題10　話 法

[解答・解説 p.79]

(a)と同じ意味になるように(b)を完成せよ。

☐ **1** (a) Jane said to me, "I am busy now."

  (b) Jane told me that _____.

☐ **2** (a) Tom said, "I won't come tomorrow."

  (b) Tom said that _____.

☐ **3** (a) Yesterday Tom said to us, "I won't come tomorrow."

  (b) Yesterday Tom told us that _____.

間接話法に言い換えて，空所を完成せよ。

☐ **4** Ann said to me, "I saw your brother last night."

  → Ann told me that _____.

☐ **5** "From now on," Bob said, "I will do it myself."

  → Bob said that _____.

☐ **6** Ken said, "I'm sorry I don't understand you at all."

  → Ken said that _____.

☐ **7** She said, "I haven't finished reading the book which you gave me last week."

→ She said that she hadn't finished reading the book which _____.

☐ **8** I met John last night and said, "You may have a visitor tomorrow night."

→ I met John last night and said that _____.

☐ **9** The teacher said to us, "Do you think it is right?"

→ The teacher asked us _____.

☐ **10** "What's happening to my sister?" she asked.

→ She asked _____.

☐ **11** Yesterday I said to Edward, "May I call on you tomorrow?"

→ Yesterday I asked Edward _____.

☐ **12** He said to me, "Don't speak until you are spoken to."

→ He told me _____.

☐ **13** John said, "I met Jenny last year and I haven't seen her since."

→ John said that he had met Jenny _____.

☐ **14** He said, "I arrived here only last night but I'll have to leave town tonight."

→ He said that he had arrived _____.

☐ **15** He told me that it was very cold that morning, and asked if I was going out.

→ He said to me, " _____ ?"

２文がほぼ同じ意味になるように適当な語を入れよ。

☐ **16** (a) He said to me, "Lend me some money, please."

(b) He ( ) me to lend ( ) some money.

☐ **17** (a) The girl suggested to me that we should go home.

(b) The girl said to me, "( ) go home."

21

- **18** (a) Our teacher said to us, "President Kennedy was assassinated in November 1963."
  (b) Our teacher told us that President Kennedy (　) assassinated in November 1963.
- **19** (a) He told me that he would not accept the offer if he were in my place.
  (b) He said to me, "(　) (　) not accept the offer if (　) (　) in (　) place."
- **20** (a) He said to me, "Thank you."
  (b) He (　) me.
  (c) He expressed his (　) to me.
- **21** (a) I said to myself, "Which shall I choose?"
  (b) I (　) which I (　) choose.
- **22** (a) He said, "Remember me to your sister."
  (b) He (　) hello to my sister.

問題 11　数の一致

[解答・解説 p.82]

（　）に入る"be 動詞"の現在形を書け。

- **1** Not only you, but also I (　) responsible.
- **2** You or he (　) expected to write to her.
- **3** I as well as you (　) right.
- **4** Neither you nor she (　) lazy.
- **5** There (　) a lot of children having fun in the playground.
- **6** The book, together with some flowers, (　) on the table.
- **7** Toast and butter with a cup of coffee (　) my usual breakfast.

☐ **8** A black and white dog (　　) running after the cat.

☐ **9** A number of sailors (　　) loitering on the pier.

☐ **10** Each of the singers (　　) ready to sing.

正しいものを選べ。

☐ **11** The United States (is / are) larger than Mexico but smaller than Canada.

☐ **12** The beautiful (is / are) not always the best mothers and wives.

☐ **13** Two hours (is / are) a long time to wait for someone.

☐ **14** The committee (is / are) unable to agree.

☐ **15** A number of young girls (is / are) giving flowers to the singer.

☐ **16** The number of students who want to join the tennis club (is / are) larger than expected.

☐ **17** One out of three automobile accidents (is / are) caused by teen-age drivers.

☐ **18** Neither his choice of vocabulary nor his accent (is / are) correct.

☐ **19** Not only the students but also the teacher (is / are) laughing.

☐ **20** Ken is one of the few boys who (is / are) always on time with their assignments.

☐ **21** Many a young man (has / have) missed (his / their) home after (he / they) left there.

☐ **22** The teeth of a horse (reveal / reveals) (its / their) age.

☐ **23** She is one of those women who always (speak / speaks) ill of other people.

☐ **24** Each of the boys (has / have) (his / their) own bicycles.

☐ **25** Nobody (know / knows) what (his / their) own fate will be.

☐ **26** Every man usually (tries / try) to make (his / their) family happy.

☐ **27** He and I (has / have) washed (his / our / their) faces with cold water.

☐ **28** There (is / are) interesting programs on either FM (station / stations).

☐ **29** Every girl and every boy should finish (their / his or her) homework on time.

☐ **30** If a student listens to radio English programs, (its / his) hearing ability will probably improve.

☐ **31** A watch and chain (was / were) found under the bed.

☐ **32** The baseball team including all the players and manager (is / are) leaving for the United States.

☐ **33** A meeting, made up of one or two teachers and ten students, (is / are) held every Wednesday afternoon.

☐ **34** There (is / are), after the children have grown up, graduated from college and moved away, very few pleasures left in life.

☐ **35** He is one of the few Japanese who (is / are) proficient in three foreign languages.

☐ **36** To save people and live a religious life (was / have been) his sole object in life.

☐ **37** The English (is / are), on the whole, a good-humored and kindly people.

☐ **38** There was (two-hundred dollars / two hundred dollar bills).

☐ **39** The real effectiveness of the suggestions given (is / are) determined by the reader's desire to learn.

☐ **40** Neither the principles involved nor the method used in this investigation (was / were) wrong.

問題 12　不定詞 (1)

[解答・解説 p.87]

2文がほぼ同じ意味になるように適当な語を入れよ。

☐ **1** (a) We cannot finish the work by noon.
　　(b) It is impossible (　) (　) (　) (　) the work by noon.

☐ **2** (a) You were very careless to forget it.
　　(b) It was very careless (　) (　) to forget it.

☐ **3** (a) It is easy for you to pass those examinations.
　　(b) Those examinations are easy (　) (　) (　) (　).

☐ **4** (a) You cannot sleep very comfortably on this bed.
　　(b) This bed is not very comfortable for (　) (　) (　) (　).

☐ **5** (a) There are no houses in which they can live.
　　(b) There are no houses for (　) (　) (　) (　).

☐ **6** (a) I stepped aside so she could enter.
　　(b) I stepped aside for (　) (　) (　).

☐ **7** (a) He awoke and found all this was a dream.
　　(b) He awoke to (　) (　) (　) was a dream.

不定詞を用いて言い換えるものとして，適当な語を入れよ。

☐ **8** It is natural that he should refuse the offer.
　　→ It is natural for (　) (　) (　) the offer.

☐ **9** John had no difficulty in finding the mistake.

→ It was quite (　) (　) (　) to find the mistake.

☐ **10** The study of English is an absolute necessity for us.

　　→ It is absolutely (　) (　) (　) to study English.

☐ **11** Ken was very good to help his mother carry the bag.

　　→ (　) was very good (　) Ken (　) help his mother carry the bag.

☐ **12** Tom found that it was hard to come up to Bob in mathematics.

　　→ Tom found (　) hard (　) (　) up to Bob in mathematics.

☐ **13** It is very difficult for him to read English newspapers.

　　→ English newspapers are very difficult for (　) (　) (　).

☐ **14** The only sound that could be heard was the ticking of the clock.

　　→ The only sound to (　) (　) was the ticking of the clock.

☐ **15** We found no chairs on which we could sit.

　　→ We found no chairs to (　) (　).

☐ **16** Mary has no friends with whom she can discuss her problem.

　　→ Mary has no friends (　) discuss her problem (　).

☐ **17** You must study hard for fear you should fail the test.

　　→ You must study hard (　) (　) fail the test.

☐ **18** She turned off the radio so we could talk freely.

　　→ She turned off the radio (　) us (　) talk freely.

☐ **19** He threw down his violin, and never touched it again.

　　→ He threw down his violin, (　) (　) touch it again.

☐ **20** To my great surprise, I found it in my pocket.

→ I was greatly (　　) (　　) find it in my pocket.

☐ **21** We could not see anyone in the street.

→ No one (　　) (　　) be seen in the street.

☐ **22** You have only to study harder.

→ All you (　　) (　　) do is to study harder.

☐ **23** Some people live to the age of one hundred.

→ Some people live (　　) (　　) one hundred.

☐ **24** Frankly speaking, you are too hasty.

→ (　　) (　　) frank, you are too hasty.

適当なものを選べ。

☐ **25** The boy tried hard (　　).

   ⓐ not to cry　　ⓑ to not cry　　ⓒ to cry not　　ⓓ crying not

☐ **26** He fell over the precipice, but (　　) to say, he was not injured at all.

   ⓐ strange　　ⓑ stranger　　ⓒ strangely　　ⓓ strangeness

☐ **27** (　　) has not yet been decided.

   ⓐ To go where　　ⓑ Where to go

   ⓒ Go to where　　ⓓ Where go to

☐ **28** If you (　　) to know her phone number, will you tell it to me?

   ⓐ feel　　ⓑ happen　　ⓒ have　　ⓓ were

問題 13　不定詞 (2)

[解答・解説 p.91]

指定されたとおりに言い換えよ。

☐ **1** The news was so good that it could not be true.

→ The news was too _____.

- **2** This question is so difficult that children cannot answer it.
  → This question is too difficult _____.
- **3** The fact was so clear that it did not require proof.
  → The fact was too _____.
- **4** Albert is too wise not to know better.
  → Albert is so _____.

2文がほぼ同じ意味になるように適当な語を入れよ。

- **5** (a) He kindly lent me the money.
  (b) He was (　) kind (　) (　) lend me the money.
- **6** (a) She is so rich that she can buy a grand piano.
  (b) She is rich (　) (　) buy a grand piano.
- **7** (a) The boy was very kind; he showed me the way in the rain.
  (b) The boy had the (　) (　) show me the way in the rain.
- **8** (a) You are too young to go to such a place.
  (b) You are not old (　) (　) go to such a place.
- **9** (a) Her pride will not allow her to do such a thing.
  (b) She is too (　) (　) do such a thing.
- **10** (a) George seems to like studying chemistry.
  (b) It (　) that George (　) studying chemistry.
- **11** (a) It seems that he had a good night's rest.
  (b) He seems (　) (　) (　) a good night's rest.
- **12** (a) I believe that it was a mistake.
  (b) I believe it to (　) (　) a mistake.
- **13** (a) I'm sorry to have made such a mistake yesterday.
  (b) I'm sorry I (　) such a mistake yesterday.

☐ **14** (a) It is likely that they will win the race.
　　(b) They are (　) (　) (　) the race.
☐ **15** (a) We expect him to turn up by six.
　　(b) We expect that he (　) (　) (　) by six.
☐ **16** (a) I never expected to see you in such a place.
　　(b) I never expected that I (　) (　) (　) you in such a place.
☐ **17** (a) It is said that the president put up at this inn.
　　(b) The president is said (　) (　) (　) up at this inn.
☐ **18** (a) It is expected that Mrs. Green will run for the coming election.
　　(b) Mrs. Green is expected (　) (　) for the coming election.
☐ **19** (a) I meant to go to Hawaii, but I couldn't.
　　(b) I meant to (　) (　) to Hawaii.
☐ **20** (a) I intended to call on him last Sunday, but I could not.
　　(b) I intended to (　) (　) on him last Sunday.

適当な語を入れよ。

☐ **21** He is very frugal, not to (　) stingy.
☐ **22** Mr. Ford and his brothers are, (　) to speak, the brains of the organization.
☐ **23** (　) the union to go on strike means its ruin.
☐ **24** I'm going to marry her though my parents tell me not (　).
☐ **25** A : Won't you come with me?
　　B : I would like (　), but I'm sorry I can't.
☐ **26** Those refugees had no money to buy food (　).

☐ **27** He looked for the glasses with (　　) to examine the papers.

適当なものを選べ。

☐ **28** This book is too expensive. I can't (　　) to buy it.
  ⓐ account　ⓑ afford　ⓒ want　ⓓ intend

☐ **29** After a lot of problems Sandra (　　) to learn to drive.
  ⓐ gave up　ⓑ managed　ⓒ put off　ⓓ succeeded

☐ **30** Don't (　　) to come and see me one of these days.
  ⓐ fail　ⓑ succeed　ⓒ mind　ⓓ stop

☐ **31** If the human population goes on increasing at its present rate, social life as we now know it will (　　) to be possible.
  ⓐ stop　ⓑ give up　ⓒ finish　ⓓ cease

☐ **32** A：Will you be going to Rome this summer after all?
  B：I'm still (　　) to.
  ⓐ intending　ⓑ supposing　ⓒ visiting　ⓓ wondering

☐ **33** I could tell he was only (　　) to read, because his book was upside down.
  ⓐ acting　ⓑ behaving　ⓒ deceiving　ⓓ pretending

☐ **34** Which is the better way of (　　) to know the city, walking with friends or taking a guided tour?
  ⓐ becoming　ⓑ getting　ⓒ growing　ⓓ going

☐ **35** Once I learned what to listen for, I (　　) to appreciate modern jazz.
  ⓐ became　ⓑ came　ⓒ took　ⓓ turned

☐ **36** There is nothing (　　) me to do but work.
  ⓐ by　ⓑ for　ⓒ of　ⓓ to

☐ **37** It's no good waiting (　　); you must take action at once.

ⓐ for something to happen

ⓑ something to happen

ⓒ that something will happen

ⓓ for something that it will happen

問題 14　分　詞

[解答・解説 p.97]

（　）内の語のうち適当なほうを選べ。

☐ 1　The (drowning / drowned) rats are leaving the (sinking / sunk) ship.

☐ 2　The (speaking / spoken) language is sometimes more diffcult than the (writing/ written) language.

☐ 3　Patty is not particularly (interesting / interested) in that matter.

☐ 4　The children were (amazing / amazed) at the magic tricks.

☐ 5　It was (disappointing / disappointed) to hear how many students failed the examination.

☐ 6　There was nothing (hiding / hidden) in his suitcase.

☐ 7　A penny (saving / saved) is a penny (earning / earned).

問題 15　第 5 文型

[解答・解説 p.98]

各組には 1 つだけ文型の異なるものがある。それを選べ。

☐ 1　ⓐ You'll be saved a trip.

　　　ⓑ You'll be called a hero.

　　　ⓒ You'll be asked a favor.

☐ 2　ⓐ They proved him a fraud.

ⓑ They fancied him a genius.
ⓒ They awarded him a prize.

( )内の語を適当な形に直せ。

☐ **3** I'm sorry to have kept you (wait) so long.
☐ **4** Mr. Jenkins had a new house (build) in the suburbs of Chicago.
☐ **5** Meg said, "I'd like my eggs soft (boil)."
☐ **6** Have you ever heard this opera (sing) in Italian?
☐ **7** Stopping suddenly, Jimmy heard a little girl (sob) quietly.
☐ **8** You'd better have your aching tooth (pull) out.
☐ **9** While walking along the path, I happened to see an old-looking man (lie) at rest.
☐ **10** Say frankly what you mean, and you will make yourself (understand).
☐ **11** I made (know) my intention to my parents.
☐ **12** The football player had a fall and got his right leg (break).
☐ **13** Jane wants to have her son (admire).

( )内の語句のうち適当なものを選べ。

☐ **14** We heard those Americans (speak / to speak / spoken) in good Japanese.
☐ **15** I have been to the photographer's to have my picture (take / taking / taken).
☐ **16** I want to have Mr. Davies (correct / to correct / corrected) my composition.
☐ **17** Fred was almost asleep when he heard his name (call / called / to be called).

☐ **18** I could still feel his heart (beat / to beat / to be beating).

☐ **19** Can you make yourself (understand / to understand / understood) in English?

☐ **20** We found a white kitten (lying / lain / laid) under the armchair.

☐ **21** The boy wants to have his strange name (change / changed / to be changed).

☐ **22** I often heard him (say / said/ to say) that his family was well descended.

☐ **23** I (was blown off my hat / had my hat to blow off / had my hat blown off) by the strong wind.

☐ **24** I got Bob (take / to take / taken) my little sister to my uncle's.

☐ **25** The teacher made all of us (do / to do / done) over exercises, because there were so many mistakes in them.

(a)とほぼ同じ意味になるように適当な語を入れよ。

☐ **26** (a)　His only son was killed in the war.
　　　(b)　He (　　) his only son (　　) in the war.

☐ **27** (a)　Tom's watch was stolen in the train.
　　　(b)　Tom (　　) his watch (　　) in the train.

☐ **28** (a)　You must get someone to paint your house soon.
　　　(b)　You must get your house (　　) soon.

☐ **29** (a)　Dave went outside. He saw a rabbit. The rabbit was eating grass.
　　　(b)　(　　) outside, Dave saw a rabbit (　　) (　　).

☐ **30** (a)　I'll have them carry the baggage into the room.
　　　(b)　I'll (　　) the baggage (　　) into the room.

同じ意味の文を選べ。

☐ **31** I persuaded Susan to be examined by Harry.

　ⓐ I convinced Susan that Harry should examine her.

　ⓑ I convinced Susan that she should examine Harry.

　ⓒ I convinced Harry that I should examine Susan.

　ⓓ I convinced Harry that Susan should examine him.

問題 16　動詞慣用語句 (1)

[解答・解説 p.104]

下線部に最も意味の近い単語を下のⓐ～ⓙから選べ。

☐ **1** I cannot put up with your rudeness any longer.

☐ **2** Your plan will call for a lot of money.

☐ **3** Don't put off till tomorrow what should be done today.

☐ **4** I don't care for going to a movie theater.

☐ **5** We look upon him as an authority.

☐ **6** He spoke so fast that I couldn't make out what he said.

☐ **7** I forgot to ring up her brother last night.

☐ **8** Knowledge, indeed, is very difficult to come by.

☐ **9** The English and the Americans make much of what is practicable.

☐ **10** At present, I do not want to take part in any political movement.

ⓐ demand　　ⓑ like　　ⓒ obtain　　ⓓ participate

ⓔ postpone　ⓕ regard　ⓖ telephone

ⓗ tolerate　　ⓘ understand　ⓙ value

下線部が[　]内の意味になるように適当な語を入れよ。

- **11** We'll ( ) together again.　　　　　　[= meet]
- **12** I was born and ( ) up in California.　[= fostered ; reared]
- **13** She ( ) off her engagement.　　　　[= cancelled]
- **14** The president ( ) away last month.　　[= died]
- **15** We'll have to ( ) in our paper in time.　[= submit]
- **16** The ice ( ) way and the horses were drowned.　　　　　　　　　　　　　　　　　[= cracked]
- **17** My uncle has ( ) up drinking on his doctor's advice.　　　　　　　　　　　　　　　　　[= stopped]
- **18** The plan was ( ) out with discretion.　[= executed]
- **19** If this sort of weather ( ) up, we won't be able to practice enough before the game.　[= continues]
- **20** The & sign ( ) for "and."　　　　　[= indicates]
- **21** Even a child wouldn't be taken ( ) by such an obvious lie.　　　　　　　　　　　　　[= deceived]
- **22** This new machine can turn ( ) more than one hundred copies a minute.　　　[= produce]
- **23** I couldn't take ( ) the lecture at all.　[= understand]
- **24** The University Administration set ( ) a branch campus in New York City.　　　　　　[= establish]
- **25** As she didn't want to go to the party, she made ( ) a good excuse.　　　　　　　　　[= invented]

35

問題 17　動詞慣用語句 (2)

[解答・解説 p.109]

適当なものを選べ。

☐ **1**　A：I'm afraid I've spilt some milk on the tablecloth.
　　B：Oh, don't (　) about that.
　　ⓐ care　　ⓑ matter　　ⓒ suffer　　ⓓ worry

☐ **2**　Be careful when answering questions. Incorrect answers (　) to serious misunderstandings.
　　ⓐ cause　　ⓑ bring　　ⓒ result　　ⓓ lead

☐ **3**　Before we left, Jane went to (　) the hotel room.
　　ⓐ pay　　ⓑ pay for　　ⓒ paying　　ⓓ paying for

☐ **4**　Passengers were asked to (　) from smoking until the sign went off.
　　ⓐ refrain　　ⓑ stop　　ⓒ prevent　　ⓓ cease

☐ **5**　He has never really (　) over the shock of his son's death.
　　ⓐ come　　ⓑ gotten　　ⓒ passed　　ⓓ been

☐ **6**　He was (　) his pay a week earlier so that he could take a trip to Rome.
　　ⓐ thinking　　ⓑ wishing　　ⓒ hoping　　ⓓ counting on

☐ **7**　I have to make a wedding speech tomorrow. Can you (　) something amusing that happened to the bride when you went to school together?
　　ⓐ have　　ⓑ say　　ⓒ think of　　ⓓ think up

☐ **8**　You can live here until something better (　) up.
　　ⓐ speaks　　ⓑ goes　　ⓒ brings　　ⓓ comes

☐ **9**　I couldn't stay to the end of the discussion. How did it (　) out?

ⓐ go   ⓑ get   ⓒ prove   ⓓ turn

☐ **10** If another world war should (　) out, it might be the end of civilization.

ⓐ break   ⓑ come   ⓒ make   ⓓ take

☐ **11** The new road sign (　) very well: the words are easy to read.

ⓐ comes on   ⓑ puts up   ⓒ stands out   ⓓ takes over

☐ **12** A hastily planned trip more often than not (　) being tiring rather than enjoyable.

ⓐ ends up   ⓑ finishes   ⓒ goes through   ⓓ turns out

☐ **13** I'm trying to (　) my calorie intake.

ⓐ drop out   ⓑ drop off   ⓒ cut down   ⓓ go down

☐ **14** I have not yet (　) out what I am going to do.

ⓐ acted   ⓑ brought   ⓒ figured   ⓓ watched

☐ **15** Because Pierre spoke to me in French, I couldn't (　) what he said.

ⓐ make for   ⓑ make sense   ⓒ make up   ⓓ make out

☐ **16** When I asked him to lend me some money, he (　) my request.

ⓐ complained   ⓑ objected   ⓒ refused to   ⓓ turned down

☐ **17** We had to (　) up with his poor table manners because he refused to change.

ⓐ get   ⓑ make   ⓒ put   ⓓ set

☐ **18** Unfortunately our car (　) out of gasoline right in the middle of the main street and blocked traffic.

ⓐ ran   ⓑ came   ⓒ took   ⓓ stopped

☐ **19** Small children should be (　) away from fire.

37

    ⓐ done   ⓑ kept   ⓒ lived   ⓓ went

☐ **20** Our public leaders are imaginative and often come up (　) new ideas.

    ⓐ over   ⓑ in   ⓒ through   ⓓ with

☐ **21** Can you (　) a duck from a goose?

    ⓐ call   ⓑ choose   ⓒ say   ⓓ tell

☐ **22** It never (　) to me that I could find the answers in that textbook.

    ⓐ thought   ⓑ happened   ⓒ occurred   ⓓ referred

☐ **23** This is a very strange letter. What do you (　) of it?

    ⓐ feel   ⓑ gather   ⓒ get   ⓓ make

☐ **24** Tom (　) me of a boy I used to know.

    ⓐ recalls   ⓑ reminds   ⓒ remembers   ⓓ remarks

☐ **25** At last we got (　) of our friend after trying to telephone many times.

    ⓐ catch   ⓑ hold   ⓒ hand   ⓓ own

☐ **26** I just can't see why he doesn't (　) his motorcycle, since he never rides it any more.

    ⓐ get along   ⓑ get away   ⓒ get hold of   ⓓ get rid of

☐ **27** At last he stopped before an old house, and (　) another glimpse of the town.

    ⓐ kept   ⓑ threw   ⓒ cost   ⓓ caught

☐ **28** This castle tower (　) a panoramic view of the whole city.

    ⓐ commands   ⓑ meets   ⓒ takes   ⓓ widens

☐ **29** Attention should be (　) to even the smallest detail of the report.

    ⓐ done   ⓑ taken   ⓒ paid   ⓓ observed

☐ **30** One can neither understand anything nor (　　) any part in one's society without a knowledge of one's native language.
ⓐ make　　ⓑ take　　ⓒ put　　ⓓ get

1 動詞・文型 (1)

解答・解説

1 The institute was (**founded**) more than ten years ago.

$\begin{cases} \text{find(見つける)} - \text{found} - \text{found} \\ \text{found(創設する)} - \text{founded} - \text{founded} \\ \text{fine(罰金を科す)} - \text{fined} - \text{fined} \end{cases}$

「その研究所は10年以上前に見つけられた」よりも「創設された」のほうが妥当ですから，found の過去分詞形 founded(○)が正解です。

2 The boy (**felled**) one of his father's cherry trees.

$\begin{cases} \text{fall(倒れる)} - \text{fell} - \text{fallen} \\ \text{fell(木を伐り倒す)} - \text{felled} - \text{felled} \end{cases}$

「父親の桜の木の1本を伐り倒した」のだから，fell の過去形 felled(○)を選びます。

結局，find や fall の活用は常識として，それらと混同しやすい found(創設する)，fell(木を伐り倒す)という規則変化の動詞があるので気をつけましょう。

3 (a) The new 747 SR has (**flown**) from Tokyo to New York nonstop.
 (b) All the boys have (**fled**) from all this homework.

(a) flown:「新型のSR747機は，東京からニューヨークへノンストップで飛んだ」
(b) fled:「男の子たちはひとり残らずこの宿題をすっかりさぼってしまった」

$\begin{cases} \text{fly(飛ぶ)} - \text{flew} - \text{flown} \\ \text{fly / flee(逃げる)} - \text{fled} - \text{fled} \\ \text{flow(流れる)} - \text{flowed} - \text{flowed} \end{cases}$

という区別もあります。fly は不規則変化，flow は規則変化，おまけに fly は「逃げる」という意味のときは flee と同じ変化をするというんだから，ちょっと紛らわしいですね。

4 (a) The farmers have (**sowed**) their seeds rather late this year.
 (b) The carpenter (**sawed**) the board into three pieces.

(a) sowed:「農夫たちは，今年は遅めに種まきをした」
(b) sawed:「大工はのこぎりで板を3つに切った」

などがたちどころに浮かんで来たと思います。

{see（見る）- saw - seen
saw（のこぎりでひく）- sawed - sawed, sawn
sow（種をまく）- sowed - sowed, sown
sew（縫う）- sewed - sewed, sewn

see は不規則，その他は規則変化というだけですから，saw[ɔ:] と sow, sew[ou] という母音の発音にも注意しながら口ずさんでおきましょう。

　1-4 のほか，「耐える，運ぶ」は bear - bore - borne だが，「生まれる」(be born) のときの過去分詞は born でしたね。こういうふうに**意味によって活用のしかたが違ってくるものもある**わけです。でも，bear と次の hang, shine，この3つだけで大丈夫です。

5　The criminal was (**hanged**) for an example.
　ⓒ：「つるす，ぶらさげる」の hang - hung - hung は常識として，ある特別のものをぶらさげるときだけは，

　　hang - hanged - hanged

という規則変化になります。何をぶらさげるかというと「首，人間の首」なんです。**「絞首刑にする」**という意味のときだけは hang - hanged - hanged となるわけです。本問は「犯人は見せしめに絞首刑にされた」のだから hanged（○）です。

6　I'd like to have my shoes (**shined**).
　ⓓ：「靴を磨いていただきたい」。shine（輝く）- shone - shone に対して，「靴を磨く」は shine - shined - shined という規則変化ですから shined（○）です。

　7〜9 はごく単純な**不規則活用**の例です。

7　This cassette tape recorder (**cost**) more than 100 dollars.
　cost（○）：「このカセット・テープレコーダーは100ドル以上した」。cost（費用がかかる）は cost - cost - cost という不規則活用です。

8　The players (**shook**) hands after the game.
　shook（○）：「選手たちは試合が終わると握手を交わした」。shake hands は「握手する」(→②本冊 p.36)。shake - shook - shaken と活用します。

9　I (**hurt**) my hand while I was repairing the chair.
　hurt（○）：「いすの修理中に手にけがをしてしまった」。hurt（傷つける）は hurt - hurt - hurt。もちろん hurted（×）なんていう形はありません。

　英作文の答案に swimmed（×）なんて変なのを見かけることがありますが，やはり swim - swam - swum（○）が正しい。辞書の巻末などについている**「動詞活用**

表」は基礎を固めるのに欠かせません。例えば，take – took – taken（○）のことを take – took – tooken（×）なんて言ってた人がいましたけど，それじゃ始まりませんからね。

　また，「eat（食べる）の過去形は？」ときいたら，「えーと…」と言った人もいましたが，「えーと」じゃなく ate[eit]です。「eat の p.p.(過去分詞)は？」ときいたら，「ピーピーだから overeat（食べ過ぎる）」⁉ は冗談です。eat – ate – eaten（○）でした。

　さて，以下の数題は即答できる力が必要でしょう。

10 I had (**begun**) to recite when the bell (**rang**).
　begin – began – begun と ring – rang – rung。「朗読し始めたと思ったらベルが鳴った」

11 My little brother knew that the red light (**meant**) "stop."
　mean – meant – meant：「弟は赤のライトが『止まれ』の合図だと知っていた」。この mean（～を意味する）については，[mi:n] – [ment] – [ment] という発音にも注意。

12 Mary (**drove**) around the States.
　drive – drove – driven：「アメリカ中を車で回った」

13 The child (**dug**) a big hole in the garden.
　dig（掘る）– dug – dug：「庭に大きな穴を掘った」

14 John is an old soldier who (**fought**) bravely.
　fight – fought – fought：「勇敢に戦った老兵だ」

15 He has (**borne**) his poverty admirably.
　bear – bore – borne：「見事に貧乏に耐えてきた」。born ではありません（→ p.41）。

16 They all (**preferred**) coffee to coke.
　prefer – preferred – preferred：「みんなコカ・コーラよりコーヒーを好んだ」（→ ②本冊 p.171）。これはスペリングに注意する例です。óffer – óffered – óffered に対して，refér や prefér では**アクセントが最後の音節にある**ので，最後の子音字の r を重ねます。
　　límit – límited – límited と omít – omítted – omítted との区別も同じ要領ですね。
　　　occúr（起こる）– occúrred – occúrred（○）
のスペリングも書くたびに間違えるようではだめですよ。

17 I (**lay**) down for a short nap.

lie - lay - lain:「ちょっと昼寝しようと横になった」の意ですから,自動詞 lie の過去形です。もちろん lay - laid - laid という他動詞と区別しなければなりません(→本冊 p.10)。なお,lie が「嘘をつく」という意味のときだけは lie - lied - lied と規則変化をすることもちょっと注意しておきましょう。

以上,**動詞の活用**に関する細かい問題の点検でした。

❷ 動詞・文型(2)

[解答・解説]

1 (a) The party left Tokyo yesterday and got to London early this morning.
  (b) The party started (**from**) Tokyo yesterday and (**arrived**) in London early this morning.
 「一行はきのう東京を発ち,けさ早くロンドンに到着した」。
   leave = start from(〜から出発する)
   reach = get to;arrive in[at] (〜に到着する)
ですから,from と arrived を記入すればいいですね。

ここから,**重要な自動詞と他動詞との区別**(→本冊 p.9-14)に入ります。英語の他動詞はすぐ後に目的語をとるので,目的語の前に**前置詞は不要**。例えば,日本語では「〜に似ている」「〜と結婚する」と言っても resemble with 〜(×)とか marry with 〜(×)ではなく,resemble 〜(○);marry 〜(○)でよい。**日本語の表現に引きずられて不要な前置詞をつけてはいけない**——それが要点でした。以下はそういう問題です。

2 Meg (**seated**) herself quietly at the piano.
   seated:「静かにピアノの前にすわった」。sit は自動詞,seat は他動詞ですから "seat oneself" の形で「すわる,着席する」の意味となります(→本冊 p.11)。

3 George (**attends**) Sophia University in Tokyo.
   attends:「〜に通う,出席する」(→本冊 p.12)。"attend to" は「〜に注意する,〜に精を出す」という別の意味になってしまいます。

4 They (**discussed**) the plan.
   discussed:「〜について話し合った」(= talked about 〜)(→本冊 p.13)

5 My sister (**married**) an Italian restaurant owner.
   married:「〜と結婚した」(→本冊 p.12-13)

6 My brother (**resembles**) my father very much.

resembles：「～と似ている」（= be like ～）（→本冊 p.12-13）

同じように"Thank you."というお礼に対して「どういたしまして(そのことについては言わないで)」は Don't mention it.(○)であって，Don't mention about it.(×)とは言いません(→本冊 p.13)。He entered her room.(= He went into her room.)（○)はいいのですが，He entered into her room.(×)はダメです(→本冊 p.12-13)。

今度は，**自動詞の後に必要な前置詞を補充する**というパターンです(→本冊 p.13-14)。

7 Tom is waiting **for** you in front of the library.

wait for(～を待つ)（→本冊 p.14）

8 I've been thinking **of[about]** the problem for hours.

think of[about]（～について考える）

9 He searched **for** the information in today's newspaper.

search for(～を探し求める)（→本冊 p.14）

10 Weren't you surprised to hear **of** his success?

hear of(～のことを聞く)と hear(～[の音・声]を聞く)との区別。「彼が成功したって話を聞いて，驚かなかった？」

11 My father's unexpected money added **to** my savings.

add to(= increase)（～を増す）（→本冊 p.14, p.233）：「父が意外にもお金をくれたので，私の貯金が増えた」。"add A to B"（A を B に加える）（→本冊 p.14)と区別します。

12 I would like you to reply **to** this letter soon.

reply to(= answer)（～に返答する）：「この手紙にすぐお返事を書いていただきたいのですが」の意。

13 The teacher insisted **on** accuracy and neatness in our term paper.

insist on(～を主張する)（→本冊 p.14, ②本冊 p.31）：「先生はレポートは正確にきちんと書くんですよと強く言った」という意味。

最近のセンター試験問題から。これらも**自動詞か他動詞か，前置詞が必要か不必要か**をきいています。

14 You mustn't (**talk**) loudly in the library.

ⓑ：「図書館の中では大きい声で話してはならない」。自動詞は talk だけで，say, tell や utter（[声を]口から出す）はいずれも他動詞です。

15 I'm not quite sure what book (**he was talking about**).
　　ⓑ：「どんな本のことを話していたのか私にはよくわからない」。talking about の about が必要です（→本冊 p.13）。

16 The Olympic Games were a huge success because so many countries (**participated**).
　　ⓐ：「オリンピックは，とても多くの国々が参加したため大成功だった」。自動詞の partícipate が正解。ⓒ represent は「～を代表する，表す」という他動詞（→本冊 p.234）。ⓓ take part in 「～に参加する」(= participate in)（→本冊 p.234）は，in の後に them (= the Olympic Games) という目的語が必要です。

17 I can't (**stand**) that noise. It's driving me crazy.
　　ⓒ：「あんな騒音には我慢できない。頭がおかしくなってしまいそうだ」。否定文での stand は他動詞として「～を我慢する，～に耐える」(= bear) の意味になることに注意。ⓑ は put up with のように，前置詞が必要です（→本冊 p.17, p.250）。ⓓ は stay away from という形で「～から離れている，（学校などを）休む」（→本冊 p.251）。

18 Kyoto and Nara (**attract**) a large number of tourists.
　　ⓑ：ⓑ attract(他動詞)を入れ，「多くの観光客を(魅力で)引きつける」とします。ⓐ appeal to 「～に訴える」は前置詞 to が必要。ⓒ appear 「現れる」は自動詞。ⓓ include 「～を含む」は不適当。

19 The prime minister (**stressd**) the importance of making changes in the election system.
　　ⓑ：「首相は選挙制度を変えることが重要だと力説した」。ⓐ restrict 「～を制限する」，ⓑ stress 「～を強調する」（→②本冊 p.210）は他動詞。ⓒ congrátulate A on B 「A の B をおめでとうと言う」（→本冊 p.236）。ⓓ complain of [about] 「～について不平を言う」（→②本冊 p.29）。

　こうしてみると，動詞については常に**自動詞・他動詞の区別**と**前置詞・副詞との結びつき**に注意しながら覚える必要があることがよくわかると思います（→本冊 p.10-17）。

③ 動詞・文型 (3)

[解答・解説]

　紛らわしい動詞を識別する問題へと進むことにします。

　例えば，remember と remind，steal と rob とは混同しやすいようで，こういう動詞の使い方については誤りをしょっちゅう見かけます。そこで，**用法を混同してはいけない動詞**，はっきり**理解しておかねばならない重要動詞**を取り上げます。絶対の自信をつけておいてください。

1 Could you (**remind**) me when it's time to begin class?
　　remind:「授業開始の時間になったら，知らせてくれませんか」

2 (a) When I saw her, I always thought of a famous movie actress.
　　(b) She always (**reminded**) me of a famous movie actress.
　　reminded:「彼女を見ると，いつも有名な映画女優を思い出した」

　これらの remind は「思い出す」(×) と覚えてはダメ。「思い出す」のではなくて「**思い出させる**」(○) という他動詞です。特に

　　remind A of B（A に B を思い出させる）

という形(→本冊 p.239)はきわめて重要です。

　remind は「思い出させる」のですから，

　　She always reminds me of a monkey.

ならば，「彼女はいつも私に猿を思い出させる」，つまり「彼女を見るといつも私は猿を思い出す」となるわけです。

　いいですか，もし「A が B を思い出す」のでしたら，"remind A of B"（A に B を思い出させる）を受動態にして

　　A is reminded of B.（A が B を思い出す）

という形になる理屈ですね。ここが混同しやすい。remind が「思い出させる」で，"**be reminded of ～**"が「**～を思い出す**」(= think of ～) というわけです。とすると，

　　She always **reminds** me of a monkey.

　　→ Whenever I see her, I **am reminded of** a monkey.

　　→ When I see her, I am always **reminded of** a monkey.

　　→ I never see her without **being reminded of** a monkey.

という言い換えができることになります(→②本冊 p.226)。

$$\begin{cases} \text{remind ... of } \sim \text{（…に～を思い出させる）} \\ \text{recall / think of / be reminded of（～を思い出す）} \\ \text{remember（～を覚えている）} \\ \text{memorize / learn } \sim \text{ by heart（～を記憶する）} \end{cases}$$

ここまではっきりわかっていれば万全で，もう迷うことはないでしょう。

3 Mr. Minton's house was (**robbed**) last night but nothing important was (**stolen**).

　これもよくある典型的な問題。「ミントンさんの家に昨夜どろぼうが入ったが，大事なものは何も盗まれなかった」の意味ですが，steal と rob との区別も絶対にできなければなりません。

　steal は単純に「～を盗む」でいいが，rob は「～から盗む」で

　　rob A of B（A から B を盗む）

という形で使います（→本冊 p.238）。「A から B を」の A と B を取り違えやすいので，特に"of ～"「～を」という部分を印象的にきっちり覚えておくことです。これが基本にあたり，正解は robbed, stolen（○）の順となります。

　かつて東大で次のような問題が出たことがありますが，各文の○×を判定して，右の（　）に記入してごらんなさい。正しい文はいくつあるでしょうか。

　　ⓐ Somebody stole his bag.　　　　　　　　（　）
　　ⓑ Somebody robbed his bag.　　　　　　　（　）
　　ⓒ Somebody robbed him of his bag.　　　　（　）
　　ⓓ He was stolen his bag.　　　　　　　　　（　）
　　ⓔ He was robbed of his bag.　　　　　　　（　）
　　ⓕ His bag was stolen.　　　　　　　　　　（　）
　　ⓖ His bag was robbed of.　　　　　　　　（　）
　　ⓗ His bag was robbed of him.　　　　　　（　）
　　ⓘ He had his bag stolen.　　　　　　　　（　）
　　ⓙ He had his bag robbed.　　　　　　　　（　）

そう，正しいのは 5 つ。ⓐⓒは○。その受動態にあたるⓔⓕが○。ⓘも his bag stolen のところのネクサス（→本冊 p.221-224）がわかっていれば，すぐ○だとわかるはずです。

　それ以外はすべてダメです。特に"rob A of B"（A から B を盗む）の **A と B とを混同した** ⓑⓖⓗのあたりは絶対にやってはならない間違いです。うろ覚えだと

ひっかかります。ⓓが根本的にいけない理由は説明ずみです(→本冊 p.67-75)。ⓙがｘなのはⓖⓗがｘなのと同じです。

ついでに，"rob A of B"(AからBを盗む)の類型として，

 deprive A of B （AからBを奪う）
 clear A of B   （AからBを取り除く）
 cure A of B   （AからB[病気]を治す）
 ease A of B   （AからBを[取って]楽にする）
 relieve A of B （AからBを取って安心させる）
 rid A of B   （AからBを駆除する）
 strip A of B   （AからBをはぎ取る）

などが重要語句です(→本冊 p.238)。

この"of ～"のあたりがぴんとこないで，例えば

 They cleared the country of guerillas.

を「彼らはゲリラの国をきれいに掃除した」(×)なんてやるといけない。もちろん「国**から**ゲリラ**を**一掃した」(○)のです。「はぎとる」というstripではどんな例文が頭に浮かびますか。…私の例文は

 The storm **stripped** the tree **of** its leaves.
 = The storm stripped the leaves off the tree.
 （嵐が吹いて木**から**葉**を**はぎとって丸坊主にした）

というきわめて無難かつ健全な例文でした。

紛らわしい動詞の続きです。

4 That man (**invented**) a machine to kill rats with sound.
 invented：「音を使ってネズミを殺す機械を発明した」の意。discover(発見する)とinvent(発明する)の区別です。

5 The teacher (**told**) her students what to write in their notebooks.
 told：say, speak, talk, tell のうち，2つ目的語をとれるものを選びます。"tell + O' + O"という形(→本冊 p.29)で，「ノートに何を書いたらいいか学生たちに話した」の意。

6 Why don't you (**take**) this box with you when you go back to America?
 take：「アメリカへ帰るときこの箱を持って行ったらどう？」。bring([こちらへ]持って来る，連れて来る)とtake([ここからどこかへ]持って行く，連れて行く)を区別します。

7 They gradually (**came**) to enjoy their English lessons.

　came:「英語の授業をしだいに楽しむようになった」。"become to ～"（×）という形はありません。「～するようになる」はその代わりに"come to ～"を用います(→ p.97)。

　あるとき誤文訂正の問題で,「彼は彼女と知り合いになった」

　　He became to know her.(×)

の誤りを正せ，というのがありましたが，知り合いになったのはアイツじゃなくてオレだというんでしょうか，He → I と答えた人がいましたが，気持ちはわかりますけど，それではダメですね。

8 It (**takes**) courage and skill to swim against a current that runs fast.

　ⓐ:「水流の速い流れに逆らって泳ぐには勇気と技術を必要とする」。take([時間・労力など]を必要とする)と cost([費用が]かかる)（→ p.41）との区別もよく出題されています。

9 I could not (**remove**) the ink spot from my coat.

　ⓒ:「コートからインクのしみを取ることができなかった」。drop「落ちる，落とす」，lose「～を失う」ではなく，remove「～を取り除く」が正解です。disappear「消える」は自動詞だからダメです。

10 If you stay at a big hotel, you can (**use**) their swimming pool.

　ⓓ:「大きなホテルに泊まればそこのプールが使えますよ」で，use「～を利用する」を選びます。borrow「(持ち運びできる物)を借りる」と use「(備えつけの電話・ワープロ・プールなど)を借りる，使う」を区別させる問題です。bathe「《米》入浴する，《英》泳ぐ」は自動詞ですから不可。

11 It's a pity that quite a few Japanese women (**quit**) their jobs when they get married.

　ⓑ:「結婚すると仕事を止めてしまう日本の女性がかなり多いのは残念だ」。quit「(仕事などを)止める」という他動詞。end up「(結果が～に)終わる」。retire「退職[引退]する」は主に自動詞。withdraw「引っこむ，～を撤退させる」は不適当です。

12 According to the recent report, smoking (**affects**) the lives of those nearby.

　ⓑ:「最近の報告によると，喫煙は周囲の人たちの生命にも影響があるとのことだ」。affect「～に(直接的に)影響を与える」と effect「(効果・変化)を生じさせる」を混同してはいけません。reform「～を改革する」，lower「～を低下させる」は

文脈に合いません。

以上は，紛らわしい動詞を区別させ，文脈に合う適切な動詞を選ばせる，近ごろ増加傾向にある問題でした。

❹ 動詞・文型（4）

[解答・解説]

1 (a) Why did the girl smile at me?
(b) What (**made**) the girl smile at me?
　made：「女の子はどうして笑ったの？」を「何が女の子を笑わせたのか」と考えるのが英語的な発想です。"make ＋ O ＋原形不定詞"という形(→本冊 p.216)を用います。

2 (a) Your assistance has made him succeed.
(b) He (**owes**) his success to your assistance.
　owes：「あなたの援助が彼を成功させた」とは「あなたの援助のおかげで彼は成功した」ということ。"owe A to B"（A は B のおかげだ）という形に言い換えが可能（→ ②別冊 **14** 前置詞 **35**）。さらに，早大の問題では"A is due to B."を使って，His success is due to your assistance. という文を求めていたことがあります。

　ところで，**英語では必ずしも人間が主語になるとは限りません**。例えば，「きのうの**雨が出発を妨げてね**」だとか，「**貧乏が学校へ行かせないんだよ**」「1 時間の**ドライブが海へ連れて行ってくれるだろう**」…といったような言い方もしますが，これらをそのまま日本語で口走ったりすると「おまえ，勉強のし過ぎでとうとう頭が狂ったんじゃないのか」なんて言われそうです。でも，英語ではよくある発想法ですから，どうしても**慣れておかないといけない**わけです。
　その代表的なのが次の問題です。どんな動詞を使いますか。

3 (a) As she had a cold, she could not go swimming.
(b) Her cold (**prevented [kept]**) her from going swimming.

4 (a) The ship couldn't leave the port owing to the storm.
(b) The storm (**prevented [kept]**) the ship leaving the port.

　3「風邪で，泳ぎに行けなかった」，**4**「嵐のせいで，出港できなかった」の意で，ともに prevented（または kept）が正解。この"prevent ... (from) 〜ing"（…が〜す

るのを妨げる，…に～させない）という形（→②本冊 p.32）は重要です。

5 （a）He went to Paris on business last month.
　（b）Business (**took**) him to Paris last month.
6 （a）If you walk half an hour, you will come to the village.
　（b）Half an hour's walk will (**bring[take]**) you to the village.
　5 took，6 bring（または take）：「仕事が彼をパリへ連れて行った」「30 分間の歩行が…」という発想で，これまた頻度が高い問題。**主語が人間以外のものに変わると動詞がどう変わるか**を確かめておくことです。
7 （a）If you take this road, you will come to the station.
　（b）This road will (**take[lead]**) you to the station.
　「この道を行くと駅に出ますよ」。take または lead（～を導く）がぴったりです。

　動詞には**さまざまな慣用法がある**ので，ひとつひとつ正確に記憶しなければいけません。例えば，
8 （a）The lawyer asked her a lot of questions.
　（b）The lawyer asked a lot of questions (**of**) her.
　「弁護士は彼女にいろいろ質問した」は，「彼女に」だから to（×）と間違えやすいが，"ask A of B"（A を B にたずねる）の of（○）のほうです。ただし，(a) の "ask ＋ O'＋ O"（→本冊 p.26）のほうが一般的で，(b) の形は非常に格式ばった言い方ですから日常的には使いません。
9 （a）He presented a book to the boy.
　（b）He presented the boy (**with**) a book.
　「少年に本をプレゼントした」は，with を思いつくことがポイントです。
　　"present A with B"（A に B をあげる）
という形（→本冊 p.239）を知らないとできません。
　これに類する語句で必須なのは，
　　supply[provide] A with B（A に B を供給する）
　　equip[fix／furnish] A with B（A に B を備え付ける）
　　endow A with B（A に B を授ける）
など。これを知らないで，present the girl with a ring を「指輪をはめた女の子をプレゼントする」は大変な誤解です。「女の子**に**指輪**を**プレゼントする」（○）わけです。

10問の答えをチェックします。

10 ⓓ　**11** ⓓ　**12** ⓑ　**13** ⓑ　**14** ⓐ
15 ⓐ　**16** ⓒ　**17** ⓑ　**18** ⓐ　**19** ⓓ

いずれも**動詞の慣用法をきいている問題**で，センター試験とか私立大一般の文法・語法の問題に必ず含まれる問題です。各問の要点を確認しておきますと，

10 We must (**stop**) the child from getting into mischief.

「子供がいたずらをしないようにさせなくてはいけない」の意味で，"stop [prevent] ... from ～ing"（…が～するのを妨げる，…に～させない）（→ p.50）の形。

11 May I (**use**) your telephone? I'd like to call a friend of mine.

日本語では「電話を借りてもいいですか」と言うが，borrow は×。パソコン，電話などを使わせてもらうのは，May[Can] I use ...?（○）が慣用です（→ p.49）。

12 There's nothing to do about it. It can't be (**helped**).

It can't be helped.(= We can't help it.)「どうしようもない，しかたがない」という表現。このまま覚えます。

13 An honest man sometimes loses by being so. Honesty does not always (**pay**).

「正直であることによって損をすることもある」に続いて，Honesty does not always pay.「正直がいつもひき合うとは限らない」。pay「もうかる，損しない，ひき合う」という自動詞を選びます。

14 My father (**advises**) me to be a doctor.

"advise ... to ～"（…に～するよう忠告する）だけが許される形。"hope [propose / suggest] ... to ～"（×）**という形は誤り**（→本冊 p.214）と記憶してよいのです。

15 Mr. Brown (**does**) the cooking for his family on Sundays.

「料理［洗濯］する」は do the cooking [washing] と言います。

16 "What time do you have?"

"My watch (**says**) three o'clock."

My watch says ...（私の時計では…）とか The notice says ...（掲示では…と出ている）とかが慣用的です。"What time do you have?"は「今何時ですか」の意（→ ②別冊 p.83）。

17 They have a lot of children and want to (**hire**) a servant.

「子供がたくさんいるのでお手伝いさんを雇いたいと思っている」。charter（［船・車などを］借りる），hire（［人を］雇う），let / rent（賃貸する）のうちどれでしょうか。

18 Tom is going to (**apply**) for a job with a computer company.

「コンピュータ会社(の仕事)に応募しようとしている」。apply for ~「~に応募する」がぴったり。find a job(就職する)ならば for は不要です。

19 (**Watch**) your step, or you might fall into the water.

「足もとに注意しないと水に落ちますよ」。"Watch your step." は「足もとに気をつけて」ですが、「危ない！」と叫ぶときは "Watch out!" とか "Look out!"。それとも「あぶない！」"Have an eye!" と叫んでもいいのでした(→本冊 p.16)。

最近の問題をもう10題。正しい動詞がぴんぴんと浮かんでくるでしょうか。

20 Will you please (**spare**) me a few minutes?

ⓒ：「ちょっと(私に)時間をさいて(spare)くれませんか」

21 Why can't you (**get**) Bill to take charge of our cows?

ⓐ：「ビルに牛の世話をしてもらうわけにはいかないの？」。"get ... to ~"(…に~させる、してもらう)(→本冊 p.221)と "let + O + 原形不定詞"(…に~させる)(→本冊 p.216)の区別は重要です。

22 Paul never (**gave**) the matter another thought.

ⓒ："give + O' + O"(…に~を与える)の形で、「その問題を二度と考えてはみなかった」という意味になります。

23 John didn't know how to (**explain**) to his wife that he quit his job.

ⓒ："explain to ~ that ..."(~に…だと説明する)の to に注目。ⓐの tell ならば to は不要です。「仕事をやめたことを妻にどう説明したらいいのかわからなかった」

24 This song (**sounds**) familiar to me.

ⓑ："sound + C"(~に聞こえる)(→本冊 p.20-25)がぴんときたでしょうか。「この歌はなじみがあるように聞こえる」「この歌は知っているような気がする」という意味で、familiarly(×)ではなく familiar(○)であることもよく理解しておいてください(→②本冊 p.89-90)。

25 The extra bed (**proved**) very useful when we had visitors.

ⓓ：「予備のベッドは訪問客があったときとても役立つことがわかった」。"prove + C"(結局~になる、~だとわかる)はよく出題されます(→本冊 p.24)。

26 Will this medicine really (**do**) me any good?

ⓐ：「この薬は本当に(私に)効きますか」。"do + O' + O"(→本冊 p.26-27)の代表的な問題です。

27 Ken, by visiting me, (**saved**) me the trouble of calling him.

ⓑ：「ケンが訪ねてきてくれたおかげで、(こちらからわざわざ)彼に電話をかけ

る手間が省けた」。これまた"save＋O′＋O"(→本冊 p.27)の典型的な使い方です。

28 John is going to (**find**) himself in trouble one of these days.

　ⓐ:「ジョンは近いうち困ったことになるだろう」。find himself in trouble「自分が困る(のがわかる)」という"find＋O＋C"(→本冊 p.210-211)がすっきりわかっていればいいですね。

29 The discovery that coal could be burned (**made possible**) the kind of industrial society in which we live.

　ⓑ:「石炭が燃やせるという発見**が**，私たちが暮らしているような(種類の)産業社会**を可能にしてくれた**」という英語らしい言い方に慣れたでしょうか。日本語なら「…という発見のおかげで私たちはこういう産業社会に暮らせているのだ」と言いそうなところですね。"make＋O＋C"(…を～にする)がこの問題文では"make＋C＋O"という語順になっている(→本冊 p.4)ことにも注意してⓑを選びます。

　"enable ... to ～"(→本冊 p.215)，"cause＋O′＋O"(→本冊 p.29)，"come into being"(生まれ出る，生じる)なども重要な語句ですから，それぞれの用法をつかんでおいてください。

⑤ 時　制(1)

解答・解説

　まず，基本を確かめます。基礎のできている人にはやさしすぎるかもしれませんが，かつて慶大に出たことのある問題です。

1　〈問題文省略〉

　　He **is writing** a letter.
　　He **has written** a letter.
　　He **will have written** a letter.
　　He **has been writing** a letter.

　時制の講義をしたときでした。英語と日本語との違いを理解することが大事で，日本語の表現につられて間違えるようではいけない。そんな話(→本冊 p.46-51)をして終わったところ，ある女子学生が質問に来て，いきなり「2つ続くとよくわかんないんですが…」と言うんです。はてな？　いったい何のことだろう，さっぱり真意がつかめません。

　ところが，よくきいてみると，write, writes, wrote のような1語なら何とか

わかるが，will write とか is writing, have written といったように2語の形になるとよくわからない，そういうことだったんですね。それじゃ困りますよねえ。will be doing, will have done, have been doing …なんて3語になるとますますわかんないようでした。

そこで，もう1題。**英語の時制とその動詞の形を**

　　　He eats lunch.

という短文で書けばこうなります。

現　在	He eats lunch.	He is eating lunch.
過　去	He ate lunch.	He was eating lunch.
未　来	He will eat lunch.	He will be eating lunch.
現在完了	He has eaten lunch.	He has been eating lunch.
過去完了	He had eaten lunch.	He had been eating lunch.
未来完了	He will have eaten lunch.	(He will have been eating lunch.)

左側に6つ，その右側はそれぞれの進行形ですが，さすがに（　）内の未来完了進行形となるとまず使われません。この1つだけ除いて，**あとの合計11の形はすらすら書けないといけません**。三人称・単数・現在のs, es や have, has の区別などにも注意が必要です。

「うわあ，英語の時制は11もあるのか」と感じるか，それとも「なあんだ，たった6つとその進行形か」と感じるか。どっちにせよ，動詞の時制の形はこれだけあるわけです。

それぞれの時制の形が表す基本的な内容を図で示せば，次のようになる。相互の関係を大ざっぱにつかんでおくといいですね。

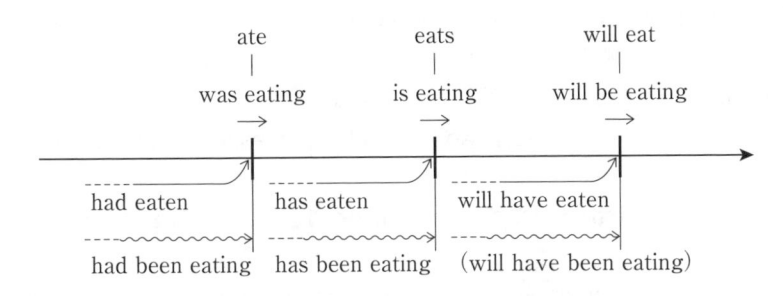

```
              ate            eats         will eat
               |              |              |
           was eating      is eating     will be eating
              →              →              →
    ─────────────────┼──────────────┼──────────────┼──────────→
         ----------↑     ---------↑     ---------↑
          had eaten       has eaten     will have eaten
         ～～～～～～      ～～～～～      ～～～～～～
        had been eating  has been eating (will have been eating)
```

これだけの形は，どんなことがあっても，平気ですんなり言えたり書けたりしないとどうにもなりません。その上で，「時制」の講義（→本冊 p.37-66）で説明したように**日本語と英語で相違する急所を押さえて，図を正確に思い浮かべるようにする**

のが時制をマスターする道です。例えば，

 Jack (be) ill for a few days when he was sent to the hospital.
の適当な動詞形は？ という問題ならば，

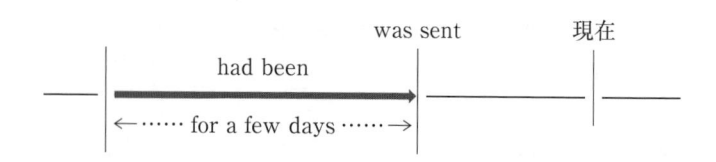

```
                        was sent        現在
      |-----had been------|--------------|
      |←……for a few days……→|
```

といったような図が浮かんで，正解は「過去の1時点までの状態の継続」(→本冊 p.56-57) を表すと言われている過去完了 had been になります。「数日間，病気で寝ていてから入院させられた」わけで，was sent という過去時制とか，for a few days という副詞句がヒントになるわけです。

 こういうように，確認するときには図をパッと頭に浮かべるのですが，例外もあるにはありました (→本冊 p.60)。が，理解できる範囲の例外だから大したことはありません。

 Tell him about it when he (come) tomorrow.
ならば，「彼が来たら」といってこれから来るんですが，未来形ではなく現在形 comes で代用します (本冊 p.60-64)。**「時・条件を表す副詞節の中では未来形を現在形で代用する」**ということでしたね。このあたりをきく問題もじつに多い。要点をしっかり押さえて，以下の問題の (　) 内の動詞を適当な形に直してみましょう。

2 Every student who (**takes**) this examination must write with a pen.
 takes：「この試験の受験者はペンで書かなければならない」。Every student は単数扱い (→本冊 p.157)。三単現の s にも注意します。

3 Mary already (**speaks**) two foreign languages. Now she (**is learning**) a third.
 speaks, is learning：「すでに2つをしゃべり，目下3つ目を習得中」ということですね。

4 Mary wants to study French next year, and I expect that she (**will learn**) it rapidly.
 will learn：next year, expect (→本冊 p.197-198) などに注目して「速く覚えるだろう」と自然に意味をとります。

5 George told me that he (**would leave**) before long.

    would leave（または was leaving）：「間もなく出かけるよと言った」で，**"過去から見た未来"**は will 〜の過去形の would 〜です。類題は，
        He explained to her that he (get) married to another girl the next month.
        →　答えは would get。

6 She (**was playing**) the piano when our guests (**arrived**) last night.

    was playing, arrived：last night から arrived が決まる。もうひとつは過去進行形にして，「昨夜，彼女がピアノをひいていると客が到着した」という意味にするのがいちばん自然でしょう。

7 He'll receive his ticket when he (**arrives**) at the airport.

    arrives：「空港に着いたら，切符を受け取るだろう」。will arrive（×）ではなく現在形です。when ...は副詞節なのですから（→本冊 p.61-64）。

8 I don't know if it (**will rain**) tomorrow, but if it (**rains**) I'll stay at home.

    will rain, rains：「あした雨が降るかどうか知らないが，…」。最初の if ...（…かどうか）は**名詞節**（→本冊 p.66）。「降ったら家にいるよ」。2番目の if ...（…ならば）は副詞節（→本冊 p.64）です。

9 I am going to send this article to a magazine editor for publication when I (**have written**) it.

    have written：「この記事を書いてしまったら，出版してもらうために編集者に送るつもり」という意味。書き終えるのは未来だが，**未来完了形でなく現在完了形で代用する**（→本冊 p.63）ところがミソです。

10 The time will surely come when my words (**will come**) true, but when it actually (**comes**) I (**will have been**) long dead.

    will come, comes, will have been：「私のことばが本当になる時がきっと来るだろうが，いざ実際に来たときには，私はもうずっと以前に死んでしまっていることだろう」。最初の when ...が文頭の The time へかかる**形容詞節**であることをつかむのが要点です（→本冊 p.64-65）。後半は頭の中に図を浮かべて，未来完了形とします。

次の2題は「時制の一致」の例外として記憶しておくものです。

11 The scientist reminded us that light (**travels**) at incredible speed.

    travels：「光は信じられないくらいの速度で進む」という一般的真理・変わらぬ事実は，原則として時制の一致には従わないので，いくら「科学者は私たちに思い

出させた」という過去の文でも**現在形のままで**よいということです。

12 I learned that the French Revolution (**broke out**) in 1789.
　　broke out：歴史上の事件も**過去形のまま**でよい。「フランス革命は1789年に起こったことを学んだ」

13 Bob will be glad to see you when he (**comes**) home.
　　ⓐ：will come ではなく comes です（→ **7**，**9**）。

14 The man decided to wait at the station until his wife (**came**).
　　ⓐ：「妻が帰るまで駅で待つことにした」という過去のことだから came です。センター試験の問題ですが，やさしいですね。

15 If Jane (**does not rest**) more, she may have a nervous breakdown.
　　ⓓ：「ジェインはもっと休まないとノイローゼになってしまうかもしれない」。ⓐⓑⓒに惑わされないこと（→ **8**）。

16 The sign says that the police will take your car away if you (**park**) it here.
　　ⓒ：「ここに駐車すると警察が車を持ち去ると掲示に書いてある」（→ **8**，**15**）。

17 What do you think (**will happen**) to John when he finds his bicycle has been stolen?
　　ⓒ：「自転車を盗まれたとわかったらジョンはどうなると思いますか」。when he finds ... の finds が「未来形の代用をしている現在形」（→本冊 p.60-62）だとわかっていれば，これまたやさしいでしょう。他のメチャクチャな選択肢に惑わされるようではいけません。

6　時　制 (2)

[解答・解説]

　まずは，現在完了の基礎的な用法の確認です。やさしいですけど，こういう基礎をしっかりやっておくのが肝心。**1** は早大，**3** は慶大，ほかはセンター試験に出た問題です。

1 Last year I (**went**) to Hokkaido for my holidays.
　　ⓒ：「去年，休日を過ごしに北海道へ行った」。last year は明らかに過去を表す副詞句だから，現在完了はダメです（→本冊 p.42）。

2 I have just (**been**) to the station to see him off.

ⓑ:「彼を見送りに駅まで行ってきたところだ」というよくある文。この"have been to ～"は「～へ行って(帰って)来たところだ」という意味を表す形です。

3 I'm sorry to say my mother (**has been**) ill in bed since the end of last year.

　　ⓑ:「残念ながら，母は去年の暮れから療養中です」の意。has been という「(過去のある時点から現在までの)状態の継続」を表す現在完了を選びます(→本冊p.39-41)。

4 Can you tell me what (**you were doing**) when she came to visit you?

　　ⓓ:「彼女が訪ねてきたときあなた(たち)が何をしていたのか教えてくれない？」。came という過去形と，what 以下の間接疑問文の語順(→②本冊 p.105)にも注意して，ⓒⓓのうちⓓの過去進行形が正しいというわけです。

5-7 の「～してから…になる」という形式をマスターしておくのは絶対に必要です。よくある例で，「10年前に死んだ」「死んでから10年になる」ならば，

　　His father died ten years ago.

はやさしい。これを

　　① His father has been dead these ten years.
　　② It is[has been] ten years since his father died.
　　③ Ten years have passed since his father died.

と言い換えます。この①②③を混同してはいけません。

①は「ここ10年，ずっと死んだまま」という，「状態」が継続しているわけだから has died(×)でなく has been dead(○)でなくてはいけない。ここでつまずく人が多い。

die は「死ぬ」という動作，be dead は「死んでいる」という状態。この2つを区別できないといけない。同じく「結婚する」ならば get married，「結婚している」は be married となります。

②は "It is ... since ～." の形式。口語では「久しぶりだね」It's been ages (since I met you last). のように "It has been ... since ～." となることもあります。

③は動詞が have passed となる。②と③とを混同して②を It has passed ... (×) なんてやるのはもってのほか。そういう「うろ覚え」がいちばんいけません。

5 (a) He has been married these ten years.
　　(b) It (**is**) ten years (**since**) he got married.

　　is, since : is は2語なら has been です。

6 (a) It is two months since his grandmother died.
　(b) His grandmother (**has**) (**been**) (**dead**) for two months.
　　has been dead：「祖母が亡くなってから2か月」。(b) は die ではなく be dead の現在完了形を使います。
7 (a) It is fifteen years since I began to devote myself to these experiments.
　(b) I (**have**) (**devoted**) myself to these experiments these fifteen years.
　　have devoted：「この15年，これらの実験に専念してきた」。

　p.59の3つの形(①②③)をしっかり押さえておけばもう万全です。次のようにちょっとだけひねってあるセンター試験の問題も軽く乗り切れるはずです。

8 〈問題文省略〉
　ⓐ More than two months have passed since Tom and Cathy got married.
　ⓑ **Less than two months have passed since Tom and Cathy got married.**
　ⓒ Tom and Cathy were going to get married two months ago, but they didn't.
　ⓓ Tom and Cathy separated two months ago.
　　「2人が結婚してまだ2か月もたっていない」と意味がとれますね。そうすると，ⓐ「2か月以上たった」(×)ではなく，ⓑ「2か月以下しかたっていない」(○)のほうが正しい。
　　ⓒ「2か月前に結婚するつもりだったが，しなかった」はとんだ勘違い。ⓓ「2か月前に別れた(!?)」。

9 George (**has been practicing**) the electric guitar for the past three months.
　　has been practicing：「3か月エレキを練習している」という現在までの「動作の継続」(→本冊 p.42-43)です。

10 Tom hadn't answered the teacher's question before the bell (**rang**).
　　rang：「先生の質問に答えないうちにベルが鳴った」

11 She returned the book she (**had borrowed**) from him the day before.
　　had borrowed：「その前日に借りた」は明らかに returned (過去時制) より前だから，過去完了にします(→本冊 p.58-59)。

12 The judge asked the witness if he (**had seen**) the face of the murderer.

had seen：「裁判官は証人に殺人犯人の顔を見ましたかときいた」。asked より前の時制（→本冊 p.58-59, p.143）。

13 When the meal (**was**) nearly ready to be served, she noticed she (**had forgotten**) to turn on the oven.

　　was, had forgotten：「食事を出す段になって，オーブン(oven[ʌ́vən])のスイッチを入れ忘れたのに気がついた」

14 The road was muddy because it (**had rained**) the day before.

　　had rained：「前日に雨が降ったので道はぬかっていた」。the day before「前日に」に注目します（→本冊 p.58, p.140-141）。

15 I (**will have completed**) this work by the time you come.

　　will have completed：「お見えになるまでにこの仕事を完成しておきます」。図が頭に浮かびますか（→本冊 p.55）。"**未来の 1 時点までの動作の完了**"を表す例です。

16 If she drinks one more cup of coffee, she (**will have drunk**) six cups today.

　　will have drunk：「(これから)もう 1 杯飲むと(そのときまでに)6 杯飲んだことになる」ということ。

17 Tsuyoshi (**has been collecting**) railway tickets since he was a child.

　　ⓓ：「子供のときから鉄道の切符を収集している」。**9** と同じく「(現在までの)動作の継続」を表す現在完了進行形です（→本冊 p.42-43）。

18 I was tired after the test last Friday, because I (**had been working**) all day long every day for a week.

　　ⓐ：「金曜までの 1 週間，毎日一日じゅう勉強していた」んですね。今度は「**(過去までの)動作の継続**」を表す過去完了進行形です（→本冊 p.53-54）。**17** と **18** の区別が，はっきりと次のような図となって頭に浮かんで，いればいいわけです。

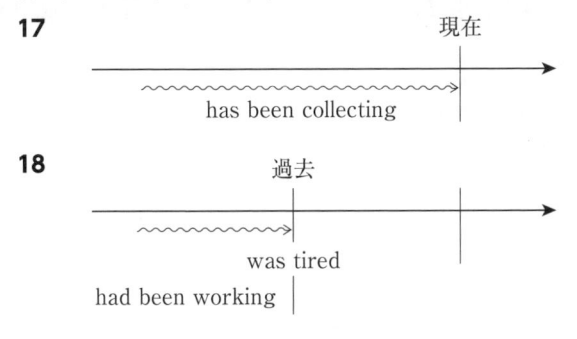

17　　　　　　　　　　　　　現在
　　　～～～～～～～→
　　　　has been collecting

18　　　　　　過去
　　　～～～→
　　　　was tired
　　had been working

19 If you come at seven o'clock tomorrow night, we (**will already have finished**) our dinner.

ⓒ：「明晩 7 時においでになれば」という**未来の 1 時点**を基準にして「(そのときまでには) 私たちは夕食をすませてしまっているでしょう」。

以上で未来完了まで出ました。最後にまとめとしてもう 1 題。もちろん，解答を見る前にテストしてごらんなさい。流れるように意味がとれるでしょうか。

20 I rushed to the department store. Several of the doors (**were[had been]**) closed by the staff. I (**begged**) to be admitted, and confessed that I (**had forgotten**) to buy my husband a birthday present. The girl smiled and opened the door. I thanked her profusely. Perhaps something similar (**had happened**) to her, because she (**was**) very understanding.

were (had been も認める)，begged, had forgotten, had happened, was：「デパートへかけつけた」→「ドアのいくつかは従業員の手で閉められていた」→「入れてくださいと頼んだ」→「夫へ誕生日プレゼントを買うのを忘れてしまったと打ち明けた」→「女の子がにこっと笑って開けてくれた」→「惜しみなく感謝した」。最後の文は「おそらく彼女も似たような経験をしたことがあったのだろう，あんなに理解を示してくれたんだから」という意味ですね。

どうです？自信がついたでしょうか。こんなところが時制に関する標準的な問題です。

❼ 受動態

|解答・解説|

　態 (Voice) の転換をやるときには，ただ何となく考えてるだけではだめで，能動態の文中から**目的語をつきとめる**のが第一歩です。そして，その目的語を受動態の文の主語にして考える。このあたりは「受動態」の講義 (→本冊 p.67-84) で強調しましたが，要するに，受動態へ言い換えるには，**文型との関連を理解しておくのが基本にあたる**ということでした。

1 (a) The mild spring follows the cold winter.
　(b) The cold winter (**is**) (**followed**) (**by**) the mild spring.
　　"SVO"を"S + be p.p.(過去分詞) + by 〜"の形に換える基本形。「寒い冬のあとには温暖な春が来る」という意味です。
　　　→ The cold winter is followed by the mild spring.

2 (a) You must not leave the door open.
　(b) The door (**must**) (**not**) (**be**) (**left**) open.
　　You(S) must not leave(V) the door(O) open(C).という第5文型を意識して，"S + be p.p. + C"とします。「ドアを開け放しにしておいてはいけない」
　　　→ The door must not be left open.

3 (a) I heard Helen playing the piano.
　(b) Helen (**was**) (**heard**) (**playing**) the piano.
　　I(S) heard (V) Helen(O) playing the piano(C).ですから，**2**と同じ要領。「ヘレンがピアノをひいているのが聞こえた」
　　　→ Helen was heard playing the piano.

4 (a) Who told you this fact?
　(b) Who were you (**told**) (**this**) (**fact**) (**by**)?／
　　Who was this fact (**told**) (**you**) (**by**)?
　　Who(S) told(V) you(O′) this fact(O)?という第4文型だから，目的語が2つある。ということは，受動態の文は2通りできます。
　　　→ Who were you told this fact by?／
　　　　Who was this fact told you by?
　　ただし，日常の英語では(a)の能動態を使うほうが自然で，(b)の疑問文の受動態は特殊な場合だけしか使われないでしょう。
　　また，**2**，**3**では"by 〜"は不要ですね。by you, by me, by them などはよほどでないと付けません。かなり不自然な英語になりやすいのです。みんなが思う以上に不自然なんですよ。例えば，
　　　Helen was heard playing the piano by me.(×)
なんかは，ひょっとすると「ヘレンが私のそばで(by me)ピアノをひいている…」の意味になりかねない。機械的に"by 〜"をつけるとそんなふうに誤解される危険もあるわけです。

　　この3問は，ある1つの要点がはっきりと頭に浮かばないといけません。「あっ，

あれだな」とぴんと来た人は勉強してます。

5 I(S) saw(V) a strange woman(O) come(C) [toward me].
「見知らぬ女性がこちらに来るのが見えた」

6 I(S) have never heard(V) him(O) say such a thing(C).
「彼がそんなことを言うのを聞いたことがない」

という第5文型です。目的語を受動態の文の主語にして

 5 → A strange woman was seen ...

 6 → He has never been heard ...

となる。ここまでは **4** までと同じですね。

 ただ、注意しなければならないのは、"知覚動詞(see, hear, feel など)+ O + 原形不定詞"の形(→本冊 p.216)では

 5 → A strange woman was seen to come toward me. (○)

 6 → He has never been heard to say such a thing. (○)

のように、**原形不定詞が受動態では"to 不定詞"**になるということです。"be seen to ～" "be heard to ～"などの形に慣れておく必要がある。そこがポイントです。

 これは使役動詞(make など)でも同じで、"make + O + 原形不定詞"(→本冊 p.216)の受動態は"be made to ～"の形になります。

7 She made her daughter wash the dishes again.
 → Her daughter was made to wash the dishes again.
  (娘はもう一度、皿を洗わさせられた) (○)

 英語の受動態は"be + p.p.(過去分詞)"という形を用いる。これは当り前ですが、**8**「紙を切って、長い紙切れをつくっていた」のような**進行形を受動態にする**問題で、いちいちつっかえてしまう人はいませんか。あるいは心配そうに記入する人はいないでしょうか。そういう人たちが自信を持てるように、こう言っておきましょう。

 受動態にもいろいろな時制があるが、"be + p.p.(過去分詞)"の be だけを変化させる。「be だけを」というところが大事で、p.p. はそのまま。未来の受動態ならば、will be + p.p. ですし、その他、

  現在進行形：is[are/ am] being
  過去進行形：was[were] being
  現在完了形：has[have] been   done
  過去完了形：had been
  未来完了形：will have been

など，どんな時制であっても書きやすいでしょう。助動詞を含むものは，もちろんその**助動詞はそのまま**使います(→本冊 p.78)。

8 (a) She was cutting the paper into long strips.
　(b) The paper (**was**) (**being**) (**cut**) into long strips.
　　→ was being cut(過去進行形の受動態)(○)

9 (a) The newspaper may mention the incident tomorrow.
　(b) The incident (**may**) (**be**) (**mentioned**) by the newspaper tomorrow.
　　→ may be mentioned(○):「その事件のことはあしたの新聞に出るかもしれない」

10 (a) They ought to have brought their presents earlier.
　(b) Their presents ought (**to**) (**have**) (**been**) (**brought**) earlier.
　　→ to have been brought(○):「(どうせ持ってくるなら)もっと早く持ってくるべきだったのに」(→本冊 p.96)

11 Everybody knew the ending of the story.
　→ The ending of the story was known to everybody.:「物語の結末はだれもが知っていた」(→②本冊 p.249)

12 Economics didn't interest him at all.
　→ He was not interested in economics at all.:「彼は経済学にはちっとも関心がなかった」(→本冊 p.79)

13 The result seems to have satisfied our boss.
　→ Our boss seems to have been satisfied with the result.:「社長はその結果に満足したようだ」(→本冊 p.77)

14 Did the outcome surprise you?
　→ Were you surprised at (または by) the outcome?:「その結果に驚きましたか」

これらは "be + p.p." のあとの**前置詞が必ずしも by であるとは限らない**(→本冊 p.79)，という問題。あたりまえですよね。

　　The dish was eaten (　) a knife and fork.
　　Bread is eaten (　) various parts of the world.

なら，それぞれ with(→②本冊 p.239)，in(→②本冊 p.232)ですし，

　　Wine is made (　) grapes.

65

This model plane is made (　　) plastics.
ならば, from, of(→②本冊 p.239)ですね。ただ, ちょっと注意しておきたいんですが,
　　　"be known to ～"（～へ知られている）
　　　"be interested in ～"（～に興味がある）
　　　"be satisfied with ～"（～に満足する）
などを覚えることは必要としても,「be known のあとは必ず to」といったような**機械的な覚え方はちとまずい**。次の問題のように裏をかく出題もなきにしもあらずです。

15 "A tree is known (**by**) its fruits." This proverb is, I think, known (**to**) almost everybody.
　　　どうでしょう？ 2番目は to(→②本冊 p.249)でいいですが, 最初の(　　)は？実は by なんですよね。ただ, 普通のいわゆる「行為者」を示す by と用法が違う。「木の価値はその果実いかんによって決まる」という意味の諺（ことわざ）で,**判断の基準を表す** by なのです。
　　　A man is known (　　) the company he keeps.
も by を入れ,「付き合っている仲間を見ればその人がどんな人間であるかがわかる」となります。また, さらには
　　　He is well known (　　) his noble acts.
なら答えは for(→②本冊 p.249)で,「立派な行いで有名」ということです。
　　　というわけで,"be known"と見ただけで「あっ, to だな」と即断してはいけません。

　"listen to""hear of""put up with"などをそれぞれまとめて**「ひとかたまりの動詞」と見なす**(→本冊 p.78-83)。それで全部解決です。

16 They all listened to the news broadcast from abroad.
　→ The news broadcast from abroad was listened to by them all.：「海外からのニュース放送にみんな聞き入った」

17 I have never heard of such an instance.
　→ Such an instance has never been heard of.：「こんな例は聞いたこともない」(→ p.44, p.64)

18 We must put up with some troubles.
　→ Some troubles must be put up with.：「いくつかの悩み事に耐えなければならない」(→本冊 p.17, p.250)

19 (a) They say that he was a minor politician.

(b) It (**is**) (**said**) that he was a minor politician.

(c) He is (**said**) (**to**) (**have**) (**been**) a minor politician.

(b) is said　(c) said to have been：「二流の政治家だったと言われている」（→本冊 p.194-196）。They say that ...が**なぜ** It is said that ...**になるのか**わかりますか。They(S) say(V) that ... (O). を受動態にすると，目的語だった That ...が受動態の文の主語になる。そして，That ...の代りに形式主語の It を使い，It is said that ...となる。つまり，次の手順で納得できます。

　　They(S) say(V) that ... (O).

　→ That ... (S) is said(V) [by them].(不適当)

　→ It(S) is said(V) ｜ that .... （適当）

20 (a) We must admit that she has some beautiful notes in her voice.

(b) It (**must**) (**be**) (**admitted**) (**that**) she has some beautiful notes in her voice.

We(S) must admit(V) that ... (O).

→ It must be admitted that she has ....(○)：「彼女の声には美しいひびきがあることは認めなければならない」

21 In Japan green tea is drunk without sugar.

→ In Japan they[we] drink green tea without sugar.

22 Various articles of daily use are sold at that shop.

→ They sell various articles of daily use at that shop.：「その店ではさまざまな日用品を売っている」

23 What is this flower called in your country?

→ What do you call this flower in your country?

24 In studying geography, maps must be made constant use of.

→ In studying geography, you[we] must make constant use of maps.：「地理を勉強する際には，常に地図を使わなければならない」

　一般人称と呼ばれる one, we, you, they, people などは受動態の文では明示されていませんから（→本冊 p.79-80），それらのうち適当なものを主語に使うわけですね。こういうのも昔からある伝統的な文法問題で何の新鮮味もありません。よく Sugar is sold by the pound. なんてあって，能動態に直すんです。by the pound が「1 ポンド

を単位にして」(→②本冊 p.67)ということさえわかればいい。そこで店の人をばくぜんとさす They を主語にして,

　　They sell sugar by the pound. (○)

となります。子供だましみたいなものですから，みんなはひっかかりませんよね。まともにひっかかって The pound sells sugar.(!?)なんてやってしまった人がいました。「ポンド氏が砂糖を売る」なんていうことでも考えたんでしょうか。いや，なんにも考えなかったんでしょうね。

　さて，受動態の要点はすべて出ました。あとは「命令文の受動態」Kill him. → Let him be killed. などと古めかしい文法書にあってもガチガチの文語体でまず言わない。未来進行形の受け身なんて示してあっても，これまた不自然で使われない。The letter will be being written.(!?)なんて，すご過ぎますね。

8 助動詞

解答・解説

　助動詞と言えば，do, be, have；will, shall, would, should から始まって，can, may, must, need (not) など。さらに2語からできている used to, ought to ; had better ; be to, have to なども助動詞として扱われていますね。

　まず，それらのうちから**適切な助動詞を選んで記入する問題**からやります。

1	do	2	did	3	did	4	Can[Could]
5	can	6	may	7	cannot	8	may[might]
9	need	10	cannot				

　どうでしたか。各文についてコメントしておきますから，すぐ正解が浮かばなかったものは，例文として覚えるようにするといい。**考え込むよりも助動詞を含む例文に慣れる**ほうが先ですから。

1 They seldom go out, but when they (**do**) go out, they have a wonderful time.

　「めったに外出しないが，いざ外出するとなると楽しく過ごす」。do は**動詞を強める**助動詞。

2 Not only (**did**) the old woman dance, but she did so like a young girl.

　「おばあさんはダンスをしただけじゃなく，まるで若い女の子みたいにやってみせた」。否定語で始まる文は"S + V"の部分に倒置が起こり(→②本冊 p.204)，"do

＋S＋V"という語順になる。次の文も did が入ります。
　　　Little (　　) I think that she would marry so soon.
　　　(あの娘があんなに早く結婚しちゃうなんて，夢にも思わなかった)

3 "Why didn't you call the police?" "I (**did**), but their phone was busy."
　「どうして警察に電話しなかったの」「したさ。でも，話し中だったんだ」。did = called the police.

4 (**Can[Could]**) it be true that John still loves Mary after she left him?
　"Can[Could] it be true that ...?"は「…ははたして本当だろうか」という疑問の気持ちが強く，It cannot[couldn't] be true that ....(本当のはずがない) (→本冊 p.91-98)という言い方に近いですね。

5 Mrs. Smith saves every penny so she (**can**) send her son to college.
　「息子を大学にやるために，一銭残らず貯金している」の意。"so (that) ... can ～"「…が～できるように」(→ p.89)

6 However long you (**may**) study, you will never know as much as he does.
　「どんなに長い間勉強しても，彼ほど物知りには絶対なれないだろう」。譲歩を表す副詞節(→②本冊 p.217)の中に may が用いられることはよくあります。

7 You (**cannot**) but sympathize after you've learned of his misfortune.
　「彼の不幸を知ったからには同情せざるをえない」の意。"cannot but ～""cannot help ～ing""cannot help but ～"の３つを混同しないように(→②本冊 p.22, ②別冊 p.50)。

8 You (**may[might]**) as well throw your money away as spend it in betting on bicycle races.
　"may[might] as well ... as ～"の形式(→ 本冊 p.108-114)で，「お金を競輪に賭けるんだったら，捨ててしまうほうがましなくらいだ」の意味です。

9 "Must I tell the court everything?" "No, you (**need**) not."
　「裁判では何もかも言わないといけないんですか」「いや，その必要はありませんよ」。"Must I ...?"(…しなければいけませんか)に対しては must not(～してはならない)ではなく need not(～する必要はない) (→本冊 p.95)と答えるのが自然です。

10 Judy (**cannot**) be staying at this hotel, because she has gone back to the United States.
　「このホテルに泊ってるわけないよ。米国へ帰ったもの」。must(～にちがいない)という確実な推量に対して，cannot は「～であるはずがない」(→本冊 p.92)とい

う否定的な推量です。

| 11 | should | 12 | would | 13 | should | 14 | would |
| 15 | would | 16 | would | 17 | used | 18 | ought |

こういうのも 1 つひとつ考え込まずに，例文として**すなおな気持ちで自然に覚える**ほうがいいでしょう。まず would, should の用法として,

11 I'm surprised that you (**should**) bring such a difficult book from the library.

"that ... should ～" は副詞節で，「まさか…が～するなんて」と意外な感じ・驚きの気持ちを表します。「きみがまさかそんなことするとは思わなかったよ，それなのにそんなことをするとは」と，ややびっくりしておけばいいわけです。

12 When a baby, Sally (**would**) sometimes keep her parents up all night.

「赤ん坊のころ，サリーのおかげで，両親はときどき徹夜させられたものだ」。"would sometimes[often] ～" は過去の習慣的動作を表す。これもどんな文法の本にも「昔はよく～したものだ」と出てる平凡な問題です。

13 He explained everything carefully, lest they (**should**) misunderstand him.

「誤解されるといけないのですべてを慎重に説明した」。"lest ... should ～"（…が～するといけないから）(→②本冊 p.216)。ただし，古めかしい文語体。

14 He who (**would**) search for pearls, must dive deep.

「真珠を探そうとする人は深くもぐらなくてはいけない」→「虎穴に入らずんば虎児を得ず」。would は願望を表す。He who ...は「…のような彼」は×。「…のような人」という古めかしい言い方でしたね。ヒーフーと来るとミー，ヨー，イツ，ムー，ナーと言いたくなりますね。英語で言うと He who meets you eats more nuts.（？）――「あなたに出会う人はもっとナッツを食う」。これは今日の重要事項ではない。単に気晴らしをしただけです。

15 I (**would**) rather die than disgrace myself.

"would rather ... than ～" は「～するくらいなら，いっそ…するほうがましだ」という形。「不名誉を被るくらいなら，いっそ死んだほうがましだ」ですが，そういうことを言う人に限って死なないんですね。ですから仮定法の一種です。

16 He knocked at the door, but she (**would**) not let him in.

didn't ならばただの打ち消しですが，"wouldn't ～" となると「どうしても～しようとしない」という意志の入った強い打ち消しになる。「いくらノックをしても彼

女はどうしても彼を中に入れようとはしなかった」——よほどこりているんでしょうね。現在形ならば will not[won't]ですから，She won't say yes.「どうしてもウンと言ってくれない」となります。

17 Before automobiles filled our streets, city air (**used**) to be clean.

「道路が自動車でいっぱいになる前は，都会の空気もきれいだった」。"used to ～"は「昔は～した」「以前は～だった」の意で，**単なる過去形よりも現在と対比する気分が強い**。「ダイエットやってるの？」ときかれて"I don't, but I used to."と言えば，今はやらないが昔はやっていたというのがはっきりします。

There used to be a temple here.

なら，今はお寺はなくなって，団地かレストランかカラオケバーになっている。そんな感じがするわけです。

18 John was too lazy last year; he (**ought**) to have worked harder.

"ought to ～"「～すべきだ」「～するのが当然だ」は should ～に近い。「ジョンは怠け過ぎた。もっと一生けんめい働くべきだったのに」（→本冊 p.96-98）

19 (a) It's true that Mr. Brown is a good scholar, but he is not a good teacher.
(b) Mr. Brown (**may**) be a good scholar, but he is not a good teacher.

may：「なるほど優れた学者かもしれないが，でも，いい先生ではない」。「物は知ってるけど，教え方がどうも…」というわけ。"may ... but ～"の形で，「なるほど…かもしれないが，しかし～」という感じで流れをスムーズにします。何か前提になることを may ...と言っておいて，後半で but ～とひっくりかえす。「なるほどあいつは足は遅いよ。でも，手は速い」ともっていく。そうすると流れるわけです。

20 (a) Though poor, Dorothy sent her son as much money as possible.
(b) Though poor, Dorothy sent her son as much money as she (**could**).

could：「貧しかったけれども，息子にできるだけ多くの金を仕送りした」。"as ... as possible" "as ... as one can"は「できるだけ…」「なるべく…」（→②本冊 p.71）。

21 (a) You have good reason to get angry with your daughter.
(b) You (**may**) (**well**) get angry with your daughter.

may well：「娘に腹を立てるのも無理はないな」の意。"may well ～" = "have good reason to ～"（→本冊 p.102）

22 (a) It is not necessary for you to hesitate.
(b) You (**need**) (**not**) hesitate.

need not：(= don't have to ~)「ためらう必要はない」。

23 (a) I think we ought to stop this nonsense.
(b) We (**had**) better stop this nonsense.

had：「こんなばかな真似はやめたほうがいいと思うよ」。"ought to ~"と"had better ~"(→本冊 p.108)では，ついでに，ought not to ~, had better not ~という**否定語の位置にも注意**しておくこと。また，"had better"の後には必ず**原形**が来るというのも大丈夫ですよね。さらに，

　You had better do so.
　→ It would be better for you to do so.
　→ It is advisable for you to do so.

という言い換えもときおり出題されています。

以上は助動詞の細かいことでしたが，ここから理解を要する重要事項です。"**助動詞＋have＋p.p.(過去分詞)**"(→本冊 p.91-100)は完全でしょうか。

24 (a) It is certain that he himself saw the sight.
(b) He himself (**must**) (**have**) (**seen**) the sight.
must have seen：「その光景を見た**にちがいない**」

25 (a) It is impossible that she was beautiful when young.
(b) She (**cannot**) (**have**) (**been**) beautiful when young.
cannot have been：「若い頃きれい**だったはずがない**」

26 (a) He kept it secret, but it was not necessary.
(b) He need not (**have**) (**kept**) it secret.
have kept：「秘密にしておく必要なんか**なかったのに**」

27 (a) I am sorry you did not start earlier.
(b) You (**should**) (**have**) started earlier.
should have：「もっと早く出発しておく**べきだったのに**(しなかったのは残念だ)」

いずれも「**現在から過去のことを考えている**」のが確かめられます。こういう"助動詞＋have＋p.p.(過去分詞)"はきわめて大事な理解のしどころなんですが，いったんわかってしまえば大したことはないはずです。ぜひものにしておいてください。

28 They (**must have left**) at least ten minutes ago.

「少なくとも10分前に」から考えて，「出発したにちがいない」だから，ⓑ must have left が正解。

29 You (**should have seen**) his face when I told him about her marriage.

順番に入れて行けばすぐわかります。「『彼女は結婚するよ』とあいつに伝えたとき…」に続くのは？ 何と言っても伝えたのは過去ですから，ⓐⓑⓒはダメ。ⓓが正解で，「彼のあのときの顔をあなたは見なかったけれども，今から考えれば，見ておくべきだったのに」――これがぴったりですね。日本語訳はちょっと変化させて「きみに見せたかったよ」となるかもしれません。

30 A : Can I watch TV now, Mom?
B : Go up to your room this minute, and get back to work. You (**can't**) have done your homework very well in such a short time.

「テレビ見ていい？」「今すぐ部屋へ戻って勉強しなさい。こんな短時間で宿題をちゃんとやり終えたわけはないでしょ！」という状況ですから，ⓑ can't have done（～したはずがない）しか考えられません。

31 You shouldn't (**have mistaken**) the meaning of the financial report.

「財政報告が意味することを(取り違えてしまったとはもってのほか)取り違えるべきではなかったのに」ということ。ⓒⓓのような「受動態に目的語らしきものがつくことはありえない」ことはひと目見てわかるので(→本冊 p.67-75)，ⓒⓓは除外します。ⓐⓑのうちⓑは活用(mistake − mistook − mistaken)(→ p.42)の誤り。ⓐ shouldn't have mistaken だけが正しく，他の選択肢ではすべて英語になりません。

❾ 仮定法

解答・解説

仮定法の基本となる形式(→本冊 p.117)を完全に習得できているでしょうか。これがあやふやだとすると，当てずっぽうになってしまって，いくらやっても本当の自信がつきません。特に，「**仮定法過去と仮定法過去完了との区別**」が，がっちり頭の中に固定してないと，いくらやってもダメ，と言いきってもいいくらいです。

逆に，がっちり基礎が固めてあれば，全問正解も現実となるのですから，このあたりで自信をつけてしまいたいところです。

ずばり，解答は次の通り。結果はどうでしょうか。

1	listened	2	had been	3	had foreseen
4	might have been	5	were[was]	6	wanted
7	had seen	8	were[was]	9	went
10	had taken				

ここまでの 10 問，万一うまくいかなかった場合は，考え方の基本がまだしっかりしてない，と判定されます。五分五分くらいだとすると，いきなり問題をやってもどうどうめぐりになる可能性がありますから，「仮定法」の講義(→本冊 p.116-138)を復習してから次へ移っても遅くはありません。

1 If I (**listened**) to English on the radio every day, how much better I would be at hearing English!

「(本当は聴かないから下手だが)もし毎日，ラジオで英語を聴けば，英語の聴き取りがずっとうまくなるだろうに」。would be に注目して，仮定法過去の形式(→本冊 p.117)にします。

2 If they (**had been**) hungry, they would have eaten all the food.

「(本当は腹がすいてなかったが)もし腹がすいていたとしたら，食物を全部平げただろうに」。would have eaten に目を付けて，今度は仮定法過去完了(→本冊 p.117)です。

3 If I (**had foreseen**) all these difficulties, I would never have undertaken the work.

「こういう困難を予測していたら，仕事を絶対に引き受けていなかったろうに」。would have p.p.(過去分詞)をちらっと見たとたんに頭の中に "had p.p." がパッと浮かびます(→本冊 p.125)。

4 The patient (**might have been**) saved if the doctor had come a little earlier.

「医師がもう少し早く到着していたら患者の命は救われたかもしれないだろうに」。had come から "might have p.p." がパッと浮かぶ。

5 If my grandmother (**were[was]**) still living, she would be 85 years old this month.

「祖母がまだ生きているとしたら，今月で 85 歳になっているだろう」。be 動詞の仮定法過去は were(口語では was)です。

6 The girl looked at me as if she (**wanted**) to talk to me.

「女の子は私に話しかけたいかのように私を見た」。(→本冊 p.134-136)

7 Sarah told us about it as if she (**had seen**) it with her own eyes.

「自分の眼で見るかのように」ではなく,「自分の眼で見たかのように話した」のですから, "as if ... had p.p. 〜"の形式(→本冊 p.136-137)となる。**6** との区別が必要です。

8　Julie wishes her mother (**were[was]**) here with her.

「(本当はいないが)今ここにいてくれればいいのに」という願望です(→本冊 p.132-134)。「(これから)ここに来てくれればいいのに」という意味で would be にした人も別解とします。

9　It's about time our children (**went**) to bed.

「もうガキどもは寝てもいい時間だ」。"It is about time ... **過去形 〜** ."という形式(→本冊 p.137-138)でした。

10　I wish I (**had taken**) better care of myself while I was still young.

「まだ若かったころ,体をもっと大切にしておけばよかったのだが」という過去への願望だから"I wish ... had p.p. 〜"の形式(→本冊 p.133-134)。もちろん,**8** と区別させるのが出題者の狙いです。

11　If my dog (**should**) happen to die, I'll never forgive myself.

should:「愛犬が死ぬようなことになったら,私は決して自分を許しはしないだろう」。"If ... should 〜"は「万一…ならば」という可能性の薄い仮定です(→本冊 p.119-120)。

12　If I (**were**) to receive the prize, I would be the happiest person in the world.

were: "If ... were to 〜"は「仮に…だとしたら」というまず可能性がゼロに近い仮定(→本冊 p.119-121)。「もし賞が取れたら…」は取れそうもない者の寝言です。

13　(**Had**) my mother driven faster, we could have arrived on time.

Had:「母がもっと速く車を走らせていたら,時間どおりに着けただろうに」。"could have p.p."をちらっと見たとたんに頭の中に"had p.p."がガンガン鳴り響く。「あれっ,何の音も聞こえないぞ」という人がいたら,講義(→本冊 p.124-125)をよく聴いてなかったことがばれてしまいます。

ここで形式を変えて,「言い換え問題」(→本冊 p.130)へと移ります。言い換える表現形式が決まっている場合が多いので,それに慣れておく必要があります。

14　(a) I am sorry it is so cold today.

(b) I wish it (**were[was]**) not so cold today.

were[was]：(→本冊 p.132)

"I'm sorry ... 直説法現在 ～"（今…であるのが残念）

→ "I wish ... 仮定法過去 ～"（今…でなければいいのに）

という言い換えをする際は，**否定と肯定とが逆になる**ことにも注意しておきましょう。「寒いのが残念」→「寒く**なければいいのに**」という要領です。次の2題も考え方は同じです。

15 (a) Unfortunately I can't row the canoe.

(b) I wish I (**could**) row the canoe.

could：「(カヌーを漕げないが)漕げればいいのだが」

16 (a) I regret that I didn't study hard last year.

(b) If only I (**had**) (**studied**) hard last year!

had studied：「(本当はあまり勉強しなかったのだが)勉強してさえおけばよかったのになあ」という過去への願望(→本冊 p.132-133)。

17 (a) Without subway trains, life in Tokyo would be very inconvenient.

(b) If it (**were**) not (**for**) subway trains, life in Tokyo would be very inconvenient.

were, for：「地下鉄がなければ不便だろうに」

"Without ～" → "If it were not for ～"

という形(→本冊 p.130-131)はすらすら言えるように。

18 (a) But for your help, I wouldn't have been able to finish the work.

(b) If you (**hadn't**) (**helped**) me, I (**couldn't**) have finished the work.

hadn't helped, couldn't："But for ～"は"Without ～"より古めかしい言い方です(→本冊 p.130-131)。

19 (a) With only 100 yen more, she could have bought two books.

(b) If she (**had**) (**had**) only 100 yen more, she could have bought two books.

had had："With ～"(～があれば／あったならば)を節にします。could have boughtに注目して，仮定法過去完了 had had と決める(→本冊 p.130)。このあたりが自信を持ってバッチリ決められれば，ぼちぼち仮定法も好きになり始めます。

20 (a) If George should want my old baseball bat, please give it to him.

(b) (**Should**) George want my old baseball bat, please give it to him.

Should："If ... should ～"（万一～したら）から"Should + S + V ..."という形が

生まれます(→本冊 p.126)。

21 (a) As she is lazy, I will not employ her.
(b) If she (**were[was]**) (**not**) lazy, I (**would**) (**employ**) her.
were[was] not, would employ:「怠け者でなければ雇うところだが」

22 (a) We didn't bring a map, so we didn't know which way to go.
(b) If we (**had**) (**brought**) a map, we (**would[could]**) (**have**) (**known**) which way to go.
had brought, would[could] have known:「地図を持ってきていれば,どっちへ行けばいいかわかっただろうに」

23 (a) He spoke so rapidly that I was unable to understand him.
(b) If he (**had**) (**not**) (**spoken**) so rapidly, I (**would**) (**have**) (**been**) able to understand him.
had not spoken, would have been:「そんなに早口でしゃべらなければ,言うことがわかっただろうに」

24 (a) He loved her like his own daughter.
(b) He loved her as (**if[though]**) she (**were[was]**) his own daughter.
if[though], were[was]:「まるで自分の娘のように…」(→本冊 p.134-135)

25 (a) Without the storm, I could have arrived earlier.
(b) If it (**had**) (**not**) (**been**) (**for**) the storm, I could have arrived earlier.
had not been for:「嵐が来なかったら,もっと早く着いただろうに」(→本冊 p.131)

26 (a) With a little more effort, you could have found the solution.
(b) If you (**had**) (**made**) a little more effort, you could have found a solution.
had made:「もうちょっとがんばっていたら,解決法を見つけられただろうに」(→本冊 p.130)

以上が仮定法の標準的な問題。同じ要点が繰り返し出題されていることがよくわかると思います。あとは,ちょっとだけ,出題者の意図を見すかせればいい問題がときどきあるだけです。

27 Suppose he saw you now, **what would he say?**
ⓓ:If ...の代りに Suppose ...で目先を変えただけ。「彼が今あなたに会えば」と

いう仮定法過去ですから，ⓓの「彼は何と言うだろうか」だけしかありません。saw と would say に目が行くわけです。

28 If our father **had not failed** in business then, we would be happy now.

　　ⓑ：then と now という副詞にパッと目を付ける（→本冊 p.127-128）。「あのとき父が事業に失敗しなかったら，今は幸せだろうに」だから，ⓐではなく冷静にⓑ had not failed を選びます。

29 **Should anything happen** in my absence, ask him for help.

　　ⓐ：これも **20** の目先を変えただけ。ⓐShould anything happen（← If anything should happen）を選び，「万一，私の留守中に何かが起きたら，彼に助けてもらいなさい」（→本冊 p.126）。

30 I was very tired. Otherwise, **I would have gone** to the party with you last night.

　　ⓓ：今度は Otherwise（もしそうでなければ）が If he had not been very tired に相当していることがわかればいい。「とても疲れていたが，もし疲れてなければ昨夜あなたとパーティーに行ったでしょうに」で，ⓓwould have gone を選びます。

　こういう選択問題では，正解以外の選択肢はすべて飾りにすぎません。でも，飾りを選ぶのが好きな人がいて，飾りばっかりせっせと選んじゃう。例えば，**29** If anything would have happened（×）なんかはひどいデタラメで，If anything happens／If anything should happen（○）という形しか考えられません。ところが，何だか仮定法らしいぞとⓓを選んじゃう人がいますが，それじゃダメですね。

　4つ選択肢がある問題は，猿にやらせるとちゃんと25％に近い正解率になるという実験があるんですが，下手な人間がやると正解率がもっと低くなる。「仮定法かな？」とか，「見たことがあるぞ」とか，なまじ余計なことを考えるのがいけないんですよね。中にはそういう当てずっぽうばかりやっていて10問中10問ちゃんと正解をよけて通る特技(!?)を持った人がいて感心しちゃう。そういう人はきっと車の運転なんかものすごくうまくなるでしょうね。何にも当たりませんから。

　それはともかく，**仮定法の基本形式**（→本冊 p.129）だけは絶対マスターして，仮定法の問題が出てくれたら大歓迎という気分にしておいてください。

⑩ 話　法

[解答・解説]

まず最初に，基礎力を診断する意味で次の3題をノーヒントでやってみましょう。

1 Jane said to me, "I am busy now."
   → Jane told me that **she was busy then**.

2 Tom said, "I won't come tomorrow."
   → Tom said that **he wouldn't come the next day**［または **the following day**］.

3 Yesterday Tom said to us, "I won't come tomorrow."
   → Yesterday Tom told us that **he wouldn't come today**.

どうでしたか。**3**の最後の副詞は，the next day（×）と誤りやすいので特に注意が必要です。「きのう」からみての「あした」は today（○）でなくてはいけません。このへんのアヤまで注意が行き届いていれば（→本冊 p.142），かなり有望です。

1つも間違えなければ，基礎的な考え方は大丈夫。1つ間違えて「ああ，そうか」と思った人は不注意をなくすように努力すればいい。2つ以上ミスが出たら，まだこれからですね。

話法の転換をやるときは，ただ文法的ルールを覚えて機械的にやるのではなく，「**なんとかして意味を正確に伝えよう**」という気持ちがこもってないといけない（→本冊 p.143）。この大原則を再確認した上で，続いて標準的な問題によるトレーニングへと入ることにしましょう。

4 Ann said to me, "I saw your brother last night."
   → Ann told me that she had seen my brother the previous night.

5 "From now on," Bob said, "I will do it myself."
   → Bob said that from then on he would do it himself.

6 Ken said, "I'm sorry I don't understand you at all."
   → Ken said that he was sorry he didn't understand me at all.

7 She said, "I haven't finished reading the book which you gave me last week."
   → She said that she hadn't finished reading the book which I had given her

the previous week.

8 I met John last night and said, "You may have a visitor tomorrow night."
　→ I met John last night and said that he might have a visitor tonight.

　話法の転換では，①時制，②代名詞，③副詞などが一般的に確認すべき点で，それらがちゃんと乗り切れていればいいわけです。
　4 last nightは「その前夜」the previous nightまたはthe night beforeに変わりますね。**5**ではfrom now on（今から）は「その時から」from then on / from that time onへと変化する。ここまではまあ，「型どおり」です。
　ところが，**8**は大丈夫でしたか。last nightをうっかり見落とした人は，機械的にやる癖がまだ残ってますね。ちょっと頭が硬い。「昨夜」からみての「あしたの晩」はどうしても「今晩」ですからtonight（○）とする。ここが要点です。**発言した時点が示されてる場合は，その時点を基準にして考える**（→本冊 p.142-143）ということでした。
　「どうもそこんところがうまくいかないんだよなあ」と言う人がいるんですが，そういう人は思いっきりメチャメチャ考え方をくだいて，「オレきのうの晩ジョンに会って，今晩おめえのところに客人があるかもしれねえぞって言ってやったんだ」，「わたくし，昨夜ジョン様にお目にかかって，今夜お客様がお伺いするかもしれないとお伝えしておきましたの」とかなんとか，要するに**硬い頭を軟化させる工夫を**してみるのも手です。

9 The teacher said to us, "Do you think it is right?"
　→ The teacher asked us if we thought it was right.
10 "What's happening to my sister?" she asked.
　→ She asked what was happening to her sister.
11 Yesterday I said to Edward, "May I call on you tomorrow?"
　→ Yesterday I asked Edward if I might call on him today.
12 He said to me, "Don't speak until you are spoken to."
　→ He told me not to speak until I was spoken to.：「『話しかけられるまで口を開いてはいけない』と彼は私に言った」
　伝える内容（被伝達文などと言うこともあります）が**疑問文と命令文の場合**（→本冊 p.143-144）の復習でした。

13 John said, "I met Jenny last year and I haven't seen her since."
→ John said that he had met Jenny the previous year and that he hadn't seen her since.

14 He said, "I arrived here only last night but I'll have to leave town tonight."
→ He said that he had arrived there only the previous night but that he would have to leave town that night.

15 He told me that it was very cold that morning, and asked if I was going out.
→ He said to me, "It's very cold this morning. Are you going out?"

13〜14 は that を忘れないように。15 は平叙文と疑問文の２つに分けるのが要点です(→本冊 p.146-147)。

16 (a) He said to me, "Lend me some money, please."
(b) He (**asked**) me to lend (**him**) some money.
asked, him：please を含む命令文は "ask ... to 〜" という型を用いるのが慣例です(→本冊 p.144-145)。

17 (a) The girl suggested to me that we should go home.
(b) The girl said to me, "(**Let's**) go home."
Let's：「ねえ，もう帰りましょうよ」と言ったわけ。これは決まった形式(→本冊 p.145-146)でした。

18 (a) Our teacher said to us, "President Kennedy was assassinated in November 1963."
(b) Our teacher told us that President Kennedy (**was**) assassinated in November 1963.
was：「ケネディ大統領が暗殺された」のは「歴史上の事実」なので，時制の一致とは無関係で過去形のままです(→ p.58)。

19 (a) He told me that he would not accept the offer if he were in my place.
(b) He said to me, "(**I**) (**would**) not accept the offer if (**I**) (**were**) [**was**]) in (**your**) place."
I would, I were[was], your：「きみの立場にいるとしたら，その申し出は受け入れないだろうな」と彼が言ったわけ。仮定法の動詞も時制の一致の影響は受けま

せん(→本冊 p.136)。

20 (a) He said to me, "Thank you."
(b) He (**thanked**) me.
(c) He expressed his (**thanks[gratitude]**) to me.

(b)thanked (c)thanks[gratitude]：(c)は「お礼の気持ちを表した」という文。名詞の thanks はいつも複数形で使われます(→②別冊 p.54)。

21 (a) I said to myself, "Which shall I choose?"
(b) I (**wondered**) which I (**should**) choose.

wondered, should：「どっちを選ぼうかなと思った」。"wonder + 疑問詞 ..."がぴったりです。

22 (a) He said, "Remember me to your sister."
(b) He (**said**) hello to my sister.

said：「～さんによろしく」は Say hello to ～. または Remember me to ～. / Send my best wishes to ～. / Give my kind regards to ～. など。

伝統的な話法の問題には

He said, "Yes." → He replied in the affirmative.
He said, "No." → He replied in the negative.

というのもありましたが，どうしてそうなるかは今ならよくわかりますね。そう，**なんとか意味を伝えようと苦しい努力をしている**わけです。He said yes. とか He said no. でいいところなのに，「肯定で返答した」「否定で返答した」とはいかにも堅苦しい言い換えですね。

⓫ 数の一致

[解答・解説]

主語が単数か複数かを判断するという二者択一ですから，文法の中では最も単純な領域です。「12 のルール」(→本冊 p.150-158)で全部解決です。「①自分で答えを決める，②解答をチェック，③間違えたらその原因を確認する」という普通の手順でいいですね。

主語を正確に突きとめ，その主語が単数に扱われるか，複数に扱われるかによって動詞の形を決めます。

1 Not only you, but also I (**am**) responsible.

am:「あなただけでなく私にも責任がある」。"not only A but (also) B"はBに呼応します(→本冊 p.156)。

2 You or he (**is**) expected to write to her.
　is:「あなたか彼のどちらかが手紙を書くことになっている」"A or B"は動詞に近いほう，つまりBによる(→本冊 p.155)。

3 I as well as you (**am**) right.
　am:"B as well as A"では，"B [as well as A]"のように as well as A を [ ] でくくってしまうといい(→本冊 p.156)。

4 Neither you nor she (**is**) lazy.
　is:「あなたも彼女も怠け者ではない」。"neither A nor B"も**2**と同じく動詞に近いBによる(→本冊 p.157)。

5 There (**are**) a lot of children having fun in the playground.
　are:「運動場にはたくさんの子供たちが遊んでいる」。"there ＋ V ＋ S"の語順だから，主語の a lot of children と一致させます(→本冊 p.150)。

6 The book, together with some flowers, (**is**) on the table.
　is:together with ～を [ ] でくくる(→本冊 p.156)。

7 Toast and butter with a cup of coffee (**is**) my usual breakfast.
　is:「バターをぬったトースト」は単数扱い(→本冊 p.154)。

8 A black and white dog (**is**) running after the cat.
　is:a black and white dog(白黒ぶちの犬)も単数扱い。

9 A number of sailors (**are**) loitering on the pier.
　are:「船員が数人，桟橋でぶらぶらしている」。"a number of ～s"は複数扱い(→本冊 p.154)。

10 Each of the singers (**is**) ready to sing.
　is:「どの歌手も歌う用意ができている」。each[every / either / neither]は単数扱い(→本冊 p.157)。

11 The United States (**is**) larger than Mexico but smaller than Canada.
　is:the United States という国名は，形は複数でも単数扱いでした(→本冊 p.151)。

12 The beautiful (**are**) not always the best mothers and wives.
　are:「美人(たち)が良妻賢母になるとは限らない」。"the ＋ 形容詞"が複数扱いになる例です(→本冊 p.152-153)。

13 Two hours (**is**) a long time to wait for someone.

is:「2 時間は人を待つには長い時間だ」。two hours という時間が単数扱いとなる例(→本冊 p.151-152)。

14 The committee (**are**) unable to agree.
are:「委員会(の委員たち)の意見が合わない」と考え，the committee をここでは複数扱いします(→本冊 p.153)。

15 A number of young girls (**are**) giving flowers to the singer.
are：**9** と同じく"a number of 〜s"は複数扱い。

16 The number of students who want to join the tennis club (**is**) larger than expected.
is："the number of 〜s"は単数扱い(→本冊 p.154)。The number [of students who ...] is ...の要領です。

17 One out of three automobile accidents (**is**) caused by teen-age drivers.
is:「自動車事故の 3 件のうち 1 件は…」の意味で，One [out of 〜 s] is ...と[ ]でくくれますね(→本冊 p.154)。

18 Neither his choice of vocabulary nor his accent (**is**) correct.
is：「ことばの選び方もアクセントも正しくない」。"neither A nor B"は動詞に近い B に目を付けます(→本冊 p.155-156)。

19 Not only the students but also the teacher (**is**) laughing.
is："not only A but B"は B による。**1** と同じ。

20 Ken is one of the few boys who (**are**) always on time with their assignments.
are:「いつも課題をきちんと提出する少年は少数だが，ケンはそのうちのひとり」というわけで，who ...の先行詞は the few boys。先行詞を one と間違えてはいけません(→本冊 p.157)。

21 Many a young man (**has**) missed (**his**) home after (**he**) left there.
has，his，he:「故郷を離れてからなつかしさを覚えている若者が多い」。"many a 〜"は意味は複数でも単数扱いします。(→本冊 p.152)。ただし，まれにしか使われません。

22 The teeth of a horse (**reveal**) (**its**) age.
reveal，its:「馬の歯を見れば馬の年齢がわかる」の意。teeth は tooth の複数形。

23 She is one of those women who always (**speak**) ill of other people.
speak:「いつも人の悪口を言っている女性たちの一人」。who の先行詞は one ではなく those women(→本冊 p.157)。"speak ill of"(〜を悪く言う)はやや古風な

言い方(→本冊 p.250)。

24 Each of the boys (**has**) (**his**) own bicycles.
　has, his：「1人ひとりが自分の自転車を持っている」。文法問題では each は単数扱いが原則です(→本冊 p.157)。

25 Nobody (**knows**) what (**his**) own fate will be.
　knows, his：nobody(または No one)も単数扱いが原則(→本冊 p.157)。「自分の運命がどうなるか、だれも知らない」

26 Every man usually (**tries**) to make (**his**) family happy.
　tries, his：every man も単数扱い(→本冊 p.157)。「男はみんな自分の家族を幸せにしようと努めるのがふつうだ」

27 He and I (**have**) washed (**our**) faces with cold water.
　have, our：he and I は we − our − us でうけます。

28 There (**are**) interesting programs on either FM (**station**).
　are, station：「どちらのFM局にも面白い番組がありますよ」。either FM station と both FM stations とを区別します。

29 Every girl and every boy should finish (**his or her**) homework on time.
　his or her：every girl and every boy は明らかに男女両性、しかも単数扱いですから his or her でうけます。ただし堅苦しい言い方です。"on time"(時間どおりに)(→②本冊 p.229)。

30 If a student listens to radio English programs, (**his**) hearing ability will probably improve.
　his：a student を his でうけます。ただし、her も別解とします。「ラジオの英語番組を聴けば、ヒアリングの力がたぶん向上するだろう」。

31 A watch and chain (**was**) found under the bed.
　was：a watch and chain(鎖つきの時計)は単数扱いです(→本冊 p.154)。

32 The baseball team including all the players and manager (**is**) leaving for the United States.
　is：「選手と監督を含む野球チーム」。including ... manager を [ ] でくくればいいですね(→本冊 p.156)。

33 A meeting, made up of one or two teachers and ten students, (**is**) held every Wednesday afternoon.
　is：A meeting, [made up of ...,] is held ...「…で構成される会合が開かれる」の要領。"be made up of"(〜から成る)

34 There (**are**), after the children have grown up, graduated from college and moved away, very few pleasures left in life.

　　are：「子供たちが成長し，大学を出て，家を離れてしまうと，人生にはあまり楽しみ**が**残されていない」という意味。[There] are(V), [after ....] very few pleasures(S) left [in life]. というわけで，pleasures **が全文の主語**であることを突きとめればいいだけです(→本冊 p.150-151)。

35 He is one of the few Japanese who (**are**) proficient in three foreign languages.

　　are：「3つの外国語に堪能な日本人はわずかしかいないが，彼はそのうちの1人だ」。who ... の先行詞は one ではなく，the few Japanese です(→本冊 p.157)。

36 To save people and live a religious life (**was**) his sole object in life.

　　was：「人びとを救い，宗教的な生活を送ること」は**1つの概念**と考えられるので，単数扱いとします(→本冊 p.154-155)。「それが彼の人生のただ1つの目的だった」わけです。

37 The English (**are**), on the whole, a good-humored and kindly people.

　　are：the English「英国人」(= the English people)は常に複数として扱われます。「概して気さくで親切な国民だ」。

　さて，もう一息まで漕ぎつけました。ここいらへんになると，出題者のほうも何とか間違わせようと苦心しているのがわかりますか。**32～34**は，ちょっと難しそうに見せようとして，なにかしらの挿入語句を入れています。

　さて，続く3題は？ **39** と **40** は早大に出た問題です。

38 There was (**two-hundred dollars**).

　　two-hundred dollars：There was ... の was に注目し，「200ドル**(という金額)**」と「100ドル紙幣2枚」のうち単数扱いをするのはどちらか，というわけ。出し方にちょっと工夫しています。

39 The real effectiveness of the suggestions given (**is**) determined by the reader's desire to learn.

　　is：「与えられている示唆が本当に効果を発揮するかどうかは，読者がどれほど学ぼうとする意欲を持っているかによって決まる」という意味で，**主語が** effectiveness であることさえわかればいいですね。

40 Neither the principles involved nor the method used in this investigation (**was**) wrong.

was:「この研究に含まれている原理も，用いられている手法も，どちらも間違っていなかった」という意味が"neither A nor **B**"(→本冊 p.155-156)の B に相当するのは method。この**単数形の** method **だけがポイント**でした。

⑫ 不定詞(1)

[解答・解説]

最初の 7 題は「基礎トレ」といったもの。軽くこなせますか。

1 (a) We cannot finish the work by noon.
  (b) It is impossible (**for**) (**us**) (**to**) (**finish**) the work by noon.
   for us to finish:"It is ... for ... to ～."の形式をパッと頭に浮かべます(→本冊 p.165)。

2 (a) You were very careless to forget it.
  (b) It was very careless (**of**) (**you**) to forget it.
   of you:「それを忘れるなんて(あなたは)不注意でした」。careless のように人間を主語にできる形容詞のときは，"It is of ... to ～."のほうです。一瞬にしてこの **1** と **2** との区別(→本冊 p.165-169)ができることがまず第一の要点でした。

3 (a) It is easy for you to pass those examinations.
  (b) Those examinations are easy (**for**) (**you**) (**to**) (**pass**).
   for you to pass:It is easy to read the book. → The book is easy to read. という言い換えが基本となるパターンです(→本冊 p.178-181)。
   "for ... to ～"は「…にとって…」ではなく「…が～する」(→本冊 p.159-164)。for you to pass は easy を修飾する用法で，「…が」を思いきりはっきりさせて，「あなた**が**ア合格するのに易しい」「あなた**が**ア通りやすい」となるんでした。

4 (a) You cannot sleep very comfortably on this bed.
  (b) This bed is not very comfortable for (**you**) (**to**) (**sleep**) (**on**).
   you to sleep on:「おまえが眠るのにあんまり快適ではないよ」は **3** と同じですが，**末尾につく前置詞に注意**する場合です(→本冊 p.179-180)。

5 (a) There are no houses in which they can live.
  (b) There are no houses for (**them**) (**to**) (**live**) (**in**).
   them to live in:「連中が住める家がない」。これまた，末尾の前置詞を脱落させないように注意します(→本冊 p.174-178)。

6 (a) I stepped aside so she could enter.

　(b) I stepped aside for (**her**) (**to**) (**enter**).

　　her to enter：「彼女が入れるようにわきにどいてあげた」。目的を表す副詞的用法の不定詞で，またまた"for ... to 〜"という形になります（→本冊 p.159-160）。

7 (a) He awoke and found all this was a dream.

　(b) He awoke to (**find**) (**all**) (**this**) was a dream.

　　find all this：「目がさめてみたら，すべてが夢だとわかった」という，**結果を表す副詞的用法の不定詞**（→本冊 p.182-186）の一例です。

　このくらいが不定詞を用いる言い換えの典型的なものです。不安が残る人は徹底的に復習（→本冊 p.159-181）しておく必要があります。

　8-13 は"it ... to 〜"（→本冊 p.165-173）に関するもの，つまり，名詞的用法の不定詞を用いる平易な言い換えです。

8 It is natural that he should refuse the offer.

　→ It is natural for (**him**) (**to**) (**refuse**) the offer.

　　him to refuse：「彼がその申し出を断わるのは当然だ」

9 John had no difficulty in finding the mistake.

　→ It was quite (**easy**) (**for**) (**John**) to find the mistake.

　　easy for John：「たやすくその誤りに気がついた」

10 The study of English is an absolute necessity for us.

　→ It is absolutely (**necessary**) (**for**) (**us**) to study English.

　　necessary for us：「英語を学ぶのは私たちには絶対必要なことだ」。**8 〜 10** は"it is ... for ... to 〜"の形（→本冊 p.165）。

11 Ken was very good to help his mother carry the bag.

　→ (**It**) was very good (**of**) Ken (**to**) help his mother carry the bag.

　　It, of, to：「母がバッグを運ぶのを親切にも手助けをした」。今度は"it is ... of ... to 〜"の形です（→本冊 p.166）。

12 Tom found that it was hard to come up to Bob in mathematics.

　→ Tom found (**it**) hard (**to**) (**come**) up to Bob in mathematics.

　　it, to come：「数学でボブに追いつくのは難しいとわかった」の意味で，形式目的語として it を使います（→本冊 p.169）。文型は第 5 文型（S + V + O + C）で，その O にあたる部分に it を置く。それだけのことです。

13 It is very difficult for him to read English newspapers.
　→ English newspapers are very difficult for (**him**) (**to**) (**read**).
　him to read：「英字新聞は彼が読むにはとても難しい」。for him to read は直前の difficult を修飾する用法です(→本冊 p.178-181)。

14 The only sound that could be heard was the ticking of the clock.
　→ The only sound to (**be**) (**heard**) was the ticking of the clock.
　be heard：「聞こえる音は時計の時を刻む音だけだった」

15 We found no chairs on which we could sit.
　→ We found no chairs to (**sit**) (**on**).
　sit on：「すわれるいすが見つからなかった」

16 Mary has no friends with whom she can discuss her problem.
　→ Mary has no friends (**to**) discuss her problem (**with**).
　to, with：「自分の問題を相談する友人が一人もいない」

形容詞用法の不定詞のうち，**15**，**16** は末尾に前置詞が必要な場合でした(→本冊 p.174-178)。

17 You must study hard for fear you should fail the test.
　→ You must study hard (**not**) (**to**) fail the test.
　not to：" for fear ... should ～"「…が～するといけないから，…が～しないように」(→②本冊 p.216)を**否定形の不定詞**に言い換えます。

18 She turned off the radio so we could talk freely.
　→ She turned off the radio (**for**) us (**to**) talk freely.
　for, to：「私たちが自由に話せるようにラジオを消してくれた」。" so ... can ～"「…が～できるように」(→ p.69)という副詞節を不定詞で言い換えます。意味上の主語は" for ... to ～"の型で解決しますね(→本冊 p.160-161)。

19 He threw down his violin, and never touched it again.
　→ He threw down his violin, (**never**) (**to**) touch it again.
　never to：「バイオリンを投げ出して二度と触れなかった」。結果を表す不定詞で，threw down が先で，never to touch が**後で行われる動作**を表すわけです。"..., never to ～"という形(→本冊 p.183-186)に慣れておきましょう。

20 To my great surprise, I found it in my pocket.

→ I was greatly (**surprised**) (**to**) find it in my pocket.

surprised to：``to one's surprise''は「驚いたことには」という副詞句(→②本冊 p.238-240)。be surprised to ～「～して驚く」という形に言い換えます。

言い換えには一定パターンがあることがわかりますね。似たような問題が何度も出されていますから，問題を見たとたんに「あっ，あれだな」と思えるくらいになっていれば，勉強している証拠です。次の4問もよくある，決して目新しくはない問題です。

21 We could not see anyone in the street.
　　→ No one (**was**) (**to**) be seen in the street.

was to：「通りにはだれの姿も見られなかった」。``be to ～''のあとに受動態が来ると can ～の意味になりやすい。つまり，``be to be p.p. = can be p.p.''のことが多いのです。

22 You have only to study harder.
　　→ All you (**have**) (**to**) do is to study harder.

have to：「(あなたは) ～しさえすればいい」は，
　``have only to ～'' ⇄ ``All you have to do is (to) ～''
が一定のパターンです。Allを(　)にして入れさせることもよくあります。「おまえはもっと勉強だけしてればいいんだ！」なんて，ちっとも新鮮じゃないですね。

23 Some people live to the age of one hundred.
　　→ Some people live (**to**) (**be**) one hundred.

to be：「百歳まで生きる人たちもいる」。結果を表す``live to be ～''という型です(→本冊 p.182-185)。

24 Frankly speaking, you are too hasty.
　　→ (**To**) (**be**) frank, you are too hasty.

To be：「率直に言って，あなたはせっかちすぎますよ」。To be frank (with you) は決まり文句。To tell (you) the truth(実を言うと)，To make matters worse(さらにひどいことには)などなど，文法では「独立用法の不定詞」と呼ばれているものの1つです。

25 The boy tried hard (**not to cry**).

ⓐ：「泣くまいと，けんめいにこらえた」。否定語は不定詞の直前に置き，``not to ～''という語順になる，という基礎的な問題です。

26 He fell over the precipice, but (**strange**) to say, he was not injured at all.

　ⓐ：「がけから転落したが，不思議にも，まったく無傷だった」。strange to say（不思議なことに）という挿入語句。

27 (**Where to go**) has not yet been decided.

　ⓑ：Where to go ＝ Where we should go「どこへ行ったらいいか」。how to ～，what to ～，which to ～，when to ～などの**疑問詞＋to ～**は名詞句の働きをして主語や目的語になれます。それにしてもⓐⓒⓓはすさまじい語順ですね。

28 If you (**happen**) to know her phone number, will you tell it to me?

　ⓑ：「ひょっとしてあの娘の電話番号を知っていたら，教えてくれないか」。"happen to ～"は「たまたま～する」という語句です。

⑬ 不定詞（2）

[解答・解説]

　"so ... that ...（can）not ～" ⇄ "too ...（for ...）to ～"
という言い換え（→本冊 p.187-191）ですが，油断は禁物。急所はどこだったでしょうか。

1　The news was so good that it could not be true.
　→ The news was too **good to be true**.
　　「その知らせはうますぎて，本当のはずがなかった」

2　This question is so difficult that children cannot answer it.
　→ This question is too difficult **for children to answer**.

3　The fact was so clear that it did not require proof.
　→ The fact was too **clear to require proof**.
　　「事実は明明白白で証明を必要としないほどだった」

　1 と **3** はいいとして，**2** がちょっとだけ間違えやすい。そう，**文尾に注意が必要**でした。うっかり it を残したりしてはいけません。逆に，**2** の解答の文を "so ... that ～" を用いて言い換えよと言われたとき，

　This question is so difficult that children cannot answer.（×）
とすると×にされてしまいます（→本冊 p.187-191）。

4 Albert is too wise not to know better.
　→ Albert is so **wise that he knows better**.
　　know better は「分別がある，そのくらいのことはわかっている」という語句で（→②別冊 p.93, ②本冊 p.171-172），「賢明だから馬鹿な真似はしない」という意味です。"too ... to ～"が"so ... that ... not ～"になるのに対し，"too ... not to ～"のほうは，that のあとが肯定文になるところだけ注意しながら言い換えます。

　　　John is **too** friendly **not to** have a lot of friends.
　　→ John is so friendly that he has a lot of friends.

5　(a) He kindly lent me the money.
　　(b) He was (**so**) kind (**as**) (**to**) lend me the money.
　　so, as to：程度を表す"so ... as to ～"（→本冊 p.191-193）です。

6　(a) She is so rich that she can buy a grand piano.
　　(b) She is rich (**enough**) (**to**) buy a grand piano.
　　enough to：「グランドピアノを買えるくらいお金持ち」

7　(a) The boy was very kind; he showed me the way in the rain.
　　(b) The boy had the (**kindness**) (**to**) show me the way in the rain.
　　kindness to："have the kindness to ～"は **5** と同じく「**親切にも～してくれる**」（＝ be kind enough to ～）という表現でした（→本冊 p.191-193）。

8　(a) You are too young to go to such a place.
　　(b) You are not old (**enough**) (**to**) go to such a place.
　　enough to：「そんな所へ行くには若すぎる」→「おまえはそんな所へ行ける年齢じゃない」（→本冊 p.191）。

9　(a) Her pride will not allow her to do such a thing.
　　(b) She is too (**proud**) (**to**) do such a thing.
　　proud to：「彼女の誇りがそんなことをするのを許さない」→「あの娘，プライドがあるからそんなことはしないよ」。そんなことってどんなこと？ 入試の短文問題には文脈が欠落した文が多いので，たまには想像をめぐらせてみるのも余裕が出て来た証拠で，まんざらダメでもありません。

　さて，次の数問は**不定詞と時制の関係**（→本冊 p.194-199）について確認する重要な問題です。

10 (a) George seems to like studying chemistry.
　　(b) It (**seems**) that George (**likes**) studying chemistry.
　　→ It seems that George likes studying chemistry.「化学を学ぶのが好きなようだ」。

11 (a) It seems that he had a good night's rest.
　　(b) He seems (**to**) (**have**) (**had**) a good night's rest.
　　→ He seems to have had a good night's rest.「一晩ぐっすり眠ったらしい」。

12 (a) I believe that it was a mistake.
　　(b) I believe it to (**have**) (**been**) a mistake.
　　→ I believe it to have been a mistake.「間違いだったと信じる」。

13 (a) I'm sorry to have made such a mistake yesterday.
　　(b) I'm sorry I (**made**) such a mistake yesterday.
　　→ I'm sorry I made such a mistake yesterday.

　11 と **12** の 2 題は "to have p.p." の形をびしっと決めるだけの力がどうしても必要です（→本冊 p.194-197）。**13** は逆に，yesterday に注意して "to have p.p." の形を**過去形**にするのがポイントです。このあたりは 4 問全部を正解できてなければいけません。

14 (a) It is likely that they will win the race.
　　(b) They are (**likely**) (**to**) (**win**) the race.
　　"be likely to ～"（～しそうだ）（→②別冊 **11** 比較 **26**）に言い換えます。
　　　→ They are likely to win the race.

15 (a) We expect him to turn up by six.
　　(b) We expect that he (**will**) (**turn**) (**up**) by six.
　　「6 時までには現れるだろうと思うよ」（→本冊 p.198）
　　　→ We expect that he will turn up by six.

16 (a) I never expected to see you in such a place.
　　(b) I never expected that I (**would**) (**see**) you in such a place.
　　「こんな所で会うだろうとは思っていなかったよ」。今度は**過去からみた未来**ですから would ～とすればいいですね。
　　　→ I never expected that I would see you in such a place.

17 (a) It is said that the president put up at this inn.
　　(b) The president is said (**to**) (**have**) (**put**) up at this inn.
　　「この旅館に泊まったと言われている」

→ The president is said **to** have **put** up at this inn.

18 (a) It is expected that Mrs. Green will run for the coming election.
(b) Mrs. Green is expected (**to**) (**run**) for the coming election.
「今度の選挙に立つ(だろう)と思われている」

→ Mrs. Green is expected **to run** for the coming election.

19 (a) I meant to go to Hawaii, but I couldn't.
(b) I meant to (**have**) (**gone**) to Hawaii.

I meant to go, but I couldn't.「行くつもりだったが,行けなかった」。「過去において実現されなかった行為」といって,文語体ですが,"meant to have p.p."という形になるのでした(→本冊 p.198-199)。

→ I meant to **have gone** to Hawaii.

20 (a) I intended to call on him last Sunday, but I could not.
(b) I intended to (**have**) (**called**) on him last Sunday.
「訪問するつもりだったがだめだった」も同じく,

→ I intended to **have called** on him last Sunday.

intend, hope, expect, mean, wish などの**過去形**(この過去形ということも大事ですよ)のあとに完了形不定詞"to have p.p."が来たときは「**～しようと思ったのにできなかった**」という意味になる,ということです(→本冊 p.198-199)。

| **21** say | **22** so | **23** For | **24** to | **25** to |
| **26** with | **27** which | | | |

21 He is very frugal, not to (**say**) stingy.
「ケチとは言わないまでも,とても倹約家だ」という意味。

{ not to say ～ （～とは言わないまでも）
to say nothing of ～ （～は言うまでもなく）
not to mention ～ / not to speak of ～ （ 〃 ）

は混同しやすい。正確に覚えないといけません。

22 Mr. Ford and his brothers are, (**so**) to speak, the brains of the organization.
「言わば,組織の頭脳にあたる」という表現。
so to speak / so to say(言わば) (= as it were)

23 (**For**) the union to go on strike means its ruin.
「組合がストをやれば,それは破滅を意味する」。"for ... to ～"の形式(→本冊

p.160-161)をくっきり意識します。

24 I'm going to marry her though my parents tell me not (**to**).

「両親はよせと言うけれども，あの娘と結婚するつもりだ」。この to (= to marry her) は代不定詞などと言われ，「同じ動詞の反復を避けるために to だけを使う」などと説明されます。要するに，**わかりきったことは省略して to だけを残す**，ということです。

25 A : Won't you come with me?
B : I would like (**to**), but I'm sorry I can't.

東大に出たことがある問題。「来ない？」「行きたいけど，あいにくだめなのよ」というふうに，この to は会話でよく使われます。it なんかと間違えるようでは英語への慣れ不足で，次の2つの（　　）も to です。口ずさんでごらんなさい。いかにも英語らしいじゃないですか。

A : Do you think you'll go?
B : I don't want (　　) but I suppose I'll have (　　).
（行きたくないけど，行かなくちゃならないだろうな）

26 Those refugees had no money to buy food (**with**).

「難民には食物を買う金がなかった」（→本冊 p.174-178）。

27 He looked for the glasses with (**which**) to examine the papers.

「書類を調べるための眼鏡を探した」。形容詞的用法の不定詞では**末尾の前置詞に注意**しますが，"**前置詞＋ which to ～**"という型もありえます。

　　the glasses to examine the papers with
　　= the glasses with which to examine the papers（○）

という関係にあります。**26** も同様に，

　　no money to buy food with
　　= no money with which to buy food（○）

という言い方ができる理屈です。

以上で不定詞の重要事項はカバーできましたが，最近は語法問題として**不定詞を含む慣用語句**がよく出題されています。あと10題，追加しておきましょう。

28 This book is too expensive. I can't (**afford**) to buy it.

ⓑ：「値段が高すぎて私には買えない」。"can't afford to ～"（～する余裕がない）という語句がぴーんとくるようにしておきましょう。

29 After a lot of problems Sandra (**managed**) to learn to drive.

ⓑ:「いろいろな問題を経て，どうにか車の運転ができるようになった」。"manage to ～"（なんとか[うまく] ～する）も重要な語句です。

30 Don't (**fail**) to come and see me one of these days.

ⓐ:「そのうち必ず会いに来てくださいよ」。"not[never] fail to ～"（必ず～する）（= be sure to ～）。

31 If the human population goes on increasing at its present rate, social life as we now know it will (**cease**) to be possible.

ⓓ:「人口が現在の割合で増え続けると，いま私たちが知っているような社会生活は不可能になってしまうだろう」。"cease to ～"（[しだいに] ～しなくなる）は "cease ～ing / stop ～ing"（～するのをやめる）（→②本冊 p.24-25）と区別が必要です。

なお，**29** ～ **31** の選択肢に挙げられている give up, put off, mind, stop, finish などはすべて**不定詞ではなく動名詞を目的語にとる動詞（句）**（→②本冊 p.21-24）だとわかっていれば正解しやすいでしょう。また，succeed も不定詞とは結びつかず，"succeed in ～ing"（～するのに成功する）という使い方をします（→②別冊 p.53）。

32 A : Will you be going to Rome this summer after all?
　　B : I'm still (**intending**) to.

ⓐ:「やっぱりこの夏ローマへ行くの？」「うん，まだ行くつもりでいるよ」。"intend to ～"（～するつもりである）（= mean to ～）。to は to go という意味（→**25**）ですね。

33 I could tell he was only (**pretending**) to read, because his book was upside down.

ⓓ:「彼は読むふりをしてただけだったんじゃないかな。だって本が上下さかさまだったもの」。不定詞と結びつくのは"pretend to ～"（～するふりをする）だけです。

34 Which is the better way of (**getting**) to know the city, walking with friends or taking a guided tour?

ⓑ:「その町を知る（ようになる）のに，友だちと歩いてみるのとガイドつきのツアーをするのとではどちらのほうがいいだろうか」。"get to ～"（～するようになる）が正しく，become to ～（×）はありえません（→ p.49）。

35 Once I learned what to listen for, I (**came**) to appreciate modern jazz.

ⓑ:「いったん何を聞いたらいいかがわかってしまうと，モダンジャズの良さが

しみじみわかるようになった」。once（いったん～すると）は接続詞的用法。"come to ～"（～するようになる）（= get to ～）が正しく，**34** と同じく ⓐ become（×）を選んではいけません（→ p.49）。

36 There is nothing (**for**) me to do but work.

　ⓑ：「仕事をするよりほかに私がすることはない」。"for ... to ～"（…が～する）という形です（→本冊 p.159-164）。

37 It's no good waiting (**for something to happen**); you must take action at once.

　ⓐ：it is no good ～ing（→②本冊 p.30-31）ですから，意味は「何かが起こるのを待っていても何にもならない。ただちに行動しないといけない」となる。これまた "wait for ... to ～"（…が～するのを待つ）（→本冊 p.162）という語句がすぐさま浮かび，他の選択肢はまったく無視してしまっていいくらいです。

　正解の文をそれぞれの語句の例文だと思って，**何度でも口ずさんで自然に感じられるようにしておく**のが最良でしょう。誤りの文にとらわれ過ぎると感覚がおかしくなるというマイナスの側面があるからです。

⑭ 分　詞

[解答・解説]

　まずは**現在分詞と過去分詞の区別**（→本冊 p.200-204）から点検しますが，このあたりは即答できるくらいになっているのが好ましいところです。

1 The (**drowning**) rats are leaving the (**sinking**) ship.

　drowning, sinking：「溺れかかっているねずみ」「沈みかかっている船」という動作の進行ですから現在分詞のほうです（→本冊 p.201）。

2 The (**spoken**) language is sometimes more diffcult than the (**written**) language.

　spoken, written：「話し言葉→話される言葉」「書き言葉→書かれる言葉」というわけで過去分詞です（→本冊 p.202）。

3 Patty is not particularly (**interested**) in that matter.

　interested：「（人が）～に興味をもつ」のはもちろん "be interested in ～" という形（→本冊 p.78-79, p.203-204）。

4 The children were (**amazed**) at the magic tricks.

amazed:「子供たちは奇術のトリックにびっくり仰天した」で過去分詞。「驚く」「興奮する」「失望する」「落胆する」「満足する」などの感情を表すのは"be + p.p.(過去分詞)"。

5 It was (**disappointing**) to hear how many students failed the examination.

disappointing:「…を聞いてがっかりした」。it が主語なので「失望させる」という現在分詞。要するに

{ We were disappointed to hear ...
{ It was disappointing to hear ...

という区別ができていればいいわけです。**3 ～ 5** の区別(→本冊 p.202-204)は基礎的ですけれど,けっこう重要だと思ってください。

6 There was nothing (**hidden**) in his suitcase.

hidden:「スーツケースの中には何もかくされていなかった」。Nothing was hidden in his suitcase. とほぼ同じです。

7 A penny (**saved**) is a penny (**earned**).

saved, earned:「節約された1ペニーはもうけられた1ペニーと同じ」「1銭の節約は1銭のもうけ」という諺(ことわざ)です。

⑮ 第5文型

[解答・解説]

文型のうちどうしても理解していなければならないのは,補語(C)を含む文型,つまり第2文型(SVC)と第5文型(SVOC)です(→本冊 p.20)。特に**第5文型の"O + C"の部分**はきわめて重要,ここがわかると英語のしくみがわかり出す,それくらい根本的なことです(→本冊 p.29-36, p.209-228)。

そこで,まず慶大に出たことのある問題を例に基本の基本から確認して,絶対の自信をつけておきましょう。

1 ⓐSVO ⓑSVC ⓒSVO でⓑが正解。
2 ⓐSVOC ⓑSVOC ⓒSVO'O でⓒが正解。

「基本5文型」を判別する1つの方法として,こんな原則があります。

① "S + V + X." の形式の文で,意味の上で"**S = X**"**という関係**が成り立てば第2文型(SVC) (→本冊 p.20)。

② "S + V + O + X." の形式の文で，意味の上で "O ＝ X" という関係が成り立てば第5文型(SVOC)（→本冊 p.31）。

1 ⓐ You'll be saved a trip.
ⓑ You'll be called a hero.
ⓒ You'll be asked a favor.

ⓐ you ≠ a trip, ⓑ you ＝ a hero, ⓒ you ≠ a favor

という①の原則はすぐ確かめられますね。それぞれ「旅をしないですむだろう」「英雄と呼ばれるだろう」「願いごとをされるだろう」という意味です。これを能動態にしてみると，

ⓐ It(S) will save(V) you(O′) a trip(O).（→本冊 p.27）
ⓑ They(S) will call(V) you(O) a hero(C).（→本冊 p.34）
ⓒ They(S) will ask(V) you(O′) a favor(O).（→本冊 p.26）

となって，②の原則があてはまるのが確認できます。

2 ⓐ They proved him a fraud.
ⓑ They fancied him a genius.
ⓒ They awarded him a prize.

ⓐ him ＝ a fraud, ⓑ him ＝ a genius, ⓒ him ≠ a prize

は②の確認です。ⓐとⓑはそれぞれ第5文型(SVOC)で，「"彼＝詐欺師"であることを証明した」「"彼＝天才"だろうと思った」。ⓒだけが第4文型(SVO′O)で，「彼に賞を授けた」という意味です。

さて，ここで大事なのが第5文型の "O + C" の部分に含まれている "O ＝ C" の関係，言い換えれば「…が〜する」「…が〜である」というネクサス（→本冊 p.30-36, p.209-228）です。以下の問題では，この理解があれば100パーセントの正解が可能です。

③ "O + C" の部分に「…が〜する」「…が〜である」という能動態のネクサスが含まれていれば，
"S + V + O + to 〜"
"S + V(知覚動詞／使役動詞) + O + **原形不定詞**"
"S + V + O + 〜ing(現在分詞)"

④ "O + C" の部分に「…が〜される」という受動態のネクサスが含まれていれば，
"S + V + O + to be p.p."
"S + V + O + p.p."

という文になる(→本冊 p.217)。この③④もきわめて重要な原則です。

以下，急所はただひとつ，"O＋C"の**部分に注目する**ことです。

3 I'm sorry to have kept you (**waiting**) so long.

「こんなに長くお待たせしてすみません」。"O＋C"に含まれるネクサスを確かめますと，「あなた**が**待っ**ている**(状態にさせておく)」(→本冊 p.216-217)。→ waiting

4 Mr. Jenkins had a new house (**built**) in the suburbs of Chicago.

「郊外に家を新築した」。「新しい家**が**建て**られる**(ようにしてもらった)」(→本冊 p.221)。→ built

5 Meg said, "I'd like my eggs soft (**boiled**)."

「『私の卵は半熟にしてね』と言った」。「卵**が**半熟にゆで**られる**(のが好きだ)」(→本冊 p.30, p.218-219)。→ boiled

6 Have you ever heard this opera (**sung**) in Italian?

「オペラ**が**イタリー語で歌**われる**(のを聞いたことがありますか)」(→本冊 p.218-220)。→ sung

7 Stopping suddenly, Jimmy heard a little girl (**sobbing**) quietly.

「急に立ちどまると，小さな女の子がしくしく泣いているのが聞こえた」。「女の子**が**泣い**ている**」(→本冊 p.218-220)。→ sobbing [または sob]

8 You'd better have your aching tooth (**pulled**) out.

「痛い歯は抜いてもらうほうがいいよ」。「歯**が**抜**かれる**」(→本冊 p.222)。→ pulled

9 While walking along the path, I happened to see an old-looking man (**lying**) at rest.

「老人**が**休ん**でいる**のをたまたま見かけた」(→本冊 p.218)。→ lying

ここまで，目のつけどころは"O＋C"の部分であることがわかりますね。この"O＋C"のネクサスが能動であるか受動であるかが決め手となるのです。以下もまったく同様です。

10 Say frankly what you mean, and you will make yourself (**understood**).

「言わんとすることを率直に言えば，相手に理解してもらえるだろう」の意。「yourself(自分の考え)**が**相手に理解**される**(ようにする)」(→本冊 p.225)のだから → understood

11 I made (**known**) my intention to my parents.

「意図を両親に知らせた」。「私の意図**が**両親に知**られる**(ようにさせた)」という言い方で，I(S) made(V) my intention(O) known(C) to my parents. (→本冊

p.225)"O + C"の語順が倒置されたものです。→ known

12 The football player had a fall and got his right leg (**broken**).
「ころんで右の足を骨折した」のですが，「右足**が**折ら**れる**」(→本冊 p.220-221)のだから→ broken

13 Jane wants to have her son (**admired**).
「息子**が**ほめら**れる**（のを望む）」（○）であって，「息子**が**ほめる」（×）ではありませんから→ admired

以上が正しい考え方でした。③④の原則さえわかってしまえば，文字どおり百発百中。次の問題も快調に飛ばせるでしょう。

14 We heard those Americans (**speak**) in good Japanese.
speak：「アメリカ人**が**うまい日本語で**話す**（のを聞いた）」だから"hear + O + 原形不定詞"の形(→本冊 p.216-217)。

15 I have been to the photographer's to have my picture (**taken**).
taken：「カメラ屋へ写真をとってもらいに行ってきた」。「写真**が**とら**れる**」のだから，"have + O + p.p."(→本冊 p.226-227)。

16 I want to have Mr. Davies (**correct**) my composition.
correct：「デイヴィスさん**が**作文を**訂正する**」のだから，今度は"have + O + 原形不定詞"(→本冊 p.220-221)のほう。

17 Fred was almost asleep when he heard his name (**called**).
called：「名前**が**呼ば**れる**（のを聞く）」のは"hear + O + p.p."(→本冊 p.218-219)。もう **14** との区別は楽でしょう。

18 I could still feel his heart (**beat**).
beat：「心臓**が**鼓動**する**（のがまだ感じとれた）」という意味で，"feel（知覚動詞）+ O + 原形不定詞"の形(→本冊 p.216-217)。

19 Can you make yourself (**understood**) in English?
understood：「あなたの英語は通じますか／英語で用が足せますか」(= Do people understand your English?)。**10** と同じで，"make oneself understood"（→本冊 p.225）という語句は日本の入試では実際に使われる以上に頻出します。

20 We found a white kitten (**lying**) under the armchair.
lying：「白い子猫**が**横たわっ**ている**（のを見つけた）」(→本冊 p.218-219)。

21 The boy wants to have his strange name (**changed**).
changed：「妙な名前を変えてもらいたいと思っている」と訳されても，注目す

る個所は「名前が変えられる」という受動態のネクサス(→本冊 p.221)ですね。

22 I often heard him (**say**) that his family was well descended.

　　say：「(家系が良いと)彼が言う(のをよく耳にした)」(→本冊 p.216-217)。

23 I (**had my hat blown off**) by the strong wind.

　　had my hat blown off：「帽子が強風で飛ばされた」。was blown off my hat(×)はデタラメ(→本冊 p.67-72)でした。

24 I got Bob (**to take**) my little sister to my uncle's.

　　to take：「ボブに妹を連れて行ってもらった」。「ボブが妹を**連れて行く**」のだから，"get + O + to ～"(→本冊 p.220-221)。

25 The teacher made all of us (**do**) over exercises, because there were so many mistakes in them.

　　do：「間違いが多かったので，先生は私たち全員に練習問題をやり直させた」。"make(使役動詞) + O + **原形不定詞**"の形です(→本冊 p.216-217)。do over ～は「～をやり直す」という米語。

　　make は強い使役動詞で「(無理やり)させる」という感じで，let や have との違いは次の比較で確認できます。

　　　① He **made** her marry Tom.
　　　　(= He forced her to marry Tom.)
　　　② He **let** her marry Tom.
　　　　(= He allowed her to marry Tom.)
　　　③ He **had** her marry Tom.
　　　　(= He got her to marry Tom.)

①は強制的に「あいつと結婚しろ！」，②は「(大したやつじゃないが，)ま，いいだろう」と許可してやる，③になれば使役の意味は薄まって，「させた」「されちゃった」「してもらった」とか無色に近いくらいに使役の意味は弱くなります。

26 (a) His only son was killed in the war.
　　(b) He (**had[got]**) his only son (**killed**) in the war.

　　had[got], killed：「一人息子が戦争で殺された」を He を主語にして言い換えると，**使役の意味が無色に近いくらい弱い** have(または get)を使って"have[get] + O + p.p."の型になるわけです(→本冊 p.221)。「彼は一人息子を戦争で殺されてしまった」という感じです。

27 (a) Tom's watch was stolen in the train.

(b) Tom (**had[got]**) his watch (**stolen**) in the train.

　　had[got], stolen：**26** は「息子が殺される」，**27** は「時計が盗まれる」で，原理は同じですね。

28 (a) You must get someone to paint your house soon.
　　(b) You must get your house (**painted**) soon.

　　painted：「だれかにすぐ家を塗ってもらわなくてはだめですよ」。「家が塗られる(ようにしてもらう)」のだから，やはり"get + O + p.p."(→本冊 p.220-221)です。(a)の「だれかが家を塗る」(→ **24**)との対比も容易でしょう。

29 (a) Dave went outside. He saw a rabbit. The rabbit was eating grass.
　　(b) (**Going**) outside, Dave saw a rabbit (**eating**) (**grass**).

　　Going, eating grass：分詞構文(→②本冊 p.1)と"see + O + ～ing"(→本冊 p.219)です。

30 (a) I'll have them carry the baggage into the room.
　　(b) I'll (**have[get]**) the baggage (**carried**) into the room.

　　have[get], carried：(→本冊 p.220-221)。**29**「うさぎが草を食べている(のを見た)」**30**「かばんが運ばれる(ようにしてもらう)」という関係を含んでますね。いくら問題形式は変わっても"O + C"に着目する原理は不変なのです。

31 I persuaded Susan to be examined by Harry.
　　ⓐ I convinced Susan that Harry should examine her.
　　ⓑ I convinced Susan that she should examine Harry.
　　ⓒ I convinced Harry that I should examine Susan.
　　ⓓ I convinced Harry that Susan should examine him.

　　私と Susan と Harry の関係は？ "persuade ... to ～"(…を説得して～させる)ですから，「私はスーザンを説得してハリーに診察してもらうようにさせた」「ハリーに診てもらうといいよ，とスーザンに納得させた」ということですね。確認すべき急所はやはり"O + C"の部分に含まれる

　　「スーザンがハリーに診察される」(つまり，「ハリーがスーザンの診察をする」)という関係で(→本冊 p.212-213)，これからはずれないものを選べばいいわけです。とすると，ⓐ「ハリーがスーザンの診察をする(○)のがいいと，私はスーザンに納得させた」だけが正解です。ⓑは「スーザンがハリーを診察」(×)してしまうのでダメ。ⓒⓓ「ハリーに納得させた」(×)は問題外です。3人の関係を確認しないまま，ⓑⓒⓓのように複雑な三角関係にしてしまってはいけません。

16 動詞慣用語句 (1)

解答・解説

　文法に対して「語法」と言いますか，**語句の慣用法を問う問題**です。特に動詞の慣用法の知識は大事で，動詞に関連する「熟語」についての問題はますます増加する傾向にあります。

　　　I (　　) on him yesterday. [= visited]
　　　He usually (　　) up at six. [= rises]

の答えはcalled, gets。だれでもできますね。call on (〜を訪問する) (= visit), get up (起きる) (= rise) (→本冊 p.241) というわけです。同様に，

　　　go up (上がる) (= rise) (→本冊 p.15)
　　　go down (下がる) (= descend)

といったきわめて初歩的なものから始まって，

　　　turn up [show up] (現れる) (= appear) (→本冊 p.24)
　　　turn down (拒絶する) (= refuse ; reject) (→本冊 p.16, p.247)
　　　turn out (〜であると判明する) (= prove) (→本冊 p.23)

といった手ごろなものを経て

　　　make believe (〜のふりをする) (= pretend)

のような，初めての人ではわかりにくいものまで，よく出題されています。

　こういうふうに**他の 1 語で置き換えて覚えておくといい動詞の熟語**を重点的に取り上げてみましょう。

1 ⓗ　**2** ⓐ　**3** ⓔ　**4** ⓑ　**5** ⓕ
6 ⓘ　**7** ⓖ　**8** ⓒ　**9** ⓙ　**10** ⓓ

1 I cannot <u>put up with</u> your rudeness any longer.
　「きみの無礼はもう我慢がならない」
　put up with (〜に耐える) (= tólerate ; endure ; bear)
　この語句は受験英語をやり出すと真っ先に覚えるくらい頻出します (→ **17** 動詞慣用語句 (2) **17**, 本冊 p.17, p.250)。

2 Your plan will <u>call for</u> a lot of money.
　「きみの計画にはずいぶん金が要るだろう」
　call for (〜を要求する) (= demand) (→本冊 p.233)

3 Don't <u>put off</u> till tomorrow what should be done today.

「今日すべきことを明日に延ばすな」という諺(ことわざ)。
put off(〜を延期する)(= postpóne)(→本冊 p.16, p.246)

4 I don't care for going to a movie theater.
「私は映画館へ行くのは好まない」。care for はこの意味では疑問文・否定文で用いられることが多いので、覚え方は
don't care for(〜を好まない)(= don't like)(→②別冊 **14** 前置詞 **3**)

5 We look upon him as an authority.
「彼を権威者と見なしている」
look on[upon] A as B (A を B と見なす)(= regard A as B)(→本冊 p.237)

6 He spoke so fast that I couldn't make out what he said.
「早口で話したので、彼の言うことがよくわからなかった」
make out(〜を理解する)(= understand)(→本冊 p.248)

この **3**〜**6** のあたりも入試では頻度が高いものです。

7 I forgot to ring up her brother last night.
ring up[call up](〜に電話する)(= telephone)

8 Knowledge, indeed, is very difficult to come by.
「知識っていうのは実に手に入れにくいものだ」
come by(〜を得る)(= obtain ; gain)(→本冊 p.233)

9 The English and the Americans make much of what is practicable.
「英米人は実際的なものを重んじる」
make much of(〜の価値を重んじる)(= value ; respect)(→本冊 p.235)
この反対が make little[light] of(〜を軽視する)です。

10 At present, I do not want to take part in any political movement.
「今のところはどんな政治運動にも参加したくない」
take part in(〜に参加する)
　　　　　(= participate in)(→ **17** 動詞慣用語句(2)**30**, 本冊 p.234)

11 We'll (get) together again.
get:「またお会いしましょう」という口語的表現です。
　　get together([会に]集まる)(= meet)(→本冊 p.244)

12 I was born and (brought) up in California.
brought:「わたくし、生まれも育ちもカリフォルニアでございます」。映画の寅

さんなら葛飾柴又ですから I was born and **brought up** in Shibamata, Katsushika, Tokyo, Japan. です。I was blessed at Taishaku temple. Kuruma is my family name, and my given name is Torajiro. But people usually just call me Tora, a street-peddler. (帝釈天でうぶ湯を使い，姓は車，名は寅次郎，人呼んでフーテンの寅と発します)…これは付録でした。

えっ，もう少しですか？ それでは「結構毛だらけ猫灰だらけ，尻のまわりは…」。これを英語でやると，You're just as fine as a cat with its fur full of catnip. The cat fell in the horse manure. (ケッコー，ケガワがマタタビだらけ，ネコちゃんマグソにネコろんだ)になる。…いや，それより

　　bring up（～を育てる）（= foster ; rear）（→本冊 p.16, p.241)

をきちっと覚えるんでしたね。

13 She (**called**) off her engagement.
　　called:「婚約を解消した」
　　　call off（～を取り消す）（= cancel）（→本冊 p.249）

14 The president (**passed**) away last month.
　　passed:「大統領が先月死亡した」
　　　pass away（亡くなる）（= die）（→本冊 p.244）

15 We'll have to (**hand[send]**) in our paper in time.
　　「時間内に答案を提出しなければならないだろう」で，
　　　hand[send] in（～を提出する）（= submit）
　もちろん hand のほうは手渡しで，send in は送って出すときだとわかりますね。どんな語句でもただ暗記するんではなく，**文字どおりの意味とか，英語としての感じをつかみながら覚える**のでした（→本冊 p.243, p.248）。

16 The ice (**gave**) way and the horses were drowned.
　　gave:「氷が割れて馬が溺れた」。give way = crack

17 My uncle has (**given**) up drinking on his doctor's advice.
　　given:「医師の忠告どおり禁酒している」
　　　give up ～ing（～をやめる）（→本冊 p.247, ②本冊 p.22）

18 The plan was (**carried**) out with discretion.
　　carried:「計画は慎重に実行に移された」
　　　carry out（～を実行する，実施する）（= éxecute）
　は carry on（～を続ける）（= contínue）と区別（→本冊 p.245-246）。

19 If this sort of weather (**keeps**) up, we won't be able to practice enough

before the game.
 keeps：「こんな天気が続けば，試合前に十分な練習ができないだろう」の意。
  keep up（続く）（= continue）；
    （〜を持続する）（= maintáin）（→本冊 p.249）
ついでに，
 keep up with（〜に遅れずについて行く）
    （= keep abreast of）（→本冊 p.250）
 catch up with（〜に追いつく）（= overtáke）（→本冊 p.251）
なんかも重要で，しょっちゅう出てます。

20 The & sign (**stands**) for "and."
 stands：「&という記号は"and"を意味する」という文。
  stand for（〜を示す，表す）（= indicate；represent）（→本冊 p.234）

次の5題は慶大と上智大の問題から採ったものです。

21 Even a child wouldn't be taken (**in**) by such an obvious lie.
 in：「そんな明らかな嘘には子供でもだまされないだろう」
  be taken in（だまされる）（= be cheated［deceived］）
は口語的（→本冊 p.249）。She was taken in by his sweet talking.（甘い言葉にだまされた）。気をつけよう，甘い言葉と暗い道。

22 This new machine can turn (**out**) more than one hundred copies a minute.
 out：「この新しい機械だとコピーが毎分100枚できる」
  turn out（〜を産出する）（= produce）（→本冊 p.247）
は他動詞の場合。自動詞ならば，The news turned out to be false.（その知らせは嘘だとわかった）のように
  turn out（［結果が］〜になる；〜とわかる）（= prove）（→本冊 p.23）

23 I couldn't take (**in**) the lecture at all.
 in：「講義がさっぱりわからなかった」。こういうのも「〜を取り入れる」という**文字どおりの意味からわかりますね。**
  take in（〜を理解する）（= understand）

24 The University Administration set (**up**) a branch campus in New York City.
 up：「大学当局はニューヨーク市に分校を設置した」

107

set up（設立する）（= establish）（→本冊 p.249）

25 As she didn't want to go to the party, she made (**up**) a good excuse.
　　up：「うまい口実をでっちあげた」という感じ。
　　make up（こしらえる，考え出す）（= invent）（→本冊 p.247）

　大事なのは，make up losses（損失を埋める）とか make up for lost time（時間の遅れを埋め合わせる）（→本冊 p.250）とか"make up"には「〜を補う，償う」（= cómpensate [for]）とか「でっちあげる」という感じがあることです。「化粧する」のもメーキャップですが，やっぱり「でっちあげる，補う」って感じがありますよね。もっとも，中には補いきれない場合もままありますが。

　さて，**「感じ」と言いましたが，これが大事です**。教えるとき「感じ」を伝えるのがいちばん難しい。例えば，あるとき

　　I picked him up at the station and ...（→本冊 p.246）

を「駅で彼をひょいと pick up して，それから…」と言っただけで通り過ぎちゃったら，案の定，来ましたね，質問が。

　　「あのう，さっきの"pick up"は『拾い上げる』ではなくて，『（途中で人を）車に乗せる』という意味でしょうか」

というんです。「ええ，そのとおりですよ」って答えますけれど，実は，「『拾い上げる』ではなくて」のところが気になるのです。pick up ならば pick up であって，どこまで行っても「拾い上げる」という感じは残っている。その元の意味から**文脈に応じてあれこれ比喩的な意味が生じる**——そういうことにすぎないんです。"pick up"という語句を辞書で引いてみれば，きっと

　　①拾い上げる　②（人を）車に乗せる　③（元気を）出す
　　④（男性が女性と）会ってすぐ親しくなる　⑤………

といった具合に 10 項目くらいは挙げてあるかもしれません。でも，**ばらばらの意味が 10 個もあるのか，なんて思ってるとしたらとんでもない勘違いで**，"make up"は make up であり，"pick up"はいつでもどこでもやっぱり pick up なんです。

　④の例文として

　　Where did you pick up that girl?

とあったとしても，「どこであの娘を拾ったんだい？」で悪くはないですよね。辞書だから「（男性が女性と）会ってすぐ親しくなる」なんて，もっともらしく説明してありますけど，要するに拾ったんです。

　ここは大事なところだから，きちっと言い直しますと，熟語・熟語といっても，

たいていの場合，一語一語の意味は何らかの形で生きている，ということ。日本語の訳語を丸暗記するのではなく，**大もとの語の感じをつかみながら覚えるのがよい**（→②本冊 p.50-51），ということ。そう言いたかったわけです。

これは基本的にどんな語句でもそうなんだと思ってよろしいでしょう。例えば，
　　set out[set off]（出発する）（= start）（→本冊 p.15）
　　go through（〜を経る）（= undergo；experience）（→本冊 p.233）
　　look into（〜を調べる）（= examine；investigate）（→本冊 p.231）
　　do away with（〜を廃止する）（= abolish）（→本冊 p.251）
　　look down on（〜を軽蔑する）（= despise）（→本冊 p.17，p.250）

など，どれをとっても文字どおりの感じがつかめますね。look up to は「〜を見上げる」から「〜を尊敬する」（= respect）となりますし，look down on は「〜を見下す」から「〜を軽蔑する」（= despise)となる。感じが出てますね。

⑰ 動詞慣用語句（2）

【解答・解説】

採点処理はコンピュータに任せるためか，大半を占める出題形式は選択問題です。そこで，動詞関連の頻出語句をその**選択問題形式**でこなしてもらいましょう。①解答する→②答えをチェックする→③意味を確認する→④誤った語句は記憶し直す→⑤正しい文を例文として身につける，という手順で進めてみてください。

1　A：I'm afraid I've spilt some milk on the tablecloth.
　　B：Oh, don't (**worry**) about that.
　　ⓓ：「テーブルクロスにミルクをこぼしちゃったようです」「あ，ご心配なく」。"worry about"（〜のことを気にかける）

2　Be careful when answering questions. Incorrect answers (**lead**) to serious misunderstandings.
　　ⓓ：「質問に答えるときは注意しなさい。誤った返答は重大な誤解を生みますからね」。"lead to 〜" は「〜に通じる」ということから「〜を生む，招く，もたらす」（= cause；bring about）。

3　Before we left, Jane went to (**pay for**) the hotel room.
　　ⓑ：「ホテルの部屋代を支払いに行った」。"pay for"（〜の代金を支払う）

4　Passengers were asked to (**refrain**) from smoking until the sign went

109

off.

　　ⓐ:「乗客はサインが消えるまでタバコをひかえるようにと言われた」。"refrain from ～ing"（～するのを差しひかえる，慎む）。「タバコはご遠慮ください」という掲示は PLEASE REFRAIN FROM SMOKING. ですね。

5 He has never really (**gotten**) over the shock of his son's death.

　　ⓑ:「彼は息子の死のショックからまだ本当には立ち直っていない」。"get over"（～を克服する）（= overcóme；recover from）（→本冊 p.233）

6 He was (**counting on**) his pay a week earlier so that he could take a trip to Rome.

　　ⓓ:「ローマへ旅行できるように，一週間早く給料をもらうのをあてにしていた」。"count on"（～をあてにする，頼りにする）（= depend on；expect）。ⓐⓑⓒは think of, wish for, hope for のように前置詞が必要な語句です。

7 I have to make a wedding speech tomorrow. Can you (**think of**) something amusing that happened to the bride when you went to school together?

　　ⓒ:「あした結婚式のスピーチをしないといけないんだが，花嫁と学校へ通ってたころの何かおもしろい話は思いつかないか」。"think of"（～を考えつく，思い出す）（→ p.46, 本冊 p.233）がぴったり。"think up"は「(口実などを)考え出す」という感じですから適当ではありません。

8 You can live here until something better (**comes**) up.

　　ⓓ:「何かもっといいことが起こるまではここで暮らしていい」。"come up"（[事が]起こる，[機会が]生じる）の感じがつかめますね。

9 I couldn't stay to the end of the discussion. How did it (**turn**) out?

　　ⓓ:「議論の最後までいられなかったが，結果はどうなったの？」。"turn out"（結局～となる）（→本冊 p.23, p.247）

10 If another world war should (**break**) out, it might be the end of civilization.

　　ⓐ:「万一また戦争が起こるようなことがあれば，文明の終わりになりかねないだろう」。"break out"（[火事・戦争などが]起こる）（→本冊 p.15, p.242-243）も頻出語句の1つです。

11 The new road sign (**stands out**) very well: the words are easy to read.

　　ⓒ:「今度の道路標識は，はっきり見える。文字も読みやすい」。"stand out"（目立つ）は，ほかの物や人から際立ってくっきり目立つ感じ。このあたり(**8-12**)は

機械的な暗記というよりも感覚のトレーニングだと思ってもよいでしょう。

12 A hastily planned trip more often than not (**ends up**) being tiring rather than enjoyable.

　　ⓐ:「あわてて計画した旅行は楽しいどころか退屈な結果に終わることがよくある」。"end up (~ing)"（結局~に終わる）。"more often than not"は「（どちらかというと）しばしば」。

13 I'm trying to (**cut down**) my calorie intake.

　　ⓒ:「カロリーの摂取を減らそうと努めている」。"cut down"（~を減らす）（= reduce）（→本冊 p.249）。"drop out"（中途退学する, 脱落する）, "drop off"（落ちる, 減る）はここでは不可。

14 I have not yet (**figured**) out what I am going to do.

　　ⓒ:「これからどうしていくかまだわからない」。"figure out"（~を理解する）（= understand）（→本冊 p.248）

15 Because Pierre spoke to me in French, I couldn't (**make out**) what he said.

　　ⓓ:「ピエールはフランス語で話しかけてきたので, 何と言ったのか私にははっきりわからなかった」。"make out"（~を理解する, 聞きわける）（= understand, discern）（→本冊 p.248）

16 When I asked him to lend me some money, he (**turned down**) my request.

　　ⓓ:「金を貸してくれと頼んだが, 彼は私の頼みを断った」。"turn down"（~を拒絶する）（= reject）（→本冊 p.16, p.248）も頻出語句の1つですね。

17 We had to (**put**) up with his poor table manners because he refused to change.

　　ⓒ:「彼がひどいテーブル・マナーを変えようとしなかったので, 私たちは我慢しなければならなかった」。"put up with"（~を我慢する）（= endúre, tólerate）も最頻出の語句（→**16** 動詞慣用語句(1) **1**）。

18 Unfortunately our car (**ran**) out of gasoline right in the middle of the main street and blocked traffic.

　　ⓐ:「あいにく私たちの車はメイン・ストリートのど真ん中でガソリン切れになり道をふさいでしまった」。"run out of"（~を使い果たす）（= use up, exháust）（→本冊 p.250）。blocked traffic は「交通を妨げた, 通行の障害になった」。

19 Small children should be (**kept**) away from fire.

111

ⓑ:「小さな子供たちは火に近づけないようにすべきだ」。"keep ... away from"（…を〜から遠ざけておく）（→本冊 p.251）の受動態です。

20 Our public leaders are imaginative and often come up (**with**) new ideas.

ⓓ:「私たちの公共指導者は想像力が豊か(→②本冊 p.87)で，新しいアイデアをよく思いつく」。"come up with"（[アイデアなどを]考え出す）（→本冊 p.251）。

ここまで，どうしても身につけておきたい慣用語句でした。あと10題，息切れせずに頑張っておきましょう。

21 Can you (**tell**) a duck from a goose?

ⓓ:「あひるとがちょうの区別がつきますか」ときかれたら「とんでもない！」と答えます。私も野鳥には興味があってコガラ，ヤマガラ，シジュウカラなんかは見分けられますけど，あひるやがちょうはだめです。"tell A from B"「AをBと区別する，見分ける」（= distinguish A from B）（→②別冊 **14** 前置詞 **9**）

22 It never (**occurred**) to me that I could find the answers in that textbook.

ⓒ:「そのテキストを見れば答えがわかるとは思いもつかなかった」。"It never occurred to me that ...."（または"It never struck me that ...."）は「…だとは頭に思い浮かばなかった」という慣用的な表現です。

23 This is a very strange letter. What do you (**make**) of it?

ⓓ:これはとても変な手紙だ。どう思う？」。"make A of B"は「BからAを作る」（→②本冊 p.239）が大もとの意味ですが，「BからAを(頭の中で)作る」つまり「BをAだと思う」という意味にもなります。Can you make anything of it?(それがわかりますか)は「それから何かを頭の中に作れますか」という言い方ですし，What do you make of it?(それをどう思いますか)は「それから何を頭の中に作りますか」という言い方だとわかります。I could make nothing of what he said.(彼の言うことがさっぱりわからなかった)も同じように理解できますね。やはり"make A of B"も大もとの意味が大事なのです。

24 Tom (**reminds**) me of a boy I used to know.

ⓑ:「トムを見ると私が以前知っていた少年を思い出す」。"remind A of B"（AにBを思い出させる）の典型的な使い方です（→ p.46，本冊 p.239）。

25 At last we got (**hold**) of our friend after trying to telephone many times.

ⓑ:「何度も電話をかけてみたあげく，ついに友だちと連絡がとれた」。"get hold

of"は「~をつかむ，つかまえる」というのが大もとの意味。"catch[take, seize, grab] hold of ~"という形でも使われます(→本冊 p.235)。

26 I just can't see why he doesn't (**get rid of**) his motorcycle, since he never rides it any more.

ⓓ：「あいつがどうしてバイクを処分しないのかわからない。もうこれっきり乗らないんだから」。"get rid of"は「~から免れる，取り除く」(= remove)(→本冊 p.235)という大もとの意味から，ここでは「~を(売って)処分する」という使われ方をしているのがわかりますね。

27 At last he stopped before an old house, and (**caught**) another glimpse of the town.

ⓓ：「やっと古い家の前で立ちどまり，町をもう一度ちらりと見た」。"catch [have, get] a glimpse of"(~をちらりと見る)は，catch sight of (~を見つける)(→②本冊 p.43)と類似の語句です。

28 This castle tower (**commands**) a panoramic view of the whole city.

ⓐ：「この城の塔から町全体が一望できる」。command は「命令[支配]する，~をほしいままにする」の意味ですから"command a ... view of ~"は「~の眺めをほしいままにする」「(場所から) ~を眺められる」となるわけです。

29 Attention should be (**paid**) to even the smallest detail of the report.

ⓒ：「報告書の隅々にいたるまで注意すべきだ」。"pay attention to" (~に注意する)(→本冊 p.234)の受動態です。

30 One can neither understand anything nor (**take**) any part in one's society without a knowledge of one's native language.

ⓑ：「自分が生まれた国の言葉を知らなければ，社会において何も理解できないし(社会に)何ら関係することもできない」。**16** 動詞慣用語句(1)**10** でやった"take part in"(~に参加する)(= participate in)(→本冊 p.234)をやや難しそうに見せかけて出題したもの。"take part"に「(~の一部として積極的に)加わる，関係する」という感じが含まれていることがわかっていれば，問題文もよく理解できるでしょう。

以上，最新の入試動向を反映する問題でした。よく復習しておいてください。

.... MEMO ....

············ MEMO ············

··· MEMO ···

·············· MEMO ··············

·············· MEMO ··············